Kurt Gödel
Philosophische Notizbücher
BAND 1
Philosophie I Maximen 0
Seite 7

Kurt Gödel
Philosophical Notebooks
VOLUME 1
Philosophy I Maxims 0
Page 123

Kurt Gödel
Philosophische Notizbücher

Herausgegeben von Eva-Maria Engelen
im Auftrag der Berlin-Brandenburgischen
Akademie der Wissenschaften (BBAW)

BAND 1

Philosophical Notebooks

Edited by Eva-Maria Engelen
on behalf of the Berlin-Brandenburg Academy
of Sciences and Humanities (BBAW)

VOLUME 1

Kurt Gödel
Philosophie I Maximen 0 /
Philosophy I Maxims 0

Herausgegeben von /
Edited by Eva-Maria Engelen
Aus dem Deutschen von /
Translated from German by Merlin Carl

DE GRUYTER

Edited on behalf of the Berlin-Brandenburg Academy
of Sciences and Humanities (BBAW) with support
of the Hamburg Foundation for the Advancement of Research and Culture.

Design: Friedrich Forssman.
Typeface: Chaparral Pro by Carol Twombly.
Print and bookbinding:
Hubert & Co. GmbH & Co. KG, Göttingen.

Editing of the German Text: Martin Günther.
Editing of the English translation: John Crutchfield.
Funding of the translation: Dr. August and Annelies Karst Foundation.

Printed in Germany.
Printed on acid-free paper.

Works of Kurt Gödel used with permission
from the Institute for Advanced Study.
Unpublished Copyright (1934 – 1978)
Institute for Advanced Study.
All rights reserved by Institute for Advanced Study,
Princeton, New Jersey, U.S.A.

© Copyright 2021 by
Walter de Gruyter GmbH, Berlin/München/Boston.
This volume is text- and page-identical with the hardback published in 2019.

Library of Congress Control Number: 2019948515

Bibliographic information published by the Deutsche Nationalbibliothek
The Deutsche Nationalbibliothek lists this publication
in the Deutsche Nationalbibliografie;
detailed bibliographic data are available on the Internet
at http://dnb.dnb.de.

ISBN 978-3-11-077683-6
eISBN 978-3-11-058560-5

Inhalt – Contents

Kurt Gödel – Philosophische Notizbücher ... 7

Vorwort ... 9
Dank ... 10
Editorische Notizen ... 11
Einleitung ... 15
Philosophie I Max 0 ... 43
Addendum ... 120

Kurt Gödel – Philosophical Notebooks ... 123

Preface ... 125
Acknowledgments ... 126
Editorial Notes ... 127
Introduction ... 129
Philosophy I Max 0 ... 154
Addendum ... 222

Biographische Skizzen –
    Biographical Vignettes ... 225
Literaturverzeichnis und Werkregister –
    References and Index of References ... 234
Personenregister –
    Index of Names ... 240

Kurt Gödel
Philosophie I Maximen 0

Herausgegeben von Eva-Maria Engelen

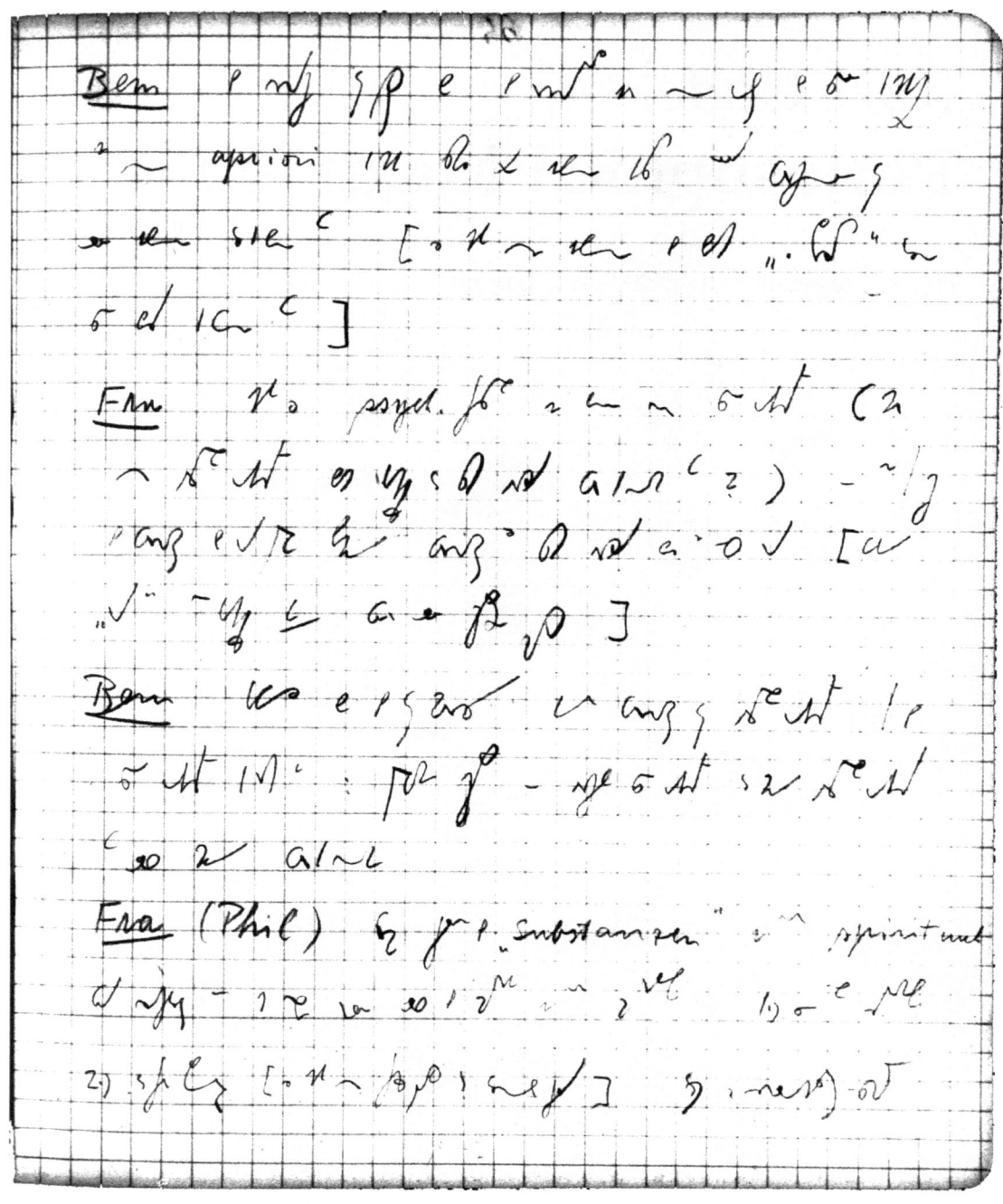

Vorwort

Gödels Philosophische Notizbücher waren von ihm nicht zur Veröffentlichung vorgesehen. Er hat sie jedoch auf einer Liste, mittels derer er seine unveröffentlichten, zwischen 1940 und 1970 entstandenen Aufzeichnungen (My Notes 1940–70) geordnet und dadurch zugleich bewertet hat,[1] an die erste Stelle gesetzt.

Diese Notizbücher werden unser Wissen über Gödels philosophisches und wissenschaftliches Denken allerdings erweitern, ergänzen und erstmalig einen umfassenden Einblick in die Konzeption seiner Philosophie sowie in seine eigenen philosophischen Überlegungen gewähren. Daher werden die Philosophischen Notizbücher (von Gödel ›Maximen Philosophie‹ betitelt) zum ersten Mal ediert. Jährlich soll mindestens eines der verbliebenen fünfzehn Notizhefte erscheinen. Aus editionswissenschaftlichen Gesichtspunkten wäre die Edition aller Notizbücher gemeinsam sicherlich zweckmäßiger, da dieses Vorgehen jedoch den Zugang zu den Notizheften für eine an ihnen interessierte Öffentlichkeit hinauszögern würde, wurde der beschriebene Weg gewählt.

Die Philosophischen Notizbücher (›Maximen Philosophie‹) Gödels sind für alle an Philosophie, einschließlich Metaphysik und Philosophiegeschichte, Logik und Wissenschaftstheorie Interessierten sowie für die jeweiligen Spezialisten von großer Bedeutung. Unter editorischen und buchgestalterischen Gesichtspunkten ist die Ausgabe daher so angelegt, dass sie für ein philosophisch und wissenschaftlich interessiertes Publikum lesbar ist, ohne dass die Benutzbarkeit für Spezialisten verlorengeht, denn die jeweiligen editorischen Entscheidungen sind nachprüfbar, ohne den Lesefluss zu hemmen.

Gödels ›Maximen Philosophie‹ sind, wie ein Gutteil seiner Notizbücher, in der Kurzschrift Gabelsberger geschrieben. Es handelt sich hierbei um eine deutsche Stenographieschrift. Gödel hat diese Schrift in der Schule gelernt, zeit seines Lebens verwendet und mithin auch in den USA weiterhin auf Deutsch geschrieben. Erläuterungen zur Transkription von Gabelsberger, den erforderlichen Ergän-

---

1 Die zum größten Teil auf Englisch und daher in Langschrift geschriebene Liste befindet sich im Gödel-Nachlass in der Firestone Library in Princeton in Behältnis 8c, Reihe IV, Mappe 108 mit ursprünglicher Dokumentennummer 040363. Eingeordnet ist sie in ein Konvolut mit Bibliographien von eigener Hand von 1967, wurde allerdings mutmaßlich später geschrieben und nachträglich in dieses Konvolut eingeordnet. Siehe auch Hao Wang, ›A Logical Journey‹, S. 94f.

zungen durch die Transkribierende sowie zu Besonderheiten von Gödels Gabelsberger-Gebrauch lassen sich bei Cheryl A. Dawson, »Gödel's Gabelsberger shorthand«, in: Kurt Gödel, ›Collected Works, Bd. III‹, S. 7–12 nachlesen. Siehe zu den Ergänzungen bei der Transkription aus der Kurzschrift Gabelsberger zudem den Abschnitt »Editionsrichtlinien« in diesem Band. Die Schreibweise von Gödels Langschrift wurde beibehalten und nur in Einzelfällen korrigiert.

Die Transkription des vorliegenden Notizbuches stammt von Eva-Maria Engelen.

Dank

Die Edition von Kurt Gödels Philosophischen Bemerkungen wäre ohne die umfassende und großzügige Unterstützung durch die Hamburger Stiftung zur Förderung von Wissenschaft und Kultur nicht möglich. Die Verwirklichung dieses Projektes ist daher in erster Linie ihr zu verdanken. Namentlich seien hier Jan Philipp Reemtsma sowie Joachim Kersten genannt, deren Engagement für das Projekt umfassend ist und geradezu als Idealfall für Forschungsförderung gelten kann, wofür ich sehr dankbar bin.

Die Übersetzung wurde dankenswerterweise von der Dr. August und Annelies Karst Stiftung finanziert.

Der Berlin-Brandenburgischen Akademie der Wissenschaften gebührt an dieser Stelle ebenfalls großer Dank für die Aufnahme des Projektes. Insbesondere sind hier ihr Altpräsident Günter Stock und der amtierende Präsident Martin Grötschel zu nennen, ebenso die Akademiemitglieder Eberhard Knobloch und Jürgen Mittelstraß.

Dem Archiv des Institute for Advanced Study in Princeton gilt mein Dank für die Zusammenarbeit bei der Auswertung von Gödels Annotationen in seinen Privatbüchern, ebenso wie den Mitarbeiterinnen und Mitarbeitern der Rare Books and Manuscripts Division der Firestone Library der Princeton University, die mir Gödels Originalnotizbücher zur Überprüfung der Transkriptionen zur Verfügung gestellt haben.

Von der Teilnahme an dem Projekt »Kurt Gödel: Philosopher-Scientist«, das von 2009 bis 2013 von Gabriella Crocco geleitet wurde, habe ich für meine weitere Arbeit sehr profitieren können.

Für unterschiedlichste Formen der Unterstützung und Förderung des Projekts möchte ich zudem folgenden Personen danken: Matthias Armgardt (Konstanz), Merlin Carl (Konstanz), Christian Damböck (Wien), John W. Dawson Jr. (York, Pennsylvania), Cheryl A. Dawson (York, Pennsylvania), Christian Fleischhack (Paderborn), André Fuhrmann (Frankfurt a. M.), Daniel Heller-Roazen (Princeton), Martin Lemke (Rostock), Christoph Limbeck-Lilienau (Wien), Glenn Most (Pisa), Brigitte Parakenings (Koblenz), Anne Siegetsleitner (Innsbruck), Friedrich Stadler (Wien), Richard Tieszen † (San José, Kalifornien), Mark van Atten (Paris).

Editorische Notizen

Bei der vorliegenden Transkription handelt es sich um eine Textrekonstruktion aus der Kurzschrift Gabelsberger. Die dadurch erforderlichen grammatikalischen und sonstigen Ergänzungen werden für die daran interessierten Leser sichtbar gemacht, wurden aber so gewählt, dass die Lektüre für die an den Zusätzen uninteressierten Leser nicht erschwert wird.

Der Band enthält ein umfangreiches Literaturregister der Werke, die Gödel gelesen und für seine Notizen herangezogen hat. Die ausführlichen Angaben dazu finden sich im Werkregister, Kurzangaben dazu zudem im Kommentarapparat. Grundsätzlich wurden Erstausgaben angeführt, es sei denn, es ist erkennbar, welche Ausgabe Gödel nachweislich oder anzunehmenderweise benutzt hat. In diesem Fall wurde die von ihm verwendete Ausgabe angegeben. Die Literatur, welche für die Einleitung ausgewertet wurde, ist getrennt davon im Anschluss an dieselbe angeführt, allerdings nicht noch einmal im Werkregister.

Nähere Angaben zu den von Gödel direkt oder indirekt angeführten Personen finden sich im Personenregister, mitunter auch im erläuternden Kommentarapparat.

Die Notation der logischen Zeichen wurde in der englischen Übersetzung in moderne Notation übertragen, im deutschen Originaltext ist hingegen die Notationsweise Gödels beibehalten worden, um die Erforschung historischer logischer Notationen zu ermöglichen.

Die Übersetzung ins Englische gleicht in ihrer typographischen Gestalt dem deutschen Text. Es entfallen: unsichere Lesarten / die Differenzierung in Lang- und Kurzschrift / die Hervorhebung von Wort- und Wortteil-Ergänzungen / die Hervorhebung von Gödel-Interpunktionen / die Markierung unlesbarer Textteile / die Markierung von Einfügungen / der nicht erläuternde Kommentarapparat.

Editionsrichtlinien

Textergänzungen	Die erforderliche Ergänzung einzelner Buchstaben im Falle syntaktischer, grammatikalischer Interpretationen wie Pluralsetzung, Kasus etc., die Auswirkungen auf die Semantik haben könnten, ist durch Graudruck sichtbar gemacht. Hat eine Ergänzung hingegen keine erkennbaren Auswirkungen auf die Semantik, wird sie stillschweigend vorgenommen.
Ergänzung ganzer Wörter	Die Ergänzung ganzer Worte erfolgt im Graudruck ohne eckige Klammern.
Satzzeichen und Ergänzung	Da das Setzen von Satzzeichen, insbesondere von Kommata, im Deutschen oftmals mit einer Interpretation einhergeht und sich sogar sinnverändernd auswirken kann, werden die von der Herausgeberin eingefügten Satzzeichen nicht fett gedruckt, die von Gödel gewählten Satzzeichen werden hingegen fett gedruckt und sind immer geradestehend.
Lang- und Kurzschrift	Die in der Regel verwendete Kurzschrift Gabelsberger wird in der Transkription in einer Antiqua, also einer Serifenschrift wiedergegeben. Die Langschrift erfolgt in *kursiver Schrift*; sie kommt in der Regel bei Personen- und Ortsnamen sowie bei Zitaten in nichtdeutscher Sprache vor.
Unsichere Lesarten	Unsichere Lesarten stehen in leichter Grotesk. Danach steht kein Fragezeichen in Spitzklammern oder Ähnliches.
Abkürzungen	Auflösen von Abkürzungen: In Gabelsberger standardisierte Abkürzungen wurden im Fließtext in ganzen Worten wiedergegeben, innerhalb der Klammern jedoch auch in der Transkription als Abkürzungen. Das soll die Lesbarkeit des Textes erhöhen.
Zahlenangaben	Wiedergabe von Zahlangaben: Gödel schreibt Zahlangaben manchmal als Ziffern, manchmal als Worte. In der Transkription wurde die jeweilige Vorgehensweise Gödels übernommen, nicht so in der englischen Übersetzung.

Gödel unterstreicht in zahlreichen Varianten: einfach, doppelt, dreifach, gestrichelt, wellenförmig oder in Kombination dieser Varianten. Einfache, doppelte und dreifache Unterstreichungen werden als solche sichtbar gemacht, wellenförmige oder gestrichelte jedoch nicht, sie werden als einfache Unterstreichungen wiedergegeben.	Unterstreichungen
Streichungen werden mit senkrechtem Strich	angegeben und im Apparat für editorische Erläuterungen wiedergegeben. Eine Ausnahme davon sind Streichungen, bei denen davon auszugehen ist, dass sie erledigte Punkte auf einer Liste wiedergeben, weil Gödel den Buchtitel gelesen oder die Aufgabe erledigt hat etc.	Streichungen
Einfügungen werden in {Schweifklammern} gegeben.	Einfügungen
Die Paginierung der Manuskriptseiten durch Gödel wird in eckigen Klammern angegeben. Bei Verweisen auf einzelne Stellen innerhalb eines Notizheftes wird diese Paginierung angegeben. Erfolgt die Paginierung innerhalb einer Aufzählung, wird sie rechtsbündig wiedergegeben, ansonsten linksbündig. Die Paginierung der geraden Seitenzahlen stammt von Gödel selbst, die der ungeraden wurde stillschweigend ergänzt.	Paginierung der Manuskriptseiten
Gödels Fußnoten erscheinen in der Edition als Marginalien. Diese Vorgehensweise wurde gewählt, um den Lesefluss zu erleichtern und um ihre Zugehörigkeit zum Textkorpus deutlich werden zu lassen. Nachweise und Erläuterungen werden als Fußnoten unter den Kolumnen gegeben. Der Kommentarapparat steht am Seitenfuß außen unter einer kurzen Linie. Herausgeber-Erläuterungen stehen hier in *Kursiver*.	Gödels Fußnoten, Kommentarapparat
Die Kenntlichmachung von Buchtiteln erfolgt im Anmerkungsapparat durch ›einfache Anführungszeichen‹, die von Aufsatztiteln und anderen unselbstständigen Titeln durch »doppelte Anführungszeichen«.	Literaturangaben
Unlesbare Textteile werden mit einfachem senkrechten Strich	angegeben (Strich in leichter Grotesk) und kommentiert. Gestrichene unlesbare Textteile werden mit doppeltem, durchgestrichenem senkrechten Strich ╫ angegeben.	Unlesbares

Fußnoten, -zeichen | Die Gödel-»Fußnoten« in den Marginalspalten sind bezeichnet: Sternchen, zwei Sternchen, drei Sternchen, Kreuz, Doppelkreuz, Paragraph, Alinea (* / ** / *** / † / ‡ / § / ¶). Diese Symbole stehen im Text (Kreuz† bis Alinea-Zeichen¶ werden im Haupttext hochgestellt, † vor dem Text in den Marginalien jdedoch nicht) und zu Beginn der Anmerkungen. Die Marginal-»Fußnoten« beginnen jeweils auf der Höhe der Markierung im Text, soweit möglich, ansonsten schließen sie direkt an die vorige Fußnote an.

Typographische Angaben

Schriften | Die Schrift ist die »Chaparral Pro« von Carol Twombly. Durch ihren geringen Strichstärkenunterschied eignet sie sich gut für Graudruck. Es gibt sie in verschiedenen Designgrößen; für die Fußnoten und Marginalien werden die »Caption«-Schnitte verwendet, die für kleinere Grade optimiert sind. Die Grotesk ist die Gill Sans light.

Satzart | Die Satzart ist grundsätzlich Blocksatz, wobei tabellen- und listenartige Textteile auch im Flattersatz stehen können.

Anführungszeichen | Alle Anführungszeichen haben »diese« bzw. ›diese‹ Form.

Ligaturen | Es wird mit Ligaturen gesetzt. Im Deutschen werden die Ligaturen ff, fl und fi aufgelöst, wo es korrekt ist (in Wortfugen wie bei »Auflage«).

Ziffernform | Es werden Mediävalziffern verwendet (1234567890). Im Formelsatz ist Verwendung von Versalziffern (1234567890) möglich. In der Bezeichnung ›Max 0‹ steht immer die Versalziffer.

Abdruckgenehmigungen

Den folgenden Rechteinhabern ist für die Genehmigung zu danken, die ›Maximen Philosophie‹ aus dem Nachlass von Kurt Gödel zu transkribieren, zu edieren, zu veröffentlichen und zu übersetzen oder Vorlesungsmitschriften Gödels von Dietrich von Hildebrand und Alfred Kastil zu transkribieren, zu edieren, zu veröffentlichen und zu übersetzen.

Dem Institute for Advanced Study als Nachlassverwalter von Kurt Gödels Nachlass für die Erlaubnis Kurt Gödels ›Maximen Philosophie‹ zu transkribieren, zu edieren, zu veröffentlichen und zu übersetzen.

Lindsay Russell, Nachlassverwalterin von Dietrich von Hildebrands Nachlass, für die Erlaubnis, die Mitschrift eines Vortrages von Dietrich von Hildebrand durch Kurt Gödel zu transkribieren, zu edieren, zu übersetzen und zu veröffentlichen.

Thomas Binder, Franz Brentano-Archiv Graz, Nachlassverwalter des Alfred Kastil Nachlasses, für die Erlaubnis, die Mitschrift eines Vortrages von Alfred Kastil durch Kurt Gödel (»Brentanos Auffassung vom Verhältnis der Psychologie zur Philosophie«, Registernummer A. 1.3.3) zu transkribieren, zu edieren, zu übersetzen und zu veröffentlichen.

Einleitung

I. Kurt Gödels Philosophische Notizbücher und die Tradition des Notizbuchschreibens

1 Notizbuchschreiben

Man wird Kurt Gödels Philosophische Notizbücher nicht einordnen und verstehen können, wenn man sie nicht vor dem Hintergrund der Tradition des Notizbuchschreibens sieht, welche eine Textsorte mit spezifischen Charakteristika hervorgebracht hat. Für eine angemessene Lektüre der Notate sollte man sich sowohl diese Charakteristika als auch die Funktion von Notizbüchern für das Denken und den Schaffensprozess eines Autors vergegenwärtigen. Das hilft, Missverständnisse, vorschnelle Urteile und Fehllektüren zu vermeiden.

Ein Notizbuch erlaubt es, in Auseinandersetzung mit den Entwürfen anderer eine eigene forschende Perspektive zu entwickeln. Dort lassen sich Gedanken ebenso leicht entwerfen wie verwerfen.[2] Philosophische und wissenschaftliche Notizbücher haben daher häufig einen explorierenden Charakter. Ideen werden ausprobiert und vorangetrieben, wiederholt und aus anderen Perspektiven betrachtet, oder einfach gestrichen beziehungsweise nicht wieder auf-

---

[2] Weiterführende Literatur zu diesem Thema: Christoph Hoffmann, »Wie lesen? Das Notizbuch als Bühne der Forschung«; Karin Krauthausen, »Vom Nutzen des Notierens«; Marianne Klemun, »Historismus/Historismen – Geschichtliches und Naturkundliches: Identität – Episteme – Praktiken«. Den für die Entwicklung des Erkenntnisprozesses wichtigen Gesichtspunkt des Verwerfens hebt Marianne Klemun in ihrem Aufsatz »Historismus/Historismen« auf S. 32f. hervor. Sie weist dort leider nur flüchtig auf die zahlreichen Notizbücher in den Nachlässen von Wiener Forschern des 18. und 19. Jahrhunderts hin, ohne ihre Beobachtung zu dokumentieren. Ann Blair, »Note Taking as an Art of Transmission«.

gegriffen. Unter dem Ausschluss der Öffentlichkeit lassen sich Einfälle weiterentwickeln und neue Zusammenhänge eruieren, die Gedanken anderer Autoren können aufgegriffen oder skrupellos kritisiert werden. Eigene Ansätze können fallengelassen werden oder es kann spielerisch eine Gegenposition dazu ersonnen werden.

Wir haben es hier offensichtlich nicht mit einer Form des Schreibens zu tun, an deren Ende ein systematisch argumentierendes Werk steht. Dennoch hat Gödel im Falle seiner philosophischen Notizbücher diese eigens durchnummeriert und sie in eine nachträglich arrangierte, also durchdachte Ordnung gebracht. Das lässt darauf schließen, dass er seinen philosophischen Notizbüchern eine Konzeption zugrunde gelegt hat, welcher er eine richtungsgebende und zugleich bleibende Aussagekraft beimisst. Für Letzteres spricht zudem, dass seine philosophischen Bemerkungen auf einer Liste an erster Stelle stehen, mittels der er seine unveröffentlichten, zwischen 1940 und 1970 entstandenen Aufzeichnungen (My Notes 1940–70[3]) ordnet und dadurch zugleich bewertet. Diese Liste befindet sich in einem Konvolut mit Bibliographie von eigener Hand von 1967, sie wurde allerdings mutmaßlich später geschrieben und dann in dieses Konvolut eingeordnet.[4]

1.1 *Der suchende Charakter von Notizbüchern*
Die in Notizbüchern typischerweise auftretenden Wiederholungen weisen ferner auf den suchenden Charakter hin, den dieses Reflexionsmedium ausmacht. Freilich handelt es sich dabei in der Regel nicht um reine Wiederholungen eines vergesslichen oder zum Insistieren neigenden Autors, sondern um unterschiedliche Facetten und Blickwinkel mit Bezug auf ein und denselben Gedankengang. Die unterschiedlichen Perspektiven und Gesichtspunkte, welche sich aus einem solchen Umkreisen dessen, was man auszudrücken sucht, ergeben, eröffnen neue Gedankengänge und Assoziationen und können gleichermaßen zu neuen Problemen und ihrer Ausformulierung, wie zu neuen Lösungsstrategien für diese oder für alte Fragestellungen führen.

Auf den ersten Blick lässt sich in solchen Fällen ein gedanklicher roter Faden schwer ausmachen. Erst die thematische Zusammen-

---

3 Die zum größten Teil auf Englisch und daher in Langschrift geschriebene Liste befindet sich im Gödel-Nachlass in Behältnis 8c, Reihe IV, Mappe 108, ursprüngliche Dokumentennummer 040363.
4 Vgl. Hao Wang, ›A Logical Journey‹, S. 94f.

schau erlaubt es, Positionen des Autors zu bestimmen und die unterschiedlichen Aspekte zu einem Themenkomplex zusammenzufassen. Der Autor umkreist einen Gegenstand oft so, als entsprächen ihm viele Theorien, die mit unterschiedlichen Standpunkten aufwarten. Dieses Vorgehen ist dem Medium Notizbuch inhärent, in ihm lassen sich philosophische Gedanken festhalten, um sich reflektierend mit ihnen auseinanderzusetzen. Das Umkreisen der philosophischen Fragestellungen oder Probleme trägt dazu bei, den Blick für sie zu schärfen und einen fruchtbaren Umgang mit ihnen zu entwerfen.

Die Eintragungen in Gödels philosophischen Notizbüchern dürfen daher nicht so gelesen werden, als gäben sie jeweils seinen Standpunkt wieder. Zuweilen stellen sie das Gegenteil dessen dar, worauf er selbst hinaus will. Eine Lektüre, welche von der Annahme geleitet wird, es handle sich um einen systematisch argumentierenden Text, führt daher in die Sackgasse. Sie wäre zu flüchtig, überstürzt und abgeneigt. Die Bemerkungen werden dann womöglich als sich widersprechend gelesen, ohne den tentativen, mäandernden Charakter dieser Schreibform aufdecken zu können und der Fruchtbarkeit dieser Herangehensweise vertrauen zu können, deren Ziel es ist, Gedanken langsam und beständig zu entwickeln. Eine Systematik verlangende Lektüre besteht auf Resultaten, welche sich theoretisch weiterverwenden lassen, ohne den Wert der gedanklichen Suche an sich gelten lassen zu können, die der vielfältigen Exploration von Gedankengängen dient.

1.2 *Das Notizbuch als Denkraum*

Notizbücher bieten eine freie Fläche. Diese lädt dazu ein, den schnellen Einfall festzuhalten, allerdings auch dazu, sich ihm wieder und wieder zuzuwenden, sich ihm anzunähern und wieder zu entfernen, ihn sich einzuverleiben und ihn zu objektivieren. Wer Standpunkt und Gegenstandpunkt einander gegenüberstellt, um sie auf sein Denken wirken zu lassen und sie dann gegeneinander abwägt, legt damit offen, dass Denken Zeit braucht. Der Freiraum, den ein Notizbuch bietet, kommt mithin zwei unterschiedlichen Zeitformen des Denkens entgegen, der des plötzlich auftretenden Gedankens, wie der der sich hinziehenden, ausgedehnten Suche nach dem richtigen Ausdruck und der überzeugenden Lösung. Ein Notizheft kann dadurch genauso Ausdruck aphoristischer Statements werden, wie des dialogischen Denkens. Wie es verwendet wird, hat viel mit der Denkerpersönlichkeit zu tun, die es benutzt. Der sich bietende Denkraum ist ein Freiraum.

Aufbewahrendes Notieren ist also keineswegs das einzige oder stets vorrangige Ziel des Notizbuchschreibens. Im Zentrum steht vielmehr häufig ein Transmissionsprozess hin zum Nachdenken über Zitate und ein Weiterentwickeln des eigenen Denkens. Aus der gelehrten Technik der Wissenserstellung und des gedanklichen Zugriffs, dem Notieren, kann so ein Werkzeug philosophischen und wissenschaftlichen Forschens werden. Gödel schafft sich mit Hilfe seiner Notizbücher einen Denkraum, indem er verschiedene systematische Positionen zu einer Fragestellung gegeneinanderstellt und indem er verschiedene disziplinäre Perspektiven aufgreift.

1.3 Das Notizbuch als Archiv

Ein solcher Raum lässt sich gestalten und umbauen. Daneben ist er für das schreibende Subjekt ein Archiv, denn das Notizbuchschreiben ermöglicht es dem Schreibenden, die eigene Gedankenentwicklung in ihrem Entstehen nachzuvollziehen.[5] Auch in diesem Sinn ist das Notieren eine Kultur- und Selbsttechnik, mit deren Hilfe an der Entwicklung des eigenen Denkens und der eigenen (Forscher-)Persönlichkeit gearbeitet wird. Einträge und Verweise in Gödels Notizbüchern zeigen, dass er sie ebendo in diesem Sinne verwendet hat.

So heißt es zu Beginn des Heftes ›Max IV‹, das vom 1. Mai 1941 bis zum 30. April 1942 datiert ist: »Maxime: Beim Lesen dieses Heftes 1. immer langsam (jeden Tag nur etwas), 2. mit einem Gesichtspunkt [Wichtigkeit, Richtigkeit, Einteilung in Praktisches, Theoretisches und die Wissenschaften.]« Danach folgt ein nachträglich eingefügtes Inhaltsverzeichnis und die anschließende Bemerkung: »Theologie, Philosophie, Psychologie in diesem Heft ganz durchgesehen«. Leicht variiert steht die obige Maxime auch zu Beginn von Heft ›Max V‹, das Gödel im Mai 1942 beginnt: »Maxime: Bei Lektüre dieses Heftes 1. langsam lesen (jeden Tag nur etwas), 2. mit einem Gesichtspunkt (Wichtigkeit, Richtigkeit, Einteilung in verschiedene Wissenschaften.) Das erste ¾ dieses Heftes ohne Beziehung auf eine Lektüre [selbstständig].« In Heft ›Max VI‹, das er bis zum 15. Juli 1942 führte, heißt es: »doppelt

---

5 Marianne Klemun, »Historismus/Historismen«, S. 32.

unterstrichen: gelesen Dezember 1945–Jänner 1946«. In Heft ›Max IX‹, an dem er vom 18. November 1942 bis zum 11. März 1943 geschrieben hat, lautet es ähnlich: »doppelt unterstrichen: gelesen November 1945«, in Heft ›Max X‹, entstanden zwischen dem 12. März 1943 und dem 27. Januar 1944, »October 45, doppelt angestrichen: durchgelesen«, in Heft ›Max XI‹, geschrieben zwischen dem 28. Januar 1944 und dem 14. November 1944: »September 45 doppelt angestrichen: gelesen«, in ›Max XII‹, das Gödel zwischen dem 15. November 1944 und dem 5. Juni 1945 geführt hat, heißt es: »doppelt angestrichen: durchgesehen September 45«.

Diese Eintragungen zeigen, dass Gödel mit seinen Heften gearbeitet hat und sich zu ihrer gezielten Lektüre verpflichtet hat. Insbesondere in den Monaten September bis Dezember 1945 hat er retrospektiv, mit Heft ›Max XII‹ beginnend und mit ›Max VI‹ endend, die Hefte mit unterschiedlicher Intensität durchgelesen. Umso bedauerlicher ist die Notiz in Heft ›Phil XIV‹, welche lautet: »Heft Phil XIII (= Max XIII) (VI. 45–IV. 46) wurde im April 1946 verloren«.

Probleme und Themen in Heft ›Phil XIII‹ haben Gödel wohl zur Relektüre der vorangegangenen Hefte veranlasst, und wahrscheinlich würden wir das Ergebnis dieses Wiederlesens und die Reflektion darauf in Heft ›Phil XIII‹ vorfinden, wenn es erhalten wäre. Wie der Eintrag in Heft ›Max IV‹ zeigt, war das Durchlesen in den letzten Monaten des Jahres 1945 nicht die einzige Relektüre. Das Nachlesen erfolgte wohl je nach jeweiligem Interesse thematisch gezielt.

1.4 *Die Entfaltung des Denkprozesses*
Aufschlussreich ist daneben der Hinweis auf das selbstständige Denken, ohne Rückgriff auf Gelesenes, in Heft ›Max V‹. Gödel setzt die Auseinandersetzung mit anderen Autoren und die durch diese angeregten Bemerkungen ausdrücklich von Gedanken ab, die ohne eine solche Bezugnahme auskommen und mithin ausschließlich sein eigenes Denken wiedergeben. Überlegungen, die in Auseinandersetzung und Abhängigkeit zum Denken anderer entstehen, sind dennoch von großer Relevanz für sein Denken. Die Bemerkung weist allerdings auf ein wichtiges Ziel seines Notizbuchschreibens hin, nämlich darauf, sein eigenes philosophisches Denken weiter zu entwickeln und zu ordnen.

2 Die Tradition des Notizbuchschreibens

Sieht man sich die Tradition des Notizbuchschreibens an, wird deutlich, dass zahlreiche Charakteristika dieser Schreibform über Jahrhunderte hinweg anzutreffen sind. So zeigen sich in Notizbüchern des 20. Jahrhunderts genauso häufig Muster des Erinnerns, Notierens und Sammelns, wie man sie aus älteren Notizbuchtraditionen, etwa den antiken Hypomnemata oder den neuzeitlichen Commonplace Books, kennt. Auch in Gödels Notizbüchern lassen sich diese Muster finden, obgleich sich keine direkte durchgehende Traditionslinie von der Antike bis ins 20. Jahrhundert ausmachen lässt. Daraus lässt sich schließen, dass es das Schreibformat ist, welches Sammlungs- und Reflexionsprozesse in spezifischer Weise vorantreibt. So haben Notizbücher unter anderem eine Orientierungsfunktion für das Denken. In räumlicher Hinsicht bieten sie diese Möglichkeit, weil man sie immer wieder zur Hand nehmen kann und mittels Datumsangaben oder Überschriften die Seiten aufsuchen kann, auf denen man sich mit einer bestimmten Fragestellung beschäftigt hat. In zeitlicher Hinsicht bieten sie diese Möglichkeit, weil man thematisch gleiche oder ähnliche Gesichtspunkte zu den unterschiedlichen Zeitpunkten ihrer Niederschrift finden kann.

Die Orientierungsfunktion von Notizbüchern für das Denken dürfte es gewesen sein, die das Notizbuchschreiben überhaupt erst entstehen ließ. Man machte sich Notizen zu Gelesenem, zu zu Erinnerndem und zu Erledigendem. Ein antikes Notizbuch beispielsweise wird ›Hypomnema‹ genannt, was nichts anderes heißt als Aufzeichnung, Erinnerung und ebenso Mahnung.[6] In einem Hypomnema werden Zitate und bei anderen Autoren Gelesenes als Gedächtnisstütze notiert, aber außerdem Gedanken und Einfälle sowie zu erledigende Aufgaben, um sich bei Bedarf darauf beziehen zu können oder den selbst auferlegten Pflichten nachkommen zu können. Dazu gehört die schon in der Antike weit verbreitete Angewohnheit, Listen anzulegen wie etwa Aufgabenlisten sowie Namens- und Bücherlisten. Bekanntlich nennt Pierre Hadot Hypomnemata auch deshalb geistige Notizbücher, weil sie

---

6 Manfred Fuhrmann, »Hypomnema«, Sp. 1282f. Markus Dubischar, »Typology of Philological Writings« gibt auf S. 554ff. ›Hypomnema‹ mit Erläuterung, Kommentar wieder. Hermann Eichele gibt in seinem Artikel »Hypomnema«, Sp. 122 folgende Bedeutungen an: Notiz, Aufzeichnung, Kommentar, Gesichtspunkt, Beispiel.

das Notierte für das Denken des Schreibers präsent halten.[7] Damit ist zudem treffend beschrieben, was Gödel für sich in einer Maxime in Notizheft ›Zeiteinteilung (Max) I‹ auf den Seiten 13f. festhält: »Worüber immer man nachdenkt, sei es über ein mathematisches Problem, sei es darüber, was man morgen machen soll, es ist immer besser »an der Hand von etwas« nachzudenken, entweder an Hand eines Buches oder an Hand von etwas, was man selbst früher darüber geschrieben oder gedacht hat. Insbesondere dann, wenn es sich um eine Aufzählung handelt, weil das eigene Gedächtnis (die eigenen Einfälle) dadurch wesentlich unterstützt wird.«

Ferner enthält Kurt Gödels erstes philosophisches Notizbuch (›Philosophie I Max 0‹) Literaturlisten, Autorenlisten und andere Überlegungen für ein philosophisches Studienprogramm und ›Zeiteinteilung (Max) I‹ sowie ›Zeiteinteilung (Max) II‹ enthalten, nicht untypisch für wissenschaftliche und philosophische Notizbücher, Listen für Besorgungen und für zu Erledigendes (sowohl für die wissenschaftliche Arbeit als auch für praktische Anliegen), Arbeitsprogramme und daneben wieder Lektürelisten sowie konkrete Tageszeiteinteilungen für Arbeit, Ruhepausen, Spaziergänge. Die Lektüre der gesichteten Werke und ihrer Autoren spiegelt sich dann in Exzerpten und geordneten Gedankensplittern wieder, welche in eigenen philosophischen Bemerkungen zu einer Handvoll philosophischer Themen mündet. Listen, Programme und Maximen nehmen in Heft ›Max III‹ bei Gödel schließlich ab, er widmet sich von da an verstärkt und schließlich ausschließlich philosophischen Bemerkungen und Grundlagenüberlegungen.

In antiken Hypomnemata wird häufig das ethische Konzept der Stoa umgesetzt. Das Notizbuch wird herangezogen, um einen persönlichen Leitfaden für die eigene Lebensführung zu entwickeln. Dieser ethische Zugang zu sich selbst ist zu unterscheiden von begründeten, normativen, moralischen Geboten. In Notizbüchern werden Gebote in Form von Ermahnungen oder Vorschriften an sich selbst gerichtet, nicht etwa allgemeingültig für alle verbindlich aufgestellt. Notizbücher sind dann häufig ein Ort der Selbst-

---

[7] Pierre Hadot, »Reflections«, S. 229. Im Gegensatz zu Michel Foucaults Lesart von ›Hypomnemata‹ dienen sie nach Hadot nicht in erster Linie der Konstitution eines Selbst. Die Funktion, neben dem Entwerfen von Gedanken auch der Sorge um sich zu dienen, weisen einige antike Notizbücher allerdings zweifelsohne auf.

bildung, um einen ethischen Zugang zu sich selbst zu entwickeln und sich einen Leitfaden für die persönliche Lebensführung zu geben. Dieses Programm zur Selbstermahnung, Selbstverpflichtung und Selbstvervollkommnung folgt der Sokratischen Maxime, kein »ungeprüftes«, also unreflektiertes Leben zu führen.[8] Auch bei Gödel finden wir diese ethisch ausgerichtete Form des Notizbuchschreibens vor[9] und zwar insbesondere in den Heften ›Zeiteinteilung (Max) I und II‹, wo er ebenso um einen Leitfaden für seine Lebensführung bemüht ist, wie um Selbstermahnung und Selbstvervollkommnung.[10]

In Kurt Gödels ›Philosophie I Max o‹ deutet hingegen die Bezeichnung (Philosophie I Maximen o) bereits an, welche Art der Eintragungen wir zu erwarten haben: Keine Maximen oder Ermahnungen an sich selbst, denn diesen sind erst die folgenden Notizbücher (insbesondere ›Zeiteinteilung (Max) I‹ sowie ›Zeiteinteilung (Max) II‹ und zu einem Teil auch ›Max III‹) gewidmet. Dass Gödel diese Facette des Notizbuchschreibens ganz bewusst in seine philosophischen Notizbücher integriert hat, zeigt folgende aufschlussreiche Bemerkung aus ›Zeiteinteilung (Max) II‹, die nachträglich eingefügt und dann durchgestrichen wurde:

»Zeiteinteilung (Max) II (= Phil. II) Das war ursprünglich das erste Maximen-Heft neben Philosophie-Heft. Später Maximen und Philosophie zusammengezogen.«

›Zeiteinteilung (Max) II‹ war allerdings nicht das zuerst angelegte Heft zur Lebensführung, wie der jeweilige Entstehungszeitraum (s. u.) zeigt. Wohl deshalb hat Gödel die Hinzufügung durchgestrichen. Das erste Heft war wohl ›Zeiteinteilung (Max) I‹. Die Anmerkung zeigt jedoch, dass Gödel gleichzeitig an den Heften zur Lebensführung und an philosophischen Notizbüchern geschrieben hat, in denen der Aspekt der ethischen Selbstvervoll-

---

8 Platon, ›Apologie‹, 38a.
9 Bei Gödel dürfte der maßgebliche Einfluss, eine solche Form der Ethik zu verfolgen, wieder von seinem Lehrer Heinrich Gomperz stammen. Vgl. Heinrich Gomperz, ›Die Lebensauffassungen der griechischen Philosophen‹, S. 19, 222f. und 232, wo Gomperz indirekt eine grundsätzliche Trennung zwischen ethischen (Forderung des Einzelnen an sich selbst) und moralischen (Forderungen der Individuen aneinander) Forderungen und Urteilen nahelegt. Die Ablehnung einer allgemeingültigen Moral ist bei den Mitgliedern des Wiener Kreises und ihm nahe stehenden Persönlichkeiten durchgängig festzustellen. Vgl. etwa Anne Siegetsleitner, ›Ethik und Moral im Wiener Kreis‹.
10 In dem Werk ›Die Lebensauffassungen der griechischen Philosophen‹ legt Gödels Lehrer Heinrich Gomperz das ethische Konzept der Vervollkommnungs-Pflichten beispielsweise auf Seite 222 dar.

kommnung nicht im Vordergrund steht. Der Entschluss, sie zusammenzuführen, verdeutlicht Gödels Auffassung, Ethik in Form von Selbstvervollkommnung und Selbstermahnung als Bestandteil eines philosophischen Gesamtkonzeptes zu verstehen und daher zu integrieren.

Das schon in antiken Notizheften anzutreffende autobiographische Moment taucht in Gödels Notizbüchern hingegen nur ganz am Rande auf. Um eine Autobiographie handelt es sich bei Gödels Ausführungen nicht.[11] Ansonsten treffen fast alle für antike Notizbücher angeführten Charakteristika ebenfalls auf Gödels philosophische Notizbücher zu.

3 Der Adressat des Notizbuches

Für die Annäherung an Gödels Notizhefte ist nicht nur der Vergleich zwischen antiken Notizbüchern und solchen des 20. Jahrhunderts aufschlussreich, sondern auch spezifische Fragestellungen der Forschung an dieses Genre. Ob ein Schreiber Notizbücher für sich oder für andere anlegt, erlaubt beispielsweise eine differenzierte Einordung der Funktion der Notate für den Schreibenden.[12] Legt er die Notizhefte für sich an, ermöglicht ihm das einen suchenden, spielerischen Umgang mit einzelnen Gedanken und Einfällen. Legt er sie zudem an, um einen ethischen Zugang zu sich selbst zu entwickeln und sich einen Leitfaden für die persönliche Lebensführung zu geben, gestaltet er diese Suche als Selbstbildung. Schreibt er jedoch mit dem Blick auf eine wie auch immer geartete Öffentlichkeit, geht dieser suchende, (selbst)gestalterische Aspekt in der Regel verloren. Die Gedankenentwicklung und Selbstwerdung ist dann gegebenenfalls eine öffentlichkeitswirksam gestaltete, die keinen unmittelbaren Einblick in das Denklabor oder die Denkwerkstatt des Schreibenden gestattet.

Gödel hat seine philosophischen Notizbücher für sich angelegt, durch Exzerpte der Werke und Positionen anderer Autoren sowie

---

11 Hermann Eichele, »Hypomnema«, Sp. 122f. u. 125. Eichele zählt auf, dass Hypomnemata in der Antike u. a. einfache Kommentare, aber auch Autobiographien und Memoiren sein können. Autobiographische Aspekte enthält beispielsweise die letzte, nachträglich eingelegte Seite in ›Philosophie I Max 0‹.
12 Eine Frage, die van Ackeren in die Diskussion um die Lektüre von Marc Aurels Selbstbetrachtungen als Hypomnemata eingebracht hat. Van Ackeren schränkt diese Frage in dem von ihm behandelten Zusammenhang auf die Lektüre von Memoiren und Autobiographien ein, sie lässt sich jedoch auf Notizbücher insgesamt ausweiten. Marcel van Ackeren, ›Die Philosophie Marc Aurels‹, S. 345.

eigene Bemerkungen des Schreibenden dazu wird den Notaten im Falle Gödels aber zusätzlich eine dialogische Struktur eingetragen. Vieles spricht dafür, dass die Notizbücher für ihn die Fortsetzung der Gespräche und Diskussionen mit den Mitgliedern des Wiener Kreises und anderen Gesprächspartnern seiner Wiener Zeit darstellen sowie, darüber hinaus, mit den für ihn wichtigen Denkern der Philosophiegeschichte.

4 Fragmentierte und systematische Schreibform in Notizbüchern
Die Beobachtung, nach welcher das antike Notizbuch schon rein räumlich eine Öffnung hin zu eigenen Gedanken ermöglicht,[13] sollte desgleichen für philosophische und wissenschaftliche Notizbücher des 20. Jahrhunderts in Betracht gezogen werden. Sie lassen eine unabgeschlossene, nicht festgelegte Schreibform zu, die zwar meist mit einer Fragmentierung der ausgeführten Überlegungen einhergeht, häufig allerdings darüberhinaus mit einer Befreiung von Fachvokabular, philosophischen Systematiken oder wissenschaftlichen Methodenlehren. Dieser mitunter kreativitätsfördernde Umstand hat eine Kehrseite. Die Loslösung von Fachvokabular und tradierten Methoden erschwert es, eine eigene Systematik zu entwerfen und abzuschließen. Selbst das lässt sich im Falle von Gödels Notizbüchern konstatieren.

An dieser Stelle soll zudem auf eine zu Beginn des 20. Jahrhunderts auftretende Parallele zwischen Notizbuchschreiben und Tagebuchschreiben hingewiesen werden. Auch das Tagebuch diente der Einübung in Selbsterkenntnis und war Mittel bewusster Persönlichkeitsbildung.[14] Aufgrund der Kriegserfahrungen im Ersten Weltkrieg, dem damit einhergehenden Gefühl des Unbehaustseins und des Exils wird allerdings die Vorstellung brüchig, sich selbst zu einer vorbildlichen, gelungenen Persönlichkeit heranbilden zu können. Moderne Tagebücher werden fragmentarisch, was sie formal dem Notizbuch vergleichbar werden lässt. Die Lektüre wird durch das Bruchstückhafte, das Aphoristische erschwert. Aber

---

13 Markus Dubischar, Abschnitt »Hypomnemata«, in ders., »Typology of Philological Writings«, S. 555f.
14 Darauf weist etwa Peter Boerner hin: Ders., ›Tagebuch‹, S. 52 und 22. »Der stärkste Anstoß zur Ausbreitung des Tagebuchschreibens ergab sich [...] daraus, daß seit der Jahrhundertwende in die Lesebücher für Oberklassen der Gymnasien zahlreiche Auszüge aus älteren Journaux intimes aufgenommen wurden und beflissene Lehrer sich [...] bereit fanden, diese Texte als Muster des delphischen Erkenne-dich-selbst zu preisen.« Ebd., S. 52.

während beim Tagebuch der Sinnzusammenhang durch den Schreibenden, durch sein Denken und Erleben gebildet wird, zeigen in Notizbüchern in erster Linie die wiederkehrenden Themen und Fragestellungen den Sinnzusammenhang auf. Erst in zweiter Linie wird er durch den Schreibenden vermittelt.

II. Kurt Gödels Philosophische Notizbücher (Max Phil)

Die Form, in welcher Gödel philosophiert, sagt bereits viel darüber aus, was der Leser seiner Philosophischen Notizbücher erwarten kann. Die so genannten ›Maximen Philosophie‹, erlauben es, Gödels Philosophie zu rekonstruieren sowie wichtige Bezüge und Hintergründe zur Philosophie des Wiener Kreises und anderen philosophischen Strömungen herzustellen und aufzudecken. Für Gödel selbst war die Ausbildung einer eigenständigen Philosophie (Weltanschauung[15]) Bestandteil seines Verständnisses als Denker und Wissenschaftler. Den Sinn im Leben sieht er darin, wissenschaftliche Arbeiten und Vorträge zu verfassen, die anderen nützen können und eine damit verbundene Philosophie oder Weltanschauung zu erarbeiten. Doch obgleich er die Beschäftigung mit der Philosophie nach derjenigen mit den Wissenschaften nennt, verspricht er sich von der philosophischen Arbeit zusätzlich Impulse für einen Fortschritt in der Wissenschaft.[16]

Um Gödel als Denker und Wissenschaftler umfassend verstehen zu können, ist es daher erforderlich, sich auch mit seinen philosophischen Auffassungen zu beschäftigen. Die Edition des Textkonvoluts der so genannten ›Maximen Philosophie‹ war daher bereits für seine ›Collected Works‹ vorgesehen,[17] ließ sich jedoch aufgrund des erforderlichen Zeitaufwandes letztlich nicht realisieren. Ähnlich

---

15 Gödel selbst benutzt häufig anstelle des Begriffs der Philosophie den der Weltanschauung. Diese Begriffsverwendung ist im Wien der 20iger und 30iger Jahre durchaus verbreitet. Vgl. Literaturangaben zu der Begriffsverwendung in ›Philosophie I Max 0‹, Manuskriptseite 1.
16 ›Zeiteinteilung (Max) I‹, S. 57: »Bemerkung: Es ist nötig, seinem Leben einen Sinn zu geben außer im Brotverdienen: 0. Aus diesem [Sinn] ergibt sich dann vielleicht das Brot von selbst. Dieser Sinn könnte bei mir nur sein: 1. Gute Arbeiten zu schreiben und Vorträge zu halten, wobei gut danach definiert wird, dass es jemandem nützen muss; 2. zu einer Weltanschauung zu kommen.« ›Zeiteinteilung (Max) II‹, S. 140: »Bemerkung: Auf Grund des theoretischen Weltbildes hat es jedenfalls einen Sinn, wissenschaftlichen Fortschritt zu suchen, auch wenn keine unmittelbare Aussicht auf Erfolg, weil jede ehrliche Anstrengung schließlich einen Erfolg haben muss.«

erging es dem französischen Projekt »Kurt Gödel Philosopher. From Logic to Cosmology«, das sich zudem die inhaltliche Erforschung der ›Maximen Philosophie‹ zur Aufgabe gemacht hatte.[18] Die Bedeutung der Philosophischen Notizbücher Gödels ist in internationalen Fachkreisen mithin allgemein anerkannt, obgleich wir es nicht mit einer systematisch argumentierenden Form des Philosophierens zu tun haben, sondern mit Notizbüchern, in denen Gedanken ausprobiert, verworfen, festgehalten und wiederholt werden oder Positionen anderer Autoren zusammengestellt werden.

Die philosophischen Notizhefte, die Gödel zwischen 1934 und 1955 angelegt hat, werden gemeinhin unter dem Titel ›Maximen Philosophie‹ geführt, da Gödel die Hefte abwechselnd mit »Max« oder »Phil«, manchmal auch mit »Phil Max« überschrieben hat. Aus einem Hinweis zu Beginn von Heft XIV ergibt sich, dass Gödel die Bezeichnungen synonym verwendet.[19]

Die fünfzehn erhaltenen Hefte lassen sich in vier Gruppen einteilen, nur in drei der fünfzehn erhaltenen Hefte sind Maximen in einer größeren Anzahl festgehalten, nämlich in den Heften I bis III. Dennoch betitelt Gödel zehn der erhaltenen Hefte nur mit »Max«, dadurch verdeutlicht Gödel den Zusammenhang der Notizhefte bereits nach außen hin. Inhaltlich und gedanklich ist der Zusammenhang durch die Begriffe der Vervollkommnung und des Glücks wie folgt hergestellt.

Selbstvervollkommnung und Therapie
In den beiden Notizbüchern mit der Überschrift ›Zeiteinteilung (Max) I und II‹ finden wir Gödels Inidividualethik. Sie haben für Gödel ihren Zweck in der Ethik der Selbstvervollkommnung, die sein berufliches und sein privates Leben umfasst.[20] Die Maximen (Ermahnungen) hierfür hat er bewusst zusammengestellt und sich, wie in stoischer Tradition üblich, vorgenommen, sie immer und immer wieder zu lesen.

---

17 Dawson und Dawson 2005, S. 150 u. 152; sowie Dawson und Dawson 2010, S. 21 u. 23.
18 ANR-09-BLA-0313 »Kurt Gödel Philosopher. From Logic to Cosmology« unter Leitung von Gabriella Crocco.
19 Dort heißt es: »Heft Phil XIII (= Max XIII) (VI. 45–IV. 46) wurde im April 46 verloren.«
20 Im folgenden Band, der die Hefte ›Zeiteinteilung (Max) I und II‹ umfasst, werden diese Zusammenhänge ausführlich erläutert.

Gödel selbst beschreibt den therapeutischen Effekt, den er sich von diesen Übungen und der Habitualisierung der Lebensführung für sich erhofft. Sie sind ein Mittel der Selbstreflexion und damit philosophisch motiviert. Darüberhinaus soll die Orientierung an den selbst gewählten Maximen und Ermahnungen eine Verbesserung seiner wissenschaftlichen Arbeit mit sich bringen. Die Bedeutung des Vervollkommnungsansatzes reicht allerdings weit darüber hinaus. Sie erstreckt sich auf die ›Maximen Philosophie‹ als Gesamtkorpus.

Vervollkommnung der Vernunft durch Scientia generalis
Leibniz' Scientia generalis soll der Erneuerung der Wissenschaften ebenso dienen wie ihrer Vermehrung, der Vervollkommnung des Geistes und der allgemeinen Glückseligkeit.[21] Die Konzepte der Vervollkommnung und der Glückseligkeit sind tragende Begriffe für Gödels individualethischen Ansatz. Mit Bezug auf die Scientia generalis bedeuten sie allerdings etwas anderes. Die Scientia generalis soll die Vielheit der Einzelwissenschaften (Specimina) strukturieren, indem sie die gemeinsamen Grundlagen der Wissenschaften (Initia) herausstellt und die Zusammenarbeit zwischen den Disziplinen so erst ermöglicht. Unter die Specimina fallen alle Naturwissenschaften, die Mathematik und die wertorientierten Wissenschaften (wie beispielsweise Jurisprudenz und Theologie), unter die Initia etwa die Grammatica rationalis und die Logik. Der Scientia generalis müsste es gelingen, einfache Begriffe herauszuarbeiten, die die Grundbegriffe des Denkens sind. Allerdings war bereits Leibniz klar, dass das für den Menschen ein nicht vollständig zu erreichendes Ziel ist.

In Leibniz' hinterlassenen philosophischen Schriften befindet sich ein Fragment, welches in der Akademieausgabe den Titel ›De vera hominis perfectione‹ trägt und von den Herausgebern mit dem Hinweis versehen ist, dass es sich bei diesem Fragment um eine Einleitung zur Scientia generalis handeln könnte.[22] Leibniz'

---

21 So in einem Titel zu einem der Fragmente zur Scientia generalis in Leibniz, ›Sämtliche Schriften und Briefe, Bd. VI, 4, Teilband A, Philosophische Schriften‹, S. 527. Siehe für eine ausführliche Analyse der Scientia generalis: Hans Poser, »Leibniz und die Einheit der Wissenschaften«, S. 17–31.
22 Gödel hat auch dieses Fragment in der Leibniz-Ausgabe von Carl Immanuel Gerhardt gekannt. Er hat die Abschnitte zur Scientia generalis von Leibniz mit Ausnahme von Kapitel VI und Kapitel IX in Band VII der Ausgabe von Gerhardt gelesen. Vgl. dazu die Notizen und Exzerpte im Gödel Nachlass, Behältnis 10a, Reihe V, Mappe 35.

Scientia generalis sollte als enzyklopädische Universal- oder Einheitswissenschaft, in der alle Wissenschaften ihren Platz haben, durch Vervollkommnung der Vernunft dem Glück der Menschen dienen.[23] Mittels der Vernunft soll die Vernunft so vervollkommnet werden, dass sie das Gute erkennt und dann verwirklicht.[24] In den ›Initia scientiae generalis‹ hält Leibniz fest, dass es Zweck und Ziel der menschlichen Fähigkeiten sei, dazu beizutragen, Glück zu erlangen[25] und Weisheit nichts anderes sei als die Wissenschaft vom Glück. Legt man also einen Glücksbegriff zugrunde, der nicht in erster Linie das individuelle Wohlbefinden als Bezugsgröße hat, sondern das allgemeine Glück, dann ist nach Leibniz an der Vervollkommnung der Vernunft und das heißt der Wissenschaften im Rahmen einer Scientia generalis zu arbeiten.

Die Art und Weise, in der Gödel die auf verschiedene wissenschaftliche Disziplinen ausgerichteten Bemerkungen u. a. per Analogie aufeinander bezieht, legt es nahe, dass er gleichfalls eine Scientia generalis zur Vervollkommnung der Wissenschaften vor Augen hatte. Die Begriffe, welche die Individualethik und die Scientia generalis verbinden, sind die des Glücks und der Vervollkommnung, wenn auch in beiden Fällen unter ›Glück‹ und ›Vervollkommnung‹ etwas anderes zu verstehen ist. Die Vervollkommnung des einzelnen Menschen bezieht sich auf seine Anlagen, die Vervollkommnung des Denkens bezieht sich auf die Erneuerung der Wissenschaften durch das Herausarbeiten eines allen Disziplinen gemeinsamen Fundaments.

Die Scientia generalis ist für Gödel wohl ebenfalls ein Vorbild gewesen, um die unterschiedlichen Disziplinen unter ein Dach zu bringen. Der Vervollkommnungsgedanke bezieht sich in diesem Fall auf die Vervollkommnung des Denkens. Der Erfolg des individualethischen Ansatzes ist unabhängig davon, ob die Einheit der Wissenschaften erreicht wird. Der Erfolg der Vervollkommnung des Denkens hängt hingegen davon ab, ob es gelingt, eine Scientia generalis zu begründen.

Inwieweit Leibniz' Scientia generalis ein Vorbild für Gödels ›Maximen Philosophie‹ ist, wird die Edition der kommenden Hefte

---

23 Heinrich Schepers, ›Leibniz‹, S. 90.
24 Heinrich Schepers, ›Leibniz‹, S. 93.
25 Vgl. Hans Poser, ›Leibniz' Philosophie‹, S. 299. »Scopus autem omnium nostrarum facultatum est felicitas«, in: »Initia scientiae generalis«, A VI, Bd. 4, S. 364.

zeigen helfen. Hier soll schon einmal auf die Verbindung zum Denken des Wiener Kreises hingewiesen werden, die auch hinsichtlich der Scientia generalis besteht. Der Titel einer Publikationsreihe des Wiener Kreises von 1933 bis 1939 lautet ›Einheitswissenschaft‹ und später ›Library of Unified Science‹[26]. Daneben gab es dann noch die ›International Encyclopedia of Unified Science‹[27]. Und so wie Leibniz' Scientia generalis eine enzyklopädische Universal- oder Einheitswissenschaft sein sollte, sollte die Einheitswissenschaft des Wiener Kreises gleichfalls enzyklopädisch konstituiert sein. Der Selbstvervollkommnungsgedanke spielte für den Wiener Kreis allerdings keine Rolle, wohl aber der des Fortschritts und damit des Glücks aller.

Obgleich Gödels Notizbücher den fragmentarischen Charakter vieler Notizbücher aufweisen und der mit ihnen gegebene Denkraum von Gödel auch als Experimentierfeld genutzt wurde, sind die in ihnen enthaltenen Bemerkungen nicht zufällig aneinandergereiht, sondern folgen dem Grundgedanken der Vervollkommnung in allen Facetten, die die abendländische Philosophiegeschichte zu bieten hat. Sie sind für ihn nicht nur ein Werkzeug der Selbstvervollkommnung, sondern daneben eines, das die Einheit der Wissenschaft nachweisen soll.

1 Max 0 – Max XV
Philosophie I Max 0 – Zeiteinteilung (Max) II
Die erste Gruppe bilden die drei Hefte ›Philosophie I Max 0‹, ›Zeiteinteilung (Max) I‹ und ›Zeiteinteilung (Max) II = Phil. II‹. ›Philosophie I Max 0‹ ist von Gödel von Seite 1 bis 78 durchpaginiert, zusätzlich hat er ein loses Blatt eingelegt. Die beiden Hefte ›Zeiteinteilung (Max) I‹ und ›Zeiteinteilung (Max) II‹ paginiert er dann durchgehend: Heft ›Zeiteinteilung (Max) I‹ von Seite 1 bis Seite 78 und ›Zeiteinteilung (Max) II‹ von Seite 79 bis Seite 156 bzw. 158. In Heft ›Zeiteinteilung (Max) II‹ sind dann noch 43 Seiten in unterschiedlichen Formaten von Gödel eingelegt. Da die Paginierung in ›Max III‹ wieder mit Seite 1 beginnt und anschließend bis Heft ›Max VIII‹ Seite 681 fortgesetzt wird, ist bereits dadurch angezeigt, dass ›Max III‹ für Gödel trotz der dort noch zahlreich enthaltenen

---

26 Die Herausgeber waren Otto Neurath, Rudolf Carnap, Philipp Frank, Jørgen Jørgensen und Charles W. Morris. Dazu auch im folgenden Band.
27 Hier waren die Herausgeber Otto Neurath, Rudolf Carnap und Charles W. Morris.

Maximen nicht zur ersten Gruppe gehören soll. Ein weiterer Unterschied betrifft die disziplinäre Zuordnung einzelner Bemerkungen, welche in den Heften ›Philosophie I Max 0 bis Zeiteinteilung (Max) II‹ fast vollständig fehlt und erst in Heft ›Max III‹ langsam einsetzt. In der Heftüberschrift bei ›Max III‹ fehlt zudem der Titelbestandteil »Zeiteinteilung«.

In ›Philosophie I Max 0‹ wird mittels Lektürelisten zunächst ein Programm für philosophische Studien ausgearbeitet, von dem sich zeigen lässt, dass Gödel die meisten der dort angeführten Werke später auch gelesen hat. ›Zeiteinteilung (Max) I und II‹ enthält Gödels individualethisches Programm zu einer an der stoischen Philosophie orientierten Selbstverbesserung mittels Maximen für die Lebensführung und für die eigene Arbeit.

Der Entstehungszeitraum von ›Philosophie I Max 0‹ umfasst 1934–1941; gesonderte Datumsangaben im Heft: Wintersemester 1934/35, 6. Oktober 1937, 19. Oktober 1937, 1. Januar 1940, 12. Juni 1941, 16. Juni 1941, ein Nachtrag lässt sich auf die Zeit nach dem 1. Mai 1942 datieren. Paginierung: 1–78, plus ein eingelegtes Blatt.

Der Entstehungszeitraum von ›Zeiteinteilung (Max) I‹ umfasst 1937–1938; gesonderte Datumsangaben im Heft: 24. August 1937, 25. August 1937, 25. Juli 1937, 2. September 1937, 8. September 1937, 21. September 1937, 29. November 1937, 4. Dezember 1937, 6. Dezember 1937, 11. Dezember 1937, 27. Dezember 1937, 1. Januar 1938. Paginierung: 1–78.

Der Entstehungszeitraum von ›Zeiteinteilung (Max) II = Phil. II‹ umfasst 1938–1940; gesonderte Datumsangaben im Heft: 29. März 1938, 13. September 1938, 14. Juli 1940, 17. Juli 1940, Programm-Zettel einzeln eingelegt vom 10. Januar 1940 sowie von 1941. Paginierung: 79–158, plus 43 eingelegte Blätter, nur teilweise paginiert.

Aus den Zeiträumen der Entstehung der einzelnen Hefte lässt sich ersehen, dass Gödel an Heft ›Philosophie I Max 0‹ parallel zu weiteren Heften der Max Phil-Reihe geschrieben hat, nämlich zu ›Zeiteinteilung (Max) I‹ und ›Zeiteinteilung (Max) II‹ sowie zu ›Max III‹ und ›Max IV‹.

	Philosophie I Max 0	Zeiteinteilung (Max) I	Zeiteinteilung (Max) II[28]
Axiome			1
Bemerkung	71	83[29]	166
Bemerkung Arbeitsbedingungen		1	
Bemerkung Grundlagen			1
Bemerkung, Maxime	1		
Bemerkung pädagogisch		2	
Bemerkung Parapsychologie	1		
Bemerkung Philosophie	1		1
Bemerkung Psychologie	2		3
Bemerkung Sinnespsychologie	1		
Bemerkung Theologie	1		1
Besorgungen / zu erledigen			4
Definition			1
Frage	25	31	10
Frage Psychologie			1
Maxime	1	88	133
Mitschrift von Vorlesungen	3		
Post		1	
Prinzipien (allgemein)		3	
Problem	2	2	
Programm	3	11	29
Programm für die Woche		2	
Programm Lektüre		2	
Programm Psychologie			1
Tätigkeiten/Einteilung		4	
These	3		
Zeiteinteilung		9[30]	1
			in Max II 1941 eingefügte Blätter: Maximen Mathematik Nr. 1–45; Maximen allgemein Nr. 1–59; Mathematik Methode Nr. 1–10; Extrablatt Programm vom 10. Januar 1940

28 Einige Bemerkungen und Maximen in ›Zeiteinteilung (Max) II‹ beschäftigen sich inhaltlich mit Arbeitsprozessen und Zeiteinteilung, ohne ausdrücklich so gekennzeichnet zu sein.
29 »Bemerkungen« sind zum Teil Bemerkungen zur Zeiteinteilung oder zu verschiedenen Tätigkeiten.
30 Darunter fällt auch »Dringliches« oder »Einteilungsgründe« oder »Zeitverwendung«.

Max III – Max VIII
Die zweite Gruppe bilden diejenigen Hefte, welche Gödel von 1 bis 680 durchpaginiert hat. Erst in Heft ›Max IX‹ beginnt Gödel wieder mit einer neuen Paginierung.

Der Entstehungszeitraum von ›Max III‹ umfasst 1940 bis 1941; gesonderte Datumsangaben im Heft: 4. September 1940, Anfang Oktober 1940, 1. Januar 1941, 18. Januar 1941, 21. Januar 1941, 5. Februar 1941, 12. Februar 1941, 20. April 1941. Paginierung S. 1–150, plus vier weitere Seiten.

Der Entstehungszeitraum von ›Max IV‹ umfasst Mai 1941 bis April 1942; gesonderte Datumsangaben im Heft: 1. Juli 1941, Ende März 1942. Paginierung S. 153–285, sowie nicht paginierte Seiten.

Der Entstehungszeitraum von ›Max V‹ umfasst den 1. Mai 1942 bis Juni 1942; keine weiteren gesonderten Datumsangaben im Heft. Paginierung S. 286–379, plus eine weitere nicht paginierte Seite.

Der Entstehungszeitraum von ›Max VI‹ umfasst mutmaßlich Ende Juni 1942 bis 15. Juli 1942; gesonderte Datumsangaben im Heft: 16. Juni 1942, 1. Juli 1942, 15. Juli 1942. Paginierung S. 380–469.

Der Entstehungszeitraum von ›Max VII‹ umfasst den 15. Juli 1942 bis zum 10. September 1942; gesonderte Datumsangabe im Heft: 1. August 1942. Paginierung S. 470–562, plus eine weitere Seite.

Der Entstehungszeitraum von ›Max VIII‹ umfasst den 15. September 1942 bis zum 18. November 1942; gesonderte Datumsangaben im Heft: 7. Oktober 1942, 18. Oktober 1942. Paginierung S. 563–665, plus 15 dazugehörende unpaginierte Seiten mit Bemerkungen und eine weitere Seite.

Man sieht, dass die Fächerspezifizierung in der zweiten Gruppe, nämlich in ›Max III‹ bis ›Max VIII‹ mit am stärksten ausgeprägt ist. Sie beginnt allmählich in ›Max III‹ und setzt dann in Heft ›Max IV‹ verstärkt ein. In ›Max III‹ ist eine große Anzahl der Bemerkungen noch nicht weiter als zu einer Disziplin gehörend spezifiziert, es ist einfach von »Bemerkungen« die Rede. Die zweitgrößte Gruppe ist die der Bemerkungen zur Psychologie und die drittgrößte die zu den Bemerkungen Grundlagen. Hier ist zum ersten Mal zu entscheiden, ob die Abkürzung »Bem Gr« als Bemerkung Grammatik oder Bemerkung Grundlagen zu lesen ist. Vielleicht spricht für die Lesart »Bemerkung Grammatik«, dass es zumindest in diesem Heft auch Bemerkungen gibt, die explizit mit »Bemerkung Grundlagen« bezeichnet sind. Zudem findet sich im Protokollheft[31] ein Vermerk zu einem Gespräch mit Friedrich Waismann vom 4. September

1937, wo unter Punkt 12 Folgendes notiert ist: »Bezüglich der Aufgabe der Philosophie (dass sie die zweckmäßige Grammatik aufzufinden habe) äußert er mit Carnap übereinstimmende Auffassung.« Diese Notiz zeigt, dass Gödel mit dem philosophischen Grammatikbegriff der Zeit bestens vertraut war.

Dagegen spricht unter anderem eine Bemerkung in ›Max III‹ auf Manuskriptseite 6, die mit »Bem Gr« abgekürzt ist und wie folgt lautet: »Bem Gr: Man soll für Resultate Grundlagen auch das Falschliegen von Ideen mit Begründung eintragen.« »Bem Gr« ist in diesem Fall naheliegenderweise als »Bemerkung Grundlagen« zu lesen. Hinzukommt, dass in dem Notizheft Grammatik von 1962 (in Behältnis 12, Reihe VI, Mappe 39, ursprüngliche Dokumentennummer 060551 auf Manuskriptseite 13) auf die Grammatikbeispiele in Heft ›Max XIV‹ verwiesen wird. In Heft ›Max XIV‹ findet man sowohl »Bem Gr« als auch »Bem Gram«, wobei diejenigen, die mit »Bem Gram« betitelt sind, sich mit Themen zur Grammatik befassen und diejenigen, welche mit »Bem Gr« benannt sind, von mathematischen und logischen Grundlagenthemen handeln. Auf der letzten Seite von ›Max XIV‹ hat Gödel zudem eine Liste mit denjenigen Manuskriptseiten zusammengestellt, auf welchen er sich mit Grammatik beschäftigt. Schaut man sich an, welche Bemerkungen sich auf den angegebenen Seiten befinden, ergibt sich folgendes Bild:

Seite 17: eine Bemerkung »Bem Philol«;

Seite 23–36: eine Bemerkung »Bem Gram«, die sich über sieben Seiten erstreckt, fünf Bemerkungen »Bem Philol« und eine weitere »Bem Gram«;

Seite 55: eine Bemerkung »Bem Philol«;

Seite 100: eine Bemerkung »Gr«, die lautet: »Der Sinn eines Satzes ist sein Wahrheitskriterium.«

Es spricht demnach das Meiste dafür, die Abkürzung »Bem Gr« mit Bemerkung Grundlagen aufzulösen, denn die Bemerkung »Gr« auf Seite 100 lässt sich auch als eine zu Grundlagenfragen der Philosophie verstehen.

Anzumerken wäre auch noch, dass einige der Bemerkungen, die mit »Bem Phil« gekennzeichnet sind, nicht wie die überwiegende Anzahl als Bemerkungen zur Philosophie zu lesen sind, sondern einige auch als Bemerkungen zur Philologie.

---

31 Im Gödel-Nachlass in Behältnis 6c, Reihe III, Mappe 81, ursprüngliche Dokumentennummer 030114.

	Max III	Max IV	Max V	Max VI	Max VII	Max VIII
Axiome	3					
Bemerkung	162	2	25	1		6
Bemerkung Descartes	1					
Bemerkung Grundlagen	2	24	38	20	32	34
Bemerkung Grundlagen	52	76				
Bemerkung Grundlagen Psychologie	1		1			
Bemerkung Historiographie	1					
Bemerkung Hygiene		1				
Bemerkung/Frage Jurisprudenz		1				1
Bemerkung Mathematik	3		1	1		2
Bemerkung M(axime)	5	6				
(Bemerkung) Maxime Arbeit	4	1				
Bemerkung bzw. Maxime Philologie	4	1				1
Bemerkung Philosophie	6	65	58	103	62	104
Bemerkung Philosophie und Psychologie			1			
Bemerkung Physik	1	1				
Bemerkung Plato						1
Bemerkung Psychologie	63	10	20	30	15	9
Bemerkung Psychologie Fehlerquelle			1			
Bemerkung Psychologie, Ethik	2					
Bemerkung Theologie	18	7	13	4	8	2
Definition			1			
Frage	12	2	7		1	5
Frage Grundlagen		2				
Frage Jura		1				
Frage Philosophie		4				
Frage Psychologie	1		1			
Frage Theologie	1					
Maxime	40	11	4	1	2	
(Bemerkung) Maxime Mathematik	2					
Maxime Philosophie		1		1		
Problem		2				2
Programm Philosophie		1		1		
Programm Psychologie	1					
Psychologie	1					
Sprachliche Inkonsequenzen						1
Tätigkeit/Einteilung	1					

Max IX – Max XII

Die dritte Gruppe umfasst die Hefte ›Max IX‹ bis ›Max XII‹, die zwischen 1942 und 1945 geschrieben wurden. Sie ist von der zweiten Gruppe formal dadurch abgesetzt, dass die Hefte ab ›Max IX‹ jeweils von Seite 1 an paginiert sind. In inhaltlicher Hinsicht kommt hinzu, dass die Anzahl der Bemerkungen zur Psychologie abnimmt und dafür die zur Physik leicht zunehmen.

Der Entstehungszeitraum von ›Max IX‹ umfasst den 18. November 1942 bis zum 11. März 1943; gesonderte Datumsangaben im Heft: 18. November 1942, 24. November 1942, 19. März 1943. Paginierung S. 1–96.

Der Entstehungszeitraum von ›Max X‹ umfasst den 12. März 1943 bis zum 27. Januar 1944; keine weiteren gesonderten Datumsangaben im Heft. Paginierung S. 1–93.

Der Entstehungszeitraum von ›Max XI‹ umfasst den 28. Januar 1944 bis zum 14. November 1944; gesonderte Datumsangaben im Heft: 16.–31. August 1944. Paginierung S. 1–155.

Der Entstehungszeitraum von ›Max XII‹ umfasst den 15. November 1944 bis zum 5. Juni 1945; keine weiteren gesonderten Datumsangaben im Heft. Paginierung S. 1–119.

Der Entstehungszeitraum von ›Max Phil XIII‹ war Juni 1945 bis April 1946, das Heft ist allerdings im April 1946 verloren gegangen.

	Max IX	Max X	Max XI	Max XII
Bemerkung	11	6	7	2
Bemerkung Grundlagen	47	51	31	9
Bemerkung Grammatik			1	
Bemerkung Jurisprudenz				2
Bemerkung Mathematik	1		1	
Bemerkung Moral			1	
Bemerkung Philologie			4	14
Bemerkung Philosophie	77	36	124	159
Bemerkung (Philosophie) Carnap			1	
Bemerkung (Philosophie) Leibniz		6	1	
Bemerkung Physik		3	9	2
Bemerkung Psychologie	1	5	8	8
Bemerkung Theologie	5	5	16	6
Frage	1	1	5	3
Frage Philosophie				1
Frage Psychologie				1
Frege			1	
Maxime			1	
Physik Problem		1		
Pleonasmus		1		
Problem			1	

Phil XIV – Max Phil XV
Der Entstehungszeitraum von ›Phil XIV‹ umfasst Juli 1946 bis Mai 1955; gesonderte Datumsangaben im Heft: Ashbury Park 1954. Paginierung S. 1–130.

Der Entstehungszeitraum von ›Max Phil XV‹ ist Mai 1955 bis ?; keine gesonderten Datumsangaben im Heft. Paginierung fehlt, 33 beschriebene Manuskriptblätter. Der Eintrag in ›Phil XIV‹: »Heft Phil XIII (= Max XIII) (VI. 45–IV 46) wurde im April 1946 verloren« ist bemerkenswert, weil die Hefte nun wieder mit »Max« und »Phil« betitelt werden. Gödel hat offenbar mit der Arbeit an Heft XIV begonnen, kurz nachdem Heft XIII im Juli 1946 verloren gegangen ist. Das letzte Heft wird auf dem Heftumschlag mit »Max XV« bezeichnet, innen aber nur noch mit »Phil«, die römische Nummerierung fehlt.

Zu Beginn und am Ende des Heft-Konvoluts, das von Gödel selbst als ein zusammengehörendes bezeichnet wird, werden die Hefte also mit »Phil« und »Max« bezeichnet, zwischendrin nur mit »Max« und ab Heft XIII wieder mit »Phil« und »Max«.

Heft ›Phil XIV‹ beginnt mit einem kleinen Unterkapitel, das sich über sechs Seiten erstreckt. Es trägt den Titel »Das Vergehen der Zeit«. Erst danach setzen wieder einzelne spezifizierte Bemerkungen ein, bis der Zusatz »Bemerkung« weitgehend aufgegeben wird und die Spezifizierungen für sich stehen. In Heft ›Max Phil XV‹ kommt der Zusatz »Bemerkung« schließlich überhaupt nicht mehr vor.

	Phil XIV	Max Phil XV
Antwort		1
Bemerkung	4	
Bemerkung Grundlagen	2	
Bemerkung Grammatik	5	
Bemerkung Logik	1	
Bemerkung Philosophie	31	
Bemerkung Physik	2	
Bemerkung Psychologie	4	
Frage	2	
Frage Philosophie		1
Grundlagen	1	
Grundlagen	4	7
Grundlagen der Philosophie	1	
Mathematik	2	
Maxime	3	
Philologie	8	
Philosophie	57	44
Psychologie		1
Vergehen der Zeit	1	

2 Philosophie I Max 0 – ein Kurzüberblick

Gödel hat dieses Notizheft den anderen Heften bewusst vorangestellt. Dafür hatte er Gründe, die im Inhalt dieses Heftes zu finden sind. Zunächst spricht der programmatische Vorspann für diese Entscheidung. Zu Beginn von ›Philosophie I Max 0‹ findet sich ein umfangreiches Lektüre- und Studienprogramm. Auf dieses und ein weiteres Programm im Heft hat die philosophische Ausrichtung des Wiener Kreises genauso Einfluss gehabt hat wie die von Gödels Lehrer Heinrich Gomperz. Zum Teil ist diese Auswahl darüberhinaus von der so genannten österreichischen Staatsphilosophie geprägt, die mit Bernard Bolzano, Robert Zimmermann[32] und der Herbart-Schule in Verbindung gebracht wird. Sie spiegelt zudem die Abkehr von dieser Form des philosophischen und wissenschaftlichen Denkens durch Franz Brentano und seiner Schule wider[33] und stellt sich mit der Aufnahme von Hegels Logik in dieses Programm schließlich regelrecht gegen diese Tradition.

Aufschlussreich sind auch die drei Mitschriften zu Vorlesungen von Moritz Schlick, Dietrich von Hildebrand und Alfred Kastil im Anschluss. Die Mitschrift der Schlick-Vorlesung über Logik und Erkenntnistheorie ist im Wesentlichen auf Erkenntnistheorie beschränkt und repräsentiert eine Position des Wiener Kreises. Die Mitschriften der Vorlesungen von Dietrich von Hildebrand und Alfred Kastil stellen dazu einen Gegenpol dar. Von Hildebrand dürfte als Schüler von Edmund Husserl als der Phänomenologie nahe stehend ausgewählt worden sein, Alfred Kastil als Brentano-

---

32 Zimmermanns Anliegen war es, die Ansätze von Bernard Bolzano und Johann Friedrich Herbart zu einer anti-subjektivistischen Staatssystemphilosophie zusammenzuführen. Zimmermann hatte durch sein Schulbuch ›Philosophische Propädeutik für Obergymnasien‹ erheblichen Einfluss auf den Philosophieunterricht des 19. Jahrhunderts in Österreich. Hervorzuheben ist an dieser Stelle, dass die Philosophie von Leibniz über die Rezeption der Monadologie durch Bolzano und Herbart in Österreich präsent war. Vgl. Johann Feichtinger, ›Wissenschaft als reflexives Projekt‹, S. 121f. Den Hinweis auf Robert Zimmermann verdanke ich Christian Damböck.
33 Vgl. Johann Feichtinger, ›Wissenschaft als reflexives Projekt‹, S. 114. Feichtinger arbeitet in dem Zeitraum 1848–1938, dessen Eckpunkte die Wiener Staatsphilosophie und der Wiener Kreis bilden, u. a. auch die Rolle von Theodor Gomperz (Heinrich Gomperz' Vater) und Franz Brentano für die in diesem Zeitraum stattfindende Entwicklung heraus. Für Theodor und Heinrich Gomperz gehörte Zimmermanns Zugang zur Philosophie bereits der Vergangenheit an. Vgl. ebd., S. 198 Fn. 380. Vgl. zuletzt zu den Verbindungen von Brentano, Wiener Kreis und den beiden Gomperz: Christoph Limbeck-Lilienau und Friedrich Stadler, ›Der Wiener Kreis‹, S. 52ff. und S. 14f.

Schüler und Repräsentant einer Philosophie, die auf Husserl großen Einfluss hatte.[34]

Schlick äußert sich in seiner Vorlesung ausdrücklich abwertend über einige Gesichtspunkte und Philosophen, die in von Hildebrands sowie Kastils Vorlesungen als wichtig und positiv hervorgehoben werden und von Gödel in ›Philosophie I Max o‹ rezipiert werden. Während Philosophie und Psychologie nach Schlick nichts miteinander zu tun haben, ist die Psychologie für Brentano (und damit für Kastil) eng mit der Philosophie verbunden und Gödel befasst sich in seinen Philosophischen Bemerkungen immer wieder mit Überlegungen zur Psychologie. Ferner: Indessen Schlick die Frage danach, was ein Begriff ist, als irreführend bezeichnet, wird diese Frage für Gödel zu einer bedeutenden. Wohingegen Schlick Intuition nicht für eine Erkenntnisweise hält, versucht Gödel in ›Philosophie I Max o‹ u. a. diese Form der Erkenntnis begrifflich genauer zu fassen. Während Schlick sich abfällig über »Intuitionsphilosophen« und Metaphysiker äußert, beschäftigt sich Gödel in ›Philosophie I Max o‹ genau mit solchen, usw.

Man könnte meinen, die Schlick-Vorlesung böte eine Art Negativfolie für Gödels Beschäftigung mit philosophischen Problemen und Fragen in ›Philosophie I Max o‹. Dem ist aber nicht durchweg so. Schlick nimmt beispielsweise zumindest partiell eine positive Haltung gegenüber der Philosophie von Leibniz und Bolzano ein[35] und auch sein Verständnis von Erkenntnis als Abbild der Wirklichkeit hinterlässt in Gödels Denken nachweisbare Spuren. Schlicks Vorlesung lediglich als Negativfolie für Gödels Beschäftigung mit philosophischen Fragen aufzufassen, wäre daher zu kurz gegriffen.

Kastils Hinweis, wonach deskriptive Psychologie respektive Phänomenologie grundlegende Bedeutung für die Metaphysik habe, deutet eine Erklärung für Gödels intensive Beschäftigung mit

---

34 Im Protokoll eines Gesprächs mit Else Frenkel vom 15. November 1937 äußert sich Gödel zum Vorlesungsbesuch bei von Hildebrand und Kastil, nachdem er sich bei Frenkel erkundigt hat, ob es noch andere Phänomenologen außer Husserl-Schülern gäbe. Frenkel bezeichnet Phänomenologen als Schreibtisch-Psychologen und Kastil als einen langweiligen Brentanisten, der sich in den Subtilitäten von Brentanos Philosophie verliere, während Gödel sich positiv über Kastils Vorlesung äußert. Das Protokollheft befindet sich im Gödel-Nachlass in Behältnis 6c, Reihe III, Mappe 81, ursprüngliche Dokumentennummer 030114. Vgl. dort Seite 54f. zu von Hildebrand und Kastil.

35 Leibniz und Bolzano werden bekanntlich unter anderen im Manifest des Wiener Kreises als geistige Vorläufer des Kreises genannt.

Brentanos deskriptiver Psychologie an, denn Aufgabe der von Brentano so genannten deskriptiven Psychologie ist es, Bewusstsein aus der Erste-Person-Perspektive zu beschreiben. Umso bemerkenswerter ist in diesem Zusammenhang allerdings, dass auf der Lektüreliste, die auf die drei Vorlesungsmitschriften folgt, der Name Brentanos zuerst mit einem Fragezeichen versehen ist und dann in einer weiteren Liste sogar gestrichen ist.

Im Anschluss an diesen programmatischen Teil von ›Philosophie I Max 0‹ (dem Lektüreprogramm und den Vorlesungsmitschriften) stehen einige Überlegungen zum richtigen Einarbeiten in die Philosophie, die Philosophiegeschichte und zum Herausarbeiten der herrschenden philosophischen Strömungen, ehe Gödel mit philosophischen Bemerkungen beginnt. Bei diesen zeigt sich, dass die Beschäftigung mit Brentano für Gödel in ›Philosophie I Max 0‹ nicht zuletzt wegen Brentanos Überlegungen zu innerer und äußerer Wahrnehmung von Bedeutung ist. Innere Wahrnehmung ist das Bewusstsein der Tatsache, dass man etwas sieht, hört, riecht, usw. Tatsachenwahrnehmung besteht für Brentano daher nicht nur in Außenwahrnehmung, sondern auch in so genannter introspektiver Evidenz, das ist die innere Wahrnehmung als Vollzug der Urteile.[36]

Für Gödel sind die verschiedenen Formen von Wahrnehmung ein bestimmendes Thema in ›Philosophie I Max 0‹. Das Wahrnehmungsvermögen der Sinnesorgane, der Verstand als Wahrnehmungsvermögen der Begriffe und Ideen beschäftigen ihn ebenso wie Emotionen als Wahrnehmungen. Darüberhinaus sind das Wahrnehmen von Mitteln und Zwecken, des eigenen Seins sowie das Verhältnis von Wirklichkeit und Wahrnehmung und die Frage, was wir unmittelbar wahrnehmen, Themen, mit denen er sich in seinen Bemerkungen befasst.

Ein weiterer wichtiger inhaltlicher Schwerpunkt in ›Philosophie I Max 0‹ sind Begriffe. Gödel fragt nach einfachen Begriffen sowie Ideen und rezipiert dafür Leibniz. Das Verhältnis von Tatsachen und Begriffen, äußeren Objekten und Begriffen, das von Wahrnehmungen und Begriffen, von Begriffen und Verstand sowie dem Verstehen gehören als Themen gleichfalls zu diesem Untersuchungsgebiet; ebenso das Verhältnis von einfachen Empfindun-

---

36 Nichtsdestotrotz nennt Gödel in ›Zeiteinteilung (Max) II‹ auf Manuskriptseite 102 Brentanos Art der Begriffsbildung in ›Wahrheit und Evidenz‹ »unsympathisch«, weil Brentano seine Begriffe nicht erläutere.

gen oder Qualitäten und Begriffen sowie das von Verstehen von Sätzen und der Funktion von Symbolen und Abbildern für das Verstehen.

Literatur

Ann Blair, »Note Taking as an Art of Transmission«, in: ›Critical Inquiry‹ 31 (2004), S. 85–107.

Peter Boerner, ›Tagebuch‹, Stuttgart (Metzler) 1969.

Gabriella Crocco und Eva-Maria Engelen, »Kurt Gödel's Philosophical Remarks (Max Phil)«, in: ›Kurt Gödel: Philosopher–Scientist‹, hrsg. von Gabriella Crocco und Eva-Maria Engelen, Aix en Provence (Presses Universitaires de Provence) 2016, S. 33–54.

John W. Dawson jr., und Cheryl A. Dawson (2005), »Future Tasks For Gödel Scholars«. Zuerst abgedruckt in: ›Bulletin Of Symbolic Logic‹, Vol. 11,2, S. 150–171; Wiederabdruck in: S. Feferman, Ch. Parsons, St. G. Simpson (Eds.) (2010), ›Kurt Gödel, Essays For His Centenial‹, Cambridge (Cambridge University Press), S. 21–42.

Markus Dubischar, »Typology of Philological Writings«, in: ›Brill's Companion to Ancient Greek Scholarship‹, Vol. 1, hrsg. v. Franco Montanari, Stephanos Matthaios und Antonios Rengakos, Leiden/Boston (Brill) 2015, S. 545–599.

Hermann Eichele, »Hypomnema«, in: ›Historisches Wörterbuch der Rhetorik‹, Bd. 4, hrsg. v. Gert Ueding, Tübingen (Niemeyer) 1998, Sp. 112–128.

Johann Feichtinger, ›Wissenschaft als reflexives Projekt: Von Bolzano über Freud zu Kelsen. Österreichische Wissenschaftsgeschichte 1848–1938‹, Bielefeld (Transcript) 2010.

Michel Foucault, ›Histoire de la sexualité, Bd. 2. L'usage des plaisirs‹, Paris (Gallimard) 1984; dtsch.: ›Sexualität und Wahrheit Bd. 2. Der Gebrauch der Lüste‹, Frankfurt a. M. (Suhrkamp) 1989.

Michel Foucault, »L'écriture de soi«, in: ›Dits et écrits, Bd. 4, 1980–1988‹, hrsg. v. Daniel Defert und François Ewald, Paris (Gallimard) 1994, S. 415–430; dtsch.: »Über sich selbst schreiben«, in: ders., ›Schriften, Bd. 4, 1980–1988‹, hrsg. v. Daniel Defert und François Ewald, Frankfurt a. M. (Suhrkamp) 2005, S. 503–521.

Manfred Fuhrmann, »Hypomnema«, in: ›Der Kleine Pauly, Bd. 2, Dicta Catonis‹, hrsg. v. Konrad Ziegler und Walther Sontheimer, Stuttgart (Druckenmüller) 1967, Sp. 1282–1283.

Heinrich Gomperz, ›Die Lebensauffassung der Griechischen Philosophen und das Ideal der inneren Freiheit. Zwölf Vorlesungen‹, Jena (Eugen Diederichs) 1927.

Pierre Hadot, »Reflections on the Notion of ›Cultivation of the Self‹ «, in: ›Michel Foucault, Philosopher: Essays‹, hrsg. v. Timothy Armstrong, New York (Harvester Wheatsheaf) 1992, S. 225–232.

Pierre Hadot, »Postscript. An Interview with Pierre Hadot«, in: ›Philosophy as a Way of Life. Spiritual Exercises from Socrates to Foucault‹, Oxford (Wiley) 1995, S. 277–286.

Christoph Hoffmann, »Wie lesen? Das Notizbuch als Bühne der Forschung«, in: ›Werkstätten des Möglichen 1930–1936: L. Fleck, E. Husserl, R. Musil, L. Wittgenstein‹, hrsg. v. Birgit Griesecke, Würzburg (Königshausen und Neumann) 2008, S. 45–57.

Marianne Klemun, »Historismus/Historismen – Geschichtliches und Naturkundliches: Identität – Episteme – Praktiken«, in: ›Wissenschaftliche Forschung in Österreich 1800–1900. Spezialisierung, Organisation, Praxis‹, hrsg. v. Christine Otter, Gerhard Holzer, Petra Svatek, Göttingen (Vienna University Press bei VuR unipress) 2015, S. 17–44.

Karin Krauthausen, »Vom Nutzen des Notierens«, in: ›Notieren, Skizzieren. Schreiben und Zeichnen als Verfahren des Entwurfs‹, hrsg. v. Karin Krauthausen, Zürich/Berlin (Diaphanes) 2010, S. 7–26.

Gottfried Wilhelm Leibniz, ›Die philosophischen Schriften von Gottfried Wilhelm Leibniz‹, hrsg. v. Carl Immanuel Gerhardt, Bd. VII, Berlin (Weidmannsche Buchhandlung) 1890.

Gottfried Wilhelm Leibniz, ›Sämtliche Schriften und Briefe‹, Bd. VI, 4, ›Philosophische Schriften‹, hrsg. v. Heinrich Schepers, Martin Schneider, Gerhard Biller, Ursula Franke, Herma Kliege-Biller, Berlin (De Gruyter) 1999.

Christoph Limbeck-Lilienau und Friedrich Stadler, ›Der Wiener Kreis. Texte und Bilder zum Logischen Empirismus‹, Wien (LIT Verlag) 2015.

Platon, ›Apologie‹.

Hans Poser, ›Leibniz' Philosophie. Über die Einheit von Metaphysik und Wissenschaft‹, hrsg. v. Wenchao Li, Hamburg (Meiner) 2016.

Hans Poser, »Leibniz und die Einheit der Wissenschaften«, in: ›Vision als Aufgabe. Das Leibniz-Universum im 21. Jahrhundert‹, hrsg. v. Martin Grötschel u. a., Berlin (Berlin-Brandenburgische Akademie der Wissenschaften) 2016, S. 17–31.

Heinrich Schepers, ›Leibniz. Wege zu seiner reifen Metaphysik‹, Berlin (Akademie Verlag) 2014.

Anne Siegetsleitner, ›Ethik und Moral im Wiener Kreis. Zur Geschichte eines engagierten Humanismus‹, Wien/Köln/Weimar (Böhlau) 2014.

Marcel van Ackeren, ›Die Philosophie Marc Aurels, Bd. 1, Textform – Stilmerkmale – Selbstdialog‹, Berlin (De Gruyter) 2011.

Hao Wang, ›A Logical Journey. From Gödel to Philosophy‹, Cambridge Mass. (MIT Press) 1996.

Robert Zimmermann, ›Philosophische Propädeutik. Prolegomena – Logik – Empirische Psychologie. Zur Einleitung in die Philosophie‹, Wien (Braumüller) 1860, 2. Aufl.

Philosophie I Max 0

Handschriftenbeschreibung
Papier, Schreibheft, Höhe 20,5 cm, Breite 16,5 cm. Heftumschlag: fliederfarben mit beigen Anteilen, der Heftumschlag ist an der Faltkante auseinandergebrochen, so dass Vorder- und Rückseite lose sind. Die Ecken sind nach außen hin leicht abgerundet. Auf dem Heftumschlag ist der folgende Titel vermerkt: *Philosophie I (=Max I);*, ›Max I‹ ist vom Autor doppelt durchgestrichen, statt dessen wurde ergänzt: Form sollte heißen Max 0. Das Heft stammt von der Firma Kramer aus Wien, 8. Bezirk. Heftinnenseiten: Karo in hellgrau/bläulich; Papier vergilbt. Handschrift ist sehr zart und klein. Die letzte Seite des Notizbuches ist ist weder recto noch verso beschrieben. Gödel hat nur die geraden Notizbuchseiten paginiert; Ausnahmen bilden die Seiten 47, 49, 51, 53 und 55, in diesen Fällen stammt die Paginierung gleichfalls von Gödel. Schreibwerkzeug: Bleistift. Sprache: Deutsch; Schrift: Kurzschrift Gabelsberger, gelegentlich Langschrift.

Entstehungszeitraum von ›Philosophie I Max 0‹
Oktober 1934 bis 16. Juni 1941 mit einem nachträglichen Eintrag nach dem 1. Mai 1942.

[1]
Inhalt:
Systematik (Einteilung der verschiedenen Weltanschauungen).
Geschichte und *Zeitgeschichte* (insbesondere wer sind (waren) die bedeutenden Vertreter der verschiedenen Hauptweltanschauungen) *der Philosophie*.

---

22 **Weltanschauungen**: Vgl. zum Begriff der Weltanschauung bei Gödels Lehrer Heinrich Gomperz: »Die Weltanschauungslehre ist eine Wissenschaft, d. h. – im objektiven Sinne – ein Zusammenhang von Gedanken (Begriffen, Sätzen, Beweisen usw.), die sich auf Tatsachen in solcher Weise beziehen, daß sie als deren Nachbildung erscheinen; im subjektiven Sinn aber ein Inbegriff von menschlichen, auf die Herstellung solcher Gedankenzusammenhänge gerichteten Tätigkeiten.«, aus Heinrich Gomperz, »Die Aufgabe der Weltanschauungslehre«, in: ›Weltanschauungslehre‹, Bd. 1, S. 5. Vgl. des Weiteren zum Begriff der Weltanschauung bzw. dem der Weltauffassung innerhalb des Wiener Kreises, Thomas Mormann, »Wiener wissenschaftliche Weltanschauungen«, S. 105–125. Der im Wiener Kreis verwendete Begriff der wissenschaftlichen Weltauffassung sollte den der Weltanschauung ersetzen.

Psychologie ((*Psychatrie*, *Psychoanalyse*, → {Selbst experimentieren}, *experimentelle Psychologie*, *Psychometrie*, *Pädagogik*).
Wissenschaftslehre (oberste Begriffe und Sätze der einzelnen Wissenschaften).
Philosophie zerfällt in [*Logik*, *Erkenntnis-Theorie* (*Semantik*), *WissenschaftsLehre*, *Metaphysik*, *Ethik*].

Sachlich, das heißt »Was ist wahr?«:

$$\left[\begin{array}{ll} \textit{Erkenntnis-Theorie (Semantik)} & \text{Was ist wahr?} \\ \textit{Metaphysik, Geschichts-Philosophie, Ethik,} & \text{sachlich} \\ \textit{Aesthetik} & \end{array}\right]$$

Programm:
1. *Bühler*, Sprache *Psychologie* (*Brentano*).
2. *Gomperz*, Weltanschauungslehre und Überweg und Wissenschaft und Tat.
3. *Hegel* lesen (Wissenschaftslehre, *Bolzano*?).
4. *Aristoteles* in Auswahl und *Plato* besonders *Timaios*.

---

8 **das heißt:** Zu lesen als ›beziehungsweise‹.
15 **Sprache Psychologie:** Geht man davon aus, dass hier der Titel eines Werkes von Bühler stehen sollte, kommt beispielsweise die von Bühler herausgegebene Arbeit »Forschungen zur Sprachtheorie« in Frage, die im ›Archiv für die gesamte Psychologie‹ erschienen ist, oder ›Sprachtheorie. Die Darstellungsfunktion der Sprache‹ und »Tatsachen und Probleme zu einer Psychologie der Denkvorgänge«.
16 **Weltanschauungslehre:** Hierbei handelt es sich um ein zweibändiges Werk von Heinrich Gomperz, das unter dem Titel ›Weltanschauungslehre. Ein Versuch die Hauptprobleme der allgemeinen Theoretischen Philosophie geschichtlich zu entwickeln und sachlich zu bearbeiten‹ erschienen ist.
16 **Überweg:** Der Eintrag zu Heinrich Gomperz steht in: Überweg, ›Grundriss der Geschichte der Philosophie‹, 12. Auflage auf den Seiten 397f.
16 **Wissenschaft und Tat:** ›Die Wissenschaft und die Tat‹ ist der Titel eines Werkes von Heinrich Gomperz.
18 **Wissenschaftslehre:** ›Wissenschaftslehre. Versuch einer ausführlichen und grösstentheils neuen Darstellung der Logik mit steter Rücksicht auf deren bisherige Bearbeiter‹ ist der Titel eines Werkes von Bernard Bolzano.
19 **in Auswahl:** Gödel hat am 2. April 1937 sowie am 5. Juli 1938 einen Bestellschein für den 3. Band der Bekker-Ausgabe ausgefüllt, der in Berlin bei Georg Reimer 1831 erschienen ist. Dieser Band enthält lateinische Renaissance-Übersetzungen griechischer Texte, u. a.: das Organon, De anima, De animalium, De interpretatione, De memoria et reminiscentia, Metaphysica, De sensu et sensili und De spiritu. Außerdem hat Gödel das ›Organon‹ von Aristoteles in der Übersetzung von Julius Hermann von Kirchmann, das im Verlag Georg Weiss in Heidelberg 1883 erschienen ist, am 5. sowie 12. Juli 1938 per Ausleihschein bestellt.

5 **Logik, Erkenntnis-Theorie (Semantik), Wissenschafts-Lehre:** ›Logik‹ bis ›Wissenschaftslehre‹ weist mittels Akkolade auf das Wort ›Wissenschaftslehre‹ in der Zeile darüber

[Frage: Was muss man kennen, um historisch ein Verständnis für moderne Philosophie zu gewinnen?: *Plato*, (Neu*Platonismus*), *Aristoteles*, mittelalterliche *Theologie* (*Thomas* und *Nominalisten*), (*Locke, Hume, Mill*), *Kant, Hegel, Mach*.]

[Frage: Wer ist ein Führer des *Psychologismus*?]

[2]

| Systematik der Weltanschauungen: | *Positivismus* *Kantianismus* *Materialismus* Psychologismus *Idealismus* *Theologie* | Statistik in verschiedenen Schichten der Bevölkerung Frage |

Frage: Wie soll man die Hauptvertreter der einzelnen Richtungen in der Gegenwart herausfinden? – In Minerva die Lehrkanzeln an den größeren Universitäten (*Frage*: Wie stellt man die »Bedeutung« einer *Universität* fest?) samt Besetzung herausschreiben, dann in einem nach Namen geordneten Bücherverzeichnis seine Werke nachschlagen (oder in einem Zentralblatt der betreffenden *Disciplin*) und ein paar Sachen von ihm lesen. [Frage: Haben alle bedeutenden Philosophen der Gegenwart Lehrkanzeln? (Wie bedeutend sind Lehrkanzeln**?**)]

Programm Fortsetzung:
5. Schjelderup, Geschichte der Philosophie – 1900, und weiter in sachlichen Literaturverzeichnissen.
6. *Psychologie*: Bühler, Die Krise, und die *Phänomenologen*: Stumpf (*Husserl*, **Scheler**) Brentano.

Maxime: Im Allgemeinen die Darstellungen aus 2ter Hand – *Systematiken, Geschichte,* auch Selbstdarstellungen – nur dazu verwenden,

---

10 **verschiedenen Schichten der Bevölkerung:** Carnaps nonkognitivistische Ethik könnte hier Einfluss gehabt haben.
16 **Minerva:** ›Minerva‹ ist ein Gelehrtenkalender. Vgl. etwa: ›Minerva. Jahrbuch der gelehrten Welt‹, hrsg. v. Lüdtke 1926.
26 **Geschichte der Philosophie – 1900:** Das Werk Schjelderups von 1924 hat den Titel ›Geschichte der philosophischen Ideen von der Renaissance bis zur Gegenwart‹.
28 **Die Krise:** Das Werk Bühlers von 1927 hat den Titel ›Die Krise der Psychologie‹.

26: ›Schelderup‹ von der Editorin verbessert in ›Schjelderup‹
29: ›Scheeler‹ von der Editorin verbessert in ›Scheler‹

* Was gibt es überhaupt?

um überhaupt Namen und Richtungen im Rohen kennen zu lernen,* dann Lektüre der Autoren selbst (wenn auch nur in Auswahl). Damit man alles kennen lernt, was es gibt, sind mehrere Darstellungen aus zweiter Hand flüchtig zu lesen (kurze Darstellungen). [3]

7. *Positivistische Philosophie* (Carnap, Whitehead, Russell, Morris | (*Pragmatische Philosophie*), Schlick, Wittgenstein, Waismann).
8. Selbst psychologisch *experimentieren*.
9. Wissenschaftslehre (wahre Einteilung der Wissenschaften) selbstständig.
10. *Psychotechnik* (Berufseignungsprüfung, Intelligenzprüfung) in Wien *Prof. Hackl*.

> *Schlick* Vorlesung über *Logik* und *Erkenntnis-Theorie, Wintersemester* 1934/35

1. Man kann in der Philosophie nicht auf bestimmte Lehrmeinungen hinweisen als fest anerkannt.
2. Bei philosophischen Untersuchungen weiß man erst am Schluss, was man getan hat (kein bestimmtes Ziel im Voraus angebbar).
3. Logik und *Psychologie* passen so gut zusammen wie Malerei und Segelflug.

1 **Rohen:** im Sinne von ›im Groben‹.
6 **Morris:** Charles W. Morris wird dem amerikanischen Pragmatismus zugerechnet.
12 **Prof. Hackl:** Der Psychologe Karl Hackl leitete zunächst ein Institut für Psychotechnik, ehe er die Leitung des Psychotechnischen Instituts des Landesarbeitsamtes Wien übernahm, das auch Berufseignungstests für Arbeitslose durchführte sowie deren Umschulung und psychologische Betreuung begleitete. Vgl. ›Deutschsprachige Psychologinnen und Psychologen 1933–1945‹, hrsg. v. Wolfradt u. a., S. 158–160.
15 **Schlick Vorlesung:** Schlicks Vorlesung › Logik und Erkenntnistheorie‹ wird in der Moritz Schlick Gesamtausgabe, Schlick, MSGA, Abt. II, Bd. 1.3 von Martin Lemke herausgegeben. Die diesbezüglichen Angaben folgen den Druckfahnen, die Martin Lemke im November 2018 für die vorliegende Edition dankenswerterweise zur Verfügung gestellt hat.
17 **Man kann in der Philosophie nicht auf bestimmte Lehrmeinungen hinweisen als fest anerkannt:** »Es verhält sich bei philosophischen Betrachtungen immer so, dass es schwer ist, irgendwo zu beginnen und dass man erst am Schluss weiss, was man getan hat und warum man es getan hat. [...] Das eigentümliche Schwanken, die Unsicherheit bei den philos[ophischen] Bemühungen ergibt sich schon äusserlich, dass man nicht auf bestimmte Lehrmeinungen als fest anerkannte Inhalte (wie z. B. in der Physik, der Mathematik) hinweisen kann, [...].« Schlick, MSGA, Abt. II, Bd. 1.3, S. 354.
19 **Bei philosophischen Untersuchungen:** Vgl. vorangegangene Anmerkung.

4 **kurze Darstellungen:** Andere Lesart: Kurzdarstellungen
6: | ,

4. *Psychologie* hat gar nichts mit *Philosophie* zu tun.
5. Die Philosophie ist unteilbar (lässt sich nicht in *Disciplinen* zerlegen).
6. Unser Geistesleben ist darauf eingestellt, den *traditionellen* Schutt wegzuräumen und sich zur Klarheit, zum richtigen Standpunkt durchzuringen. [4]
7. Die *Aristotelische* (= Namenslogik) ist nur ein ganz kleiner und uninteressanter Teil der Logik (*Kant* in der Kritik aber hat keinen Schritt vorwärts tun können).
8. Gegen die alte Logik macht man den berechtigten Vorwurf, dass sie überflüssig und unfruchtbar sei.

21 **Logik und Psychologie:** »Logik und Psychologie passen überhaupt nicht zusammen, dürfen nicht systematisch zusammengefasst werden; man kann sie nur zusammenstellen wie jedes menschliche Bemühen überhaupt (wenn man Logik und Psychologie als die propädeutischen Disziplinen zusammenstellt, so ist das so, wie wenn man Malerei und Segelflug zusammenstellen würde); [...].« Schlick, MSGA, Abt. II, Bd. 1.3, S. 354f.
1 **Psychologie hat gar nichts mit Philosophie zu tun:** »Dass die Psychologie, die doch Einzelforschung betreibt, überhaupt noch zur Philosophie gerechnet wird, hat nur einen historischen, keinen sachlichen Grund.« Schlick, MSGA, Abt. II, Bd. 1.3, S. 355.
2 **Die Philosophie ist unteilbar:** »Wir lehnen auch alle Bemühungen ab, Logik und Erkenntnistheorie zu vereinigen, deshalb, weil die Philosophie sich nicht in einzelne Fächer zerlegen lässt; sie ist nicht eine Wissenschaft von der Art, dass man sie in einzelne Abteilungen zerlegen kann. Logik und Erkenntnistheorie stehen zur Philosophie in einem ganz anderem Verhältnis als dem eines Teiles zum Ganzen; sie sind auch nicht Vorbereitungen für etwas anderes, das sich dann anchliesst und Philosophie heisst. Die Philosophie ist etwas Unteilbares, [...].« Schlick, MSGA, Abt. II, Bd. 1.3, S. 355.
4 **Unser Geistesleben:** »Unser ganzes Geistesleben ist darauf eingestellt, den traditionellen Schutt wegzuräumen, sich zur Klarheit, zum richtigen Standpunkt durchzuringen.« Schlick, MSGA, Abt. II, Bd. 1.3, S. 356.
7 **Die Aristotelische (= Namenslogik):** »[...] wir betrachten von vornherein die Aristotelische oder Namenlogik als einen ganz kleinen, in sich abgeschlossenen Bezirk, den eigentlich uninteressanteren Teil des in Wirklichkeit viel weiteren Reiches der Logik. [...] Als Kant diese Worte schrieb, gab es in der kurfürstl[ichen] Bibliothek zu Hannover seit über 100 Jahren Aufzeichnungen zu einer neuen Logik von Leibniz und aus diesen Aufzeichnungen hat sich in der neueren Zeit die Ausweitung der Logik vollzogen, die die Logik zu einem wichtigen und vollkommenen Faktor in der Philosophie gemacht hat, sie aus ihrer Starre erlöst hat. Heute sind gerade von der Logik her die grundlegenden Einsichten der neueren Philosophie entstanden.« Schlick, MSGA, Abt. II, Bd. 1.3, S. 357.
10 **Gegen die alte Logik:** »Schon im Altertum wurde gegen die Logik, so wie sie von Aristoteles geschaffen wurde, der Vorwurf erhoben, dass sie eigentlich etwas Überflüssiges sei, keine praktische Anwendungsmöglichkeit habe, oder doch nur eine sehr künstliche. [...] Der grössere Vorwurf, der der traditionellen Logik zu Beginn der neueren Philosophie gemacht wurde, ist der, dass sie unfruchtbar sei [...].« Schlick, MSGA, Abt. II, Bd. 1.3, S. 358.

9. Beim Studium der heutigen Logik lernen wir etwas Philosophisches und nicht nur Formeln.
10. Der Unfruchtbarkeitsvorwurf wird damit widerlegt, dass jede theoretische Wissenschaft um ihrer selbst willen, nicht wegen der praktischen Erfolge betrieben wird.
11. In der Vorlesung soll die Logik philosophisch betrieben werden.
12. Wenn richtig betrieben, sind *Bacons* und *Goethes* Vorwürfe der Unfruchtbarkeit nicht berechtigt.
13. Durch Leibniz ging die Logik von der *spekulativen* Philosophie auf die Mathematik über.
14. *Sigwart*, *Erdmann*, *Wundt* Rückschritt gegenüber *Aristoteles*, *Mill* (und anderen). Vermischung mit nicht rein gehörendem empirischen Moment, ferner auch mit *Methoden*lehre der ein-

---

1 **Beim Studium der heutigen Logik:** »[...] wir können hoffen, dass wir heute beim Studium der Logik etwas wirklich Philosophisches und nicht bloss Formeln lernen.« Schlick, MSGA, Abt. II, Bd. 1.3, S. 359.

3 **Der Unfruchtbarkeitsvorwurf:** »Dem Vorwurf, dass die Logik unfruchtbar ist, lässt sich am einfachsten dadurch entgehen, dass man sagt, dass die Logik gar nicht den Zweck verfolgt, Erkenntnisse zu gewinnen. Wir verfolgen zunächst rein theoretische Ziele, wenn wir uns in der Logik mit den Gesetzen des richtigen Denkens beschäftigen.« Schlick, MSGA, Abt. II, Bd. 1.3, S. 359.

6 **In der Vorlesung soll die Logik philosophisch:** »Hier wird die Logik in erster Linie philosophisch betrieben, also im Hinblick auf philosophische Vorteile, die man von der Beschäftigung mit ihr hat.« Schlick, MSGA, Abt. II, Bd. 1.3, S. 360.

8 **Wenn richtig betrieben, sind Bacons und Goethes Vorwürfe:** »Speziell Bacon hat der ganzen Scholastik Unfruchtbarkeit vorgeworfen (eine Anspielung darauf findet sich auch in Goethes Faust, »collegium logicum«) und dieser Vorwurf war in gewissen Grenzen berechtigt, trifft aber nur die Logik, wie sie damals bekannt war und gewisse Gebiete der neueren Logik. Die Logik kann ganz weittragende Konsequenzen haben – es kommt nur darauf an, wie man sich mit ihr beschäftigt.« Schlick, MSGA, Abt. II, Bd. 1.3, S. 360.

10 **Durch Leibniz ging die Logik:** »Erst durch Leibniz ging die Logik aus den Händen der bloss spekulativen Philosophen über in die Hände der Mathematiker [...].« Schlick, MSGA, Abt. II, Bd. 1.3, S. 360.

12 **Sigwart, Erdmann, Wundt Rückschritt gegenüber Aristoteles:** »Schon in der langen Zeit, in der die Logik eigentlich schlummerte [...], wurden Lehrbücher der Logik geschrieben, [...] die keinen Fortschritt über Aristoteles hinaus bedeuten, eher als ein Rückschritt bezeichnet werden müssen (z. B. Sigwart, B. Erdmann, Wundt); diese Werke sind in gewisser prinzipieller Hinsicht unvollkommener, weniger geschlossen, verworren und rein logisch weniger befriedigend als die einfache Darstellung von Aristoteles. Da die blosse Darstellung dieser logischen Schlussregeln, der verschiedenen Arten von Urteilen etc. nicht weit führt [...], hat man in die Logik allerhand hineingebracht, das wir heute als Verunreinigung der Logik empfinden müssen; z.B. die allgem[eine] Methodenlehre; [...]. Es wurde also in der Logik mit der induktiven Methode gearbeitet und der aristotel[ischen] Logik die sog[enannte] induktive Logik gegenübergestellt (am berühmtesten die von J[ohn] S[tuart] Mill.) [...] Diese

zelnen Wissenschaften. Heute ist diese Vermengung überwunden.
15. Wahre *Definition* der Logik besteht darin, dass sie »formal« ist, das heißt, sie handelt nicht von besonderen Gegenständen, sondern von irgendwelchen Gegenständen. [5]
16. Mit dem Inhalt befasst sich die Erkenntnistheorie.
17. Durch die Beschäftigung mit den Formen wird uns das Wesen der philosophischen Probleme klar.
18. Gegensatz zur formalen Logik:
    1. Logik-Metaphysik (Hegel) *Hegel*,
    2. Erkenntnistheorie.
19. *Wundt* , große *Methodologie* der wissenschaftlichen Forschung.
20. Im Gegensatz zu dieser wird behauptet, dass die Logik rein formal betrieben werden soll und muss.

Vermengung und Verderbnis der Logik ist heute gänzlich überwunden; [...].« Schlick, MSGA, Abt. II, Bd. 1.3, S. 361–363.
3 **Wahre Definition der Logik:** »[...] die Logik, die dem reinen Begriff der Logik entspricht, wird am besten charakterisiert durch das zugefügte Adjektivum der formalen Logik. Damit ist gesagt, dass die Logik es in irgendeinem Sinne mit den sog[enannten] »Formen des Denkens« zu tun hat, im Gegensatz zum Inhalt, mit welchem das Denken sich beschäftigt. [...] in der Formel selbst ist keine Rede von besonderen Gegenständen, sondern von irgendwelchen Gegenständen – das und nichts anderes soll es heissen, wenn wir sagen, dass sich die Logik mit den »Formen« und nicht mit dem Inhalt des Denkens befasst. Die reine Logik befasst sich also mit den formalen Aussagen, damit, wie unsere Aussagen beschaffen sein müssen, damit die Gültigkeit unseres Denkens erhalten bleibt.« Schlick, MSGA, Abt. II, Bd. 1.3, S. 363f.
6 **Mit dem Inhalt befasst sich die Erkenntnistheorie:** »Die Logik beschäftigt sich also mit den Formen des Denkens, die Erkenntnistheorie mit dem Inhalt des Denkens.« Schlick, MSGA, Abt. II, Bd. 1.3, S. 364.
7 **Durch die Beschäftigung mit den Formen:** »Durch diese Beschäftigung mit den Formen aber wird uns das Wesen der philos[ophischen] Probleme klar, über die wir mittels Urteilen sprechen.« Schlick, MSGA, Abt. II, Bd. 1.3, S. 364.
10 **Logik-Metaphysik (Hegel):** »[...] die Metaphysik (so ist es speziell bei Hegel: Logik-Metaphysik; diese beschäftigte sich mit dem »wahren Wesen«, etz.).« Schlick, MSGA, Abt. II, Bd. 1.3, S. 365.
11 **Erkenntnistheorie:** »Hingegen ist es manchmal noch gebräuchlich, der formalen Logik eine erkenntnistheoretische Logik gegenüberzustellen, weil die Logik sonst zu unnütz erscheint, man will, dass die Beschäftigung mit der Logik auf etwas anderes hinweist, sich von etwas anderem ableitet, so wird die Logik im Zusammenhang mit der Erkenntnistheorie behandelt, [...].« Schlick, MSGA, Abt. II, Bd. 1.3, S. 366.
12 **große Methodologie der wissenschaftlichen Forschung:** »Das wird dann so formuliert, dass es heisst, dass das, womit die Logik sich beschäftigt, einer erkenntnistheoretischen Grundlage bedürfe (das ist die Ansicht von Wundt in seiner grossen Methodologie der wissenschaftlichen Forschung.)« Schlick, MSGA, Abt. II, Bd. 1.3, S. 366.

21. Widerlegung des *Psychologismus*. Vergleich: Der Schachspieler interessiert sich nicht für mechanische Gesetze des Figurenbewegens, sondern für die Regeln des richtigen Spiels. Ebenso der Logiker nicht für die Gesetze des wirklichen Denkens.
22. Es handelt sich in der Logik nicht um Naturgesetze, sondern um »*Normen*«, hat deswegen aber nichts mit *Ethik* und *Aesthetik* zu tun, denn sie gibt nicht Vorschriften, sondern beschreibt etwas – daher Redeweise von der *Norm* zwar nicht falsch, aber irreführend.
23. Erkenntnistheorie hat ebenfalls nichts mit *Psychologie* zu tun, sondern untersucht die *materialen* Voraussetzungen des richtigen Denkens (ebenso wie Logik die formalen).
24. Frage, ob es eine allgemeine Erkenntnistheorie als Wissenschaft überhaupt gibt? Jedenfalls ist die Grenze zu den einzelnen Wissenschaften fließend. Sie besteht aus »Nebenbemerkungen«* und ist keine eigene Wissenschaft. [6]

* Das kennzeichnet den Geist des *Positivismus*.

---

13 **die Logik rein formal betreiben**: »Wir halten daran fest, dass man die Logik auch rein formal betreiben kann und werden zeigen, dass man das auch tun muss.« Schlick, MSGA, Abt. II, Bd. 1.3, S. 367.

3 **Ebenso der Logiker nicht für die Gesetze des wirklichen Denkens**: »Anders in der Logik: sie stellt die Regeln für das richtige Denken auf; es sind keine Naturgesetze des tatsächlichen Denkverlaufes, sondern Regeln, nach denen ein Denkverlauf als richtig oder falsch beurteilt wird. Wir nehmen als Beispiel das Schachspiel: [...] Es wird [...] nicht die Bewegung des Hin- und Herziehens gelehrt, die schon ein Kind von selbst kann, sondern die Regeln, nach denen es geschehen soll. Genau so ist es mit dem Denken: die Psychologie beschäftigt sich mit dem Denken in der Weise, in der sich jemand mit dem Schachspiel beschäftigt, der die Mechanik der Bewegung untersucht oder die Materialien. Der Logiker aber interessiert sich nur für die Regeln, nach denen gedacht werden soll, wenn man richtig denken will.« Schlick, MSGA, Abt. II, Bd. 1.3, S. 368f.

8 **daher Redeweise von der Norm zwar nicht falsch, aber irreführend**: »Man hat die Logik eine »normative« Wissenschaft genannt: dieser Ausdruck ist nicht ganz glücklich gewählt; der Begriff der Norm ist etwas schwierig und die Verwendung dieses Wortes hat für die Logik oft zu bösen Missverständnissen geführt: man hat dann die Logik auf eine Stufe gestellt mit der Ethik (der Lehre vom richtigen Handeln) und auch mit der Ästhetik. Es lässt sich da aber keine Analogie aufstellen, weil die logischen Fragen ganz anders behandelt werden müssen. Die Logik will nicht den Charakter von Vorschreibungen haben, sondern ist etwas, das beschreibt. Wir vermeiden das Wort »Norm« auch in der Wissenschaft; sie kann uns nichts vorschreiben oder befehlen, sie kann uns nur etwas sagen.« Schlick, MSGA, Abt. II, Bd. 1.3, S. 369f.

10 **Erkenntnistheorie hat ebenfalls nichts mit Psychologie zu tun**: »[...] auch die Theorie des Erkennens [ist] keine psychologische Disziplin [...]; [...] Es wird gesagt, dass es sich in der Logik um die formalen Regeln, bei der Erkenntnislehre um die inhaltlichen oder materialen Voraussetzungen des richtigen Denkens handelt.« Schlick, MSGA, Abt. II, Bd. 1.3, S. 371.

25. _Locke_ behauptet als erster: Man müsse erst Erkenntnistheorie betreiben, bevor man Metaphysik treiben könne. Später wurde Erkenntnistheorie sogar als einzige _legitime_ Philosophie hingestellt. Äußerster Gegensatz: _Hegel_ und einige Moderne?

> _Inhalt_ bisher:
> 1. Logik und Psychologie hat gar nichts miteinander zu tun.
> 2. Erkenntnistheorie besteht aus »Nebenbemerkungen« und ist keine Wissenschaft.
> 3. Die mathematische Logik (seit Leibniz) ist fruchtbar und philosophisch interessant.* _Aristoteles_ ist rein formal und unfruchtbar.

Was ist Erkenntnis?
1. Jede Erkenntnis ist in einem Satz formuliert.
2. Erkenntnis wird erklärt durch den Zweck: das Verhalten zu bestimmen durch Voraussage* ** (mittels Zeichen, welche die Gegenstände vertreten.) Das ist selbst eine sehr wichtige Erkenntnis. Erkenntnis dient dazu, Ordnung in der Welt auf-

* Besonderer Trick: Die theoretische Wissenschaft beschäftigt sich mit den Dingen um ihrer selbst willen, daher ist nicht auf den praktischen Vorteil zu achten.

** *Dies ist möglich dadurch, dass Ordnung in der Welt herrscht. Fundstelle: »Solche Voraussagen sind dadurch möglich, dass in der Welt eine gewisse Ordnung herrscht.« Schlick, MSGA, Abt. II, Bd. 1.3, S. 379.

14 **Jedenfalls ist die Grenze zu den einzelnen Wissenschaften fließend. Sie besteht aus »Nebenbemerkungen«:** »Tatsache ist, dass man keine genaue Grenze ziehen kann zwischen der Methode der einzelnen Wissenschaften und den philosophischen Bemühungen um die Gültigkeit der Erkenntnis. [...]: die Erkenntnistheorie wird aus den Nebenbemerkungen bestehen, die wir zu den Problemen der Logik machen werden. Sie wird keine besondere Wissenschaft bilden, [...].« Schlick, MSGA, Abt. II, Bd. 1.3, S. 372.
1 **Locke behauptet als erster [...]:** »[...] erstmals von John Locke [...] [d]er Gedanke [...], dass, was man über erk[enntnis]theor[etische] Fragen sagen kann, alles sei, was man über philosophische Fragen überhaupt sagen kann, [...]. Es waren auch Rückschläge zu verzeichnen; Hegel z. B. hat die Erkenntnistheorie überhaupt geleugnet; in der Gegenwart sind solche Spekulationen wieder modern, welche auf die Erkenntnistheorie überhaupt verzichten und gleich mit Metaphysik beginnen.« Schlick, MSGA, Abt. II, Bd. 1.3, S. 373.
13 **Was ist Erkenntnis?:** Vgl. »Was heisst »erkennen«?« Schlick, MSGA, Abt. II, Bd. 1.3, S. 374.
14 **Jede Erkenntnis ist in einem Satz formuliert:** »Erkenntnis ist immer in Worten formuliert.« Schlick, MSGA, Abt. II, Bd. 1.3, S. 375.
15 **Erkenntnis wird erklärt durch den Zweck: das Verhalten zu bestimmen durch Voraussage*:** »Also ist der ursprüngliche Zweck der Erkenntnis, unser Verhalten so einzurichten, dass wir auf Gefahren vorbereitet sind, bez[iehungsweise] Hilfsmittel der Natur richtig ausnützen.« Schlick, MSGA, Abt. II, Bd. 1.3, S. 377f. »Das Wichtige der Erkenntnis ist, dass der Mensch durch sie vorbereitet ist, dass er durch sie Voraussagen machen kann.« Schlick, MSGA, Abt. II, Bd. 1.3, S. 379.
16 **mittels Zeichen, welche die Gegenstände vertreten:** »[...] diese Ordnung lässt sich an Vertretern, an Zeichen feststellen.« Schlick, MSGA, Abt. II, Bd. 1.3, S. 381.

zudecken und uns dadurch vorzubereiten. Diese Ordnung festzustellen, ist Aufgabe der reinen Wissenschaft. (Der Satz* beinhaltet noch keine Weltanschauung (Existenz einer Welt etc.), sondern gilt unabhängig von jeder, das heißt muss sich in jede einordnen lassen.) [7]

3. Erkenntnis ist ein Abbild der Wirklichkeit, denn nur durch die »Abbilder« können wir uns vorbereiten. Die Begegnung mit dem Fremden zu einer Begegnung mit dem Bekannten machen. Die Fremdheit aufgeben oder mildern.

4. Das Material der Zeichen ist gleichgültig. Daraus ergibt sich, dass noch etwas von den Zeichen verschiedenes da sein müsse, um die Funktion des Hinweisens auszuüben und hat das dann den »Begriff« genannt (bei Platon die »Idee«) – es erhebt sich nun die Frage, was so ein Begriff ist? Das blosse Wort, der Schall, die Einkerbung kann es nicht sein – man nimmt daher an, dass es etwas gleichsam Dahinterstehendes sei, etwas sinnlich nicht Wahrnehmbares (darauf hat Platon besonderes Gewicht gelegt). So kam Platon dazu, ein eigenes »Reich der Begriffe« zu schaffen. Neuere Logiker haben dieses Reich der Begriffe akzeptiert (wenn auch in weniger mystischer Weise) und so wird von einem »Reich des idealen Seins«, »Reich des

---

17 **Das ist selbst eine sehr wichtige Erkenntnis:** »Dass die Erkenntnis also dadurch charakterisiert wird, dass sie ein Mittel ist, um Voraussagen zu machen, ist selbst Erkenntnis und zwar eine sehr wichtige in der Theorie dieser Fragen.« Schlick, MSGA, Abt. II, Bd. 1.3, S. 380.

18 **Erkenntnis dient dazu, Ordnung in der Welt aufzudecken:** »Erkenntnis dient also dazu, die in der Welt vorliegenden Ordnungen aufzudecken [...].« Schlick, MSGA, Abt. II, Bd. 1.3, S. 380.

1 **uns dadurch vorzubereiten:** »Das Wichtige der Erkenntnis ist, dass der Mensch durch sie vorbereitet ist, [...].« Schlick, MSGA, Abt. II, Bd. 1.3, S. 379.

6 **Erkenntnis ist ein Abbild der Wirklichkeit:** »Will man aber Ereignisse voraussagen, so muss man sich Vertreter denken, eine Skizze davon entwerfen, ein Bild davon machen. [...] Durch die Vertretung der Wirklichkeit durch Zeichen wird es dem Menschen möglich, die Welt zu beherrschen und das kann man dann als ein Abbild der Wirklichkeit bezeichnen; in diesem Sinne ist Erkenntnis ein Abbild der Wirklichkeit.« Schlick, MSGA, Abt. II, Bd. 1.3, S. 381.

7 **Die Begegnung mit dem Fremden zu einer Begegnung mit dem Bekannten machen. Die Fremdheit aufgeben oder mildern:** »Dort, wo es sich um praktische Anwendung handelt, kommt es darauf an, das Unbekannte oder zunächst noch Unverstandene zum Bekannten zu machen, die Fremdheit der stattfindenden Begegnung aufzuheben oder zu mildern.« Schlick, MSGA, Abt. II, Bd. 1.3, S. 381f.

10 **Das Material der Zeichen ist gleichgültig:** »[...] wir können also dieselben Sätze auf verschiedene Weise ausdrücken, d.h. wir können das Material, aus denen die Sätze hergestellt sind, beliebig wählen.« Schlick, MSGA, Abt. II, Bd. 1.3, S. 382.

Bewusstseins« etz. gesprochen, also die Ansicht vertreten;
dass es neben der Wirklichkeit noch ein Reich der Begriffe
gibt.

5. *Platonisches Problem** (Realismus, Idealismus).
   <u>Bolzano</u> zum Beispiel spricht vom »Satz an sich«.
   Schlick sagt: Es muss außer den Zeichen noch etwas da sein,
   um die Funktion des »Hinweisens« auszuüben.
6. Vor nicht allzu langer Zeit wurde auf diese Frage eine bestimmte Antwort erteilt, die *psychologistische* (sonstige Zeichen sind zufällig, aber die »Gedanken« sind das Ausgezeichnete). Zum Beispiel: <u>B. Erdmann</u> entwickelt die Theorie der »*Abstraktion*«, das heißt, der Bildung von »allgemeinen« Vorstellungen.
7. Widerlegung des *Psychologismus* besteht darin, dass man ein Pferd nur entweder schwarz oder braun vorstellen kann.
8. Lösung des *Platonischen* Problems: Die Frage »Was ist ein Begriff?« ist irreführend und das Problem entsteht dadurch, dass man glaubt, jedem *Substantiv* müsse ein Gegenstand entsprechen. Das ist ein rein sprachlicher Fehler (man glaubt nicht, dass dem vielleicht ein Gegenstand entspricht). [8]

* = Seinsart der Begriffe und ihr Verhältnis zur Wirklichkeit. Fundstelle: »Das so entstehende Problem, die Frage nach der Seinsart der Begriffe, ihr logisches Verhältnis zur Wirklichkeit, bezeichnet man als das »Platonische Problem« und dieses hat in der Erkenntnistheorie aller Zeiten eine grosse Rolle gespielt.« Schlick, MSGA, Abt. II, Bd. 1.3, S. 385.

---

11 **Quellenangabe:** Schlick, MSGA, Abt. II, Bd. 1.3, S. 383.
5 **Bolzano zum Beispiel spricht vom »Satz an sich«:** »Bolzano spricht von dem »Satz-an-sich« [...].« Schlick, MSGA, Abt. II, Bd. 1.3, S. 383.
6 **Schlick sagt: Es muss außer den Zeichen noch etwas da sein, um die Funktion des »Hinweisens« auszuüben:** Schlick sagt vielmehr: »Man hat also angenommen, dass noch etwas von den Zeichen verschiedenes da sein müsse, um die Funktion des Hinweisens auszuüben und hat das dann den »Begriff« genannt (bei Platon die »Idee«) [...].« Schlick, MSGA, Abt. II, Bd. 1.3, S. 383.
11 **Zum Beispiel: B. Erdmann entwickelt die Theorie der »Abstraktion«, das heißt, der Bildung von »allgemeinen« Vorstellungen:** »(Bei dem Psychologisten Benno Erdmann finden sich viele Kapitel über die sog[enannte] »Abstraktion«, wodurch das Wesen des Begriffes erläutert werden soll; es heisst da, dass es im Wesen des Begriffes liege, Vorstellungen hervorzurufen und diese geläuterten Vorstellungen seien dann der Begriff.)« Schlick, MSGA, Abt. II, Bd. 1.3, S. 387.
14 **Widerlegung des Psychologismus besteht darin, dass man ein Pferd nur entweder schwarz oder braun vorstellen kann:** »Man kann z. B. ein Pferd nur stehend oder liegend, weiss oder schwarz oder braun, etc. vorstellen, aber nicht alles das auf einmal; daher kann schon aus diesem einfachen Grunde die Vorstellung »Pferd« nicht der Begriff »Pferd« sein.« Schlick, MSGA, Abt. II, Bd. 1.3, S. 386f.
16 **Die Frage »Was ist ein Begriff?« ist irreführend und das Problem entsteht dadurch, dass man glaubt, jedem Substantiv müsse ein Gegenstand entsprechen:** »Die Frage »Was ist ein Begriff?« ist irreführend. Der Fehler des Platonismus ist der, dass man meint, es müsse jedem Substantivum ein aufweisbarer Gegenstand entsprechen.« Schlick, MSGA, Abt. II, Bd. 1.3, S. 389.

16: ›.‹ von der Editorin verbessert in ›:‹

Es genügt die Angabe, welche Funktion das Zeichen hat (begriffliche Funktion). Es ist oft unmöglich, ein Wort zu definieren (*explicit*), sondern es genügt, die Regel der Anwendung anzugeben.
Die Überwindung des _Psychologismus_ ist _Bolzano_ zu danken; dadurch entstand ein Rückfall in den *Platonismus*.

9. Mit den bekannten Worten der Sprache | etwas Neues zu erkennen ++ beruht darauf, dass die Worte in immer neuer Zusammenstellung verbunden werden. Das Mittel der Beschreibung des Neuen ist die neue Zusammenstellung der Zeichen.
10. Das Wesentliche an der Erkenntnis von einzelnen Tatsachen ist die Einordnung.
11. Ohne die Konventionen zu kennen, die sich auf die Zuordnungen der Zeichen beziehen, kann man nichts benennen. Daraus folgt die Unmöglichkeit des *Apriorismus*. Zeichen gehören nicht von selbst (von Natur aus) zu bestimmten Gegenständen, sondern die Zuordnung ist etwas Willkürliches.

---

1 **Es genügt die Angabe, welche Funktion das Zeichen hat (begriffliche Funktion):** »Die Erklärung, dass die Zeichen diese und diese Funktion haben, ersetzt den Begriff.« Schlick, MSGA, Abt. II, Bd. 1.3, S. 388.

5 **Die Überwindung des Psychologismus ist Bolzano zu danken; dadurch entstand ein Rückfall in den Platonismus:** »Der spätere _Psychologismus_ bedeutet gegen den Platonismus direkt noch einen Rückschritt. Durch seine _Überwindung_, die _Bolzano zu danken_ ist, geriet man wieder in den Platonismus hinein; dieser neuere Platonismus aber ist nicht so gefährlich wie der ursprüngliche.« Schlick, MSGA, Abt. II, Bd. 1.3, S. 389.

10 **Das Mittel der Beschreibung des Neuen ist die neue Zusammenstellung der Zeichen:** »Das Mittel der Beschreibung des Neuen ist die neue Reihenfolge und Zusammensetzung der Zeichen.« Schlick, MSGA, Abt. II, Bd. 1.3, S. 391.

12 **Das Wesentliche an der Erkenntnis von einzelnen Tatsachen ist die Einordnung:** »Bei der _Erkenntnis_ kommt also jedesfalls eine _Benennung_ vor; es muss aus dem Ausdruck bereits hervorgehen, welche Tatsache es ist, die da festgestellt wird; dabei handelt es sich deshalb um Erkenntnis, weil das, was festgestellt wird, irgendwie eingeordnet scheint.« Schlick, MSGA, Abt. II, Bd. 1.3, S. 391.

14 **Ohne die Konventionen zu kennen, die sich auf die Zuordnungen der Zeichen beziehen, kann man nichts benennen:** »Ohne jede Konvention ist Beschreibung offenbar nicht möglich; es muss irgendeine Festsetzung (Namengebung) getroffen sein. Wie eine solche Beschreibung aussieht, richtet sich nach der zufälligen Einrichtung der Sprache, in der man die Beschreibung ausführt [...].« Schlick, MSGA, Abt. II, Bd. 1.3, S. 392.

15 **Daraus folgt die Unmöglichkeit des Apriorismus. Zeichen gehören nicht von selbst (von Natur aus) zu bestimmten Gegenständen, sondern die Zuordnung ist etwas Willkürliches:** »Aus dieser trivial klingenden Tatsache folgt etwas philosophisch sehr Weittragendes: die _Unmöglichkeit_ gewisser philos[ophischer] Richtungen wie der des _Apriorismus_ (unmöglich, denn Zei-

7: | p. 19
8: | etwas zu erkennen

12. Auch für die einfachste beschreibende Erkenntnis (»dies ist ein Tintenfass«) ist ein Wiedererkennungsakt und eine willkürliche Festsetzung nötig (| das heißt etwas durch die Erfahrung bestimmen).
13. Etwas erklären heißt, etwas, das wir mit ganz bestimmten Worten auszudrücken pflegen, mit Hilfe anderer Worte so auszudrücken, dass die Beschreibung vollkommen ist (zum Beispiel Wärme durch kinetische Energie ersetzen).
Sowohl bei beschreibender als bei erklärender Erkenntnis kommt es darauf an, dass etwas Neues durch etwas Altes beschrieben wird. Das Neue wird auf das Alte zurückgeführt. [9]
14. Zurückführung des Besonderen auf das Allgemeine bedeutet: Man kann immer mehr Tatsachen mit immer weniger Zeichen beschreiben.

---

chen können nicht von selbst, von Natur aus zu den Gegenständen gehören.) Die Verbindung der Zeichen mit den Gegenständen ist etwas willkürlich Festgesetztes, das man gelernt haben muss.« Schlick, ESGA, Abt. II, Bd. 1.3, S. 393.

1 »dies ist ein Tintenfass«: »Wenn ich feststelle: »Dies ist ein Tintenfass«, so findet eine Benennung statt, [...].« Schlick, MSGA, Abt. II, Bd. 1.3, S. 392.

2 ist ein Wiedererkennungsakt: »Also ist selbst für die einfachste beschreibende Erkenntnis ein Wiedererkennungsakt notwendig.« Schlick, MSGA, Abt. II, Bd. 1.3, S. 393.

2 eine willkürliche Festsetzung nötig (das heißt etwas durch die Erfahrung bestimmen): »Die Verbindung der Zeichen mit den Gegenständen ist etwas willkürlich Festgesetztes, das man gelernt haben muss. Daraus erfolgt schon die Grundlage der empiristischen Philosophie.« Schlick, MSGA, Abt. II, Bd. 1.3, S. 393.

5 Etwas erklären heißt, etwas, das wir mit ganz bestimmten Worten auszudrücken pflegen, mit Hilfe anderer Worte so auszudrücken, dass die Beschreibung vollkommen ist (zum Beispiel Wärme durch kinetische Energie ersetzen). Sowohl bei beschreibender als bei erklärender Erkenntnis kommt es darauf an, dass etwas Neues durch etwas Altes beschrieben wird. Das Neue wird auf das Alte zurückgeführt: »Was heisst etwas erklären? Es heißt, etwas, das wir sonst mit ganz bestimmten Worten zu bezeichnen pflegen, mit Hilfe anderer Worte so auszudrücken, dass die Beschreibung eigentlich noch vollkommener ist. Z. B. das Wesen der »Wärme« erklären, heisst, alles, was wir sonst mit »Wärme« beschreiben, nun mit anderen Worten beschreiben, näml[ich] mit »Chinetische Energie der kleinsten Teilchen«. Damit wird noch mehr gesagt und gezeigt, dass sich alle Aussagen über »Wärme« in dieser Sprache ausdrücken lassen. Sowohl bei der beschreibenden, wie auch bei der erklärenden Erkenntnis kommt es darauf an, dass man einen neuen Gegenstand mit alten Worten bezeichnet, dass das Neue durch alte Zeichen beschrieben wird; das ist das Gemeinsame beider Arten der Erkenntnis. Das Neue wird auf das Alte zurückgeführt.« Schlick, MSGA, Abt. II, Bd. 1.3, S. 394f.

12 Zurückführung des Besonderen auf das Allgemeine bedeutet: Man kann immer mehr Tatsachen mit immer weniger Zeichen beschreiben: »Die Erklärung besteht in der Zurückführung des Besonderen auf das Allgemeine; man kann immer mehr Tatsachen mit immer weniger Zeichen beschreiben.« Schlick, MSGA, Abt. II, Bd. 1.3, S. 396.

3: | etwas

15. Der Unterschied zwischen Erklärung und Beschreibung ist fließend. Jede Erklärung ist auch eine Art der Beschreibung (*Kant*). Dagegen stellt *Kirchhoff* in seiner berühmten Vorrede zur Mechanik Beschreibung und Erklärung einander gegenüber und behauptet, Wissenschaft könne nur beschreiben und nicht erklären. Erklärung ist eine Beschreibung auf neue Weise mit alten Zeichen.

16. Beispiele von Erklärungen:
    1.) Die Naturphilosophie (griechische), Zurückführung auf ein Element.
    2.) »*A* ist der Urheber einer Revolution« ermöglicht eine neue Beschreibung von *A* mit alten Zeichen.

17. Wesentlich an der Erkenntnis ist die Beziehung von dem, was erkannt wird, zu dem, als was es erkannt wird. Daher ist jedes Urteil zusammengesetzt. In der alten Logik drückt man das

---

1 **Der Unterschied zwischen Erklärung und Beschreibung ist fließend. Jede Erklärung ist auch eine Art der Beschreibung (Kant):** »Das hat Kant richtig gesehen; er sagte, die Wissenschaft könne von den Vorgängen der Welt nichts anderes geben als eine Beschreibung.« Schlick, MSGA, Abt. II, Bd. 1.3, S. 397.

3 **Dagegen stellt Kirchhoff in seiner berühmten Vorrede zur Mechanik Beschreibung und Erklärung einander gegenüber und behauptet, Wissenschaft könne nur beschreiben und nicht erklären:** »In gewissem Sinne sind beide diese Erkenntnisse Beschreibungen. Die Entdeckung, dass man jede Erkenntnis unter den allgemeinen Begriff des Beschreibens unterordnen kann, ist nicht neu; sie wurde nur zuerst falsch formuliert. Die berühmteste derartige Erläuterung stammt von dem Physiker und Mathematiker Kirchhoff (berühmte Vorrede zur ›Mechanik‹).« Schlick, MSGA, Abt. II, Bd. 1.3, S. 396.

6 **Erklärung ist eine Beschreibung auf neue Weise mit alten Zeichen:** »Erklärung ist eine Beschreibung auf neue Weise mit alten Zeichen.« Schlick, MSGA, Abt. II, Bd. 1.3, S. 397.

9 **Die Naturphilosophie (griechische), Zurückführung auf ein Element:** »Das Streben zu einer einfachen Beschreibung der Welt zurückzugehen, äussert sich schon in den Bemühungen der alten Philosophen und Forscher, die immer den Grundstoff der Welt suchten, kam in ihrem Wunsche zum Ausdruck, die Mannigfaltigkeit der Erscheinungen, der Stoffe, die man in der Welt vorfindet, mit Hilfe ganz weniger Grundstoffe zu erklären [...]. »Elemente der Welt«: bei Thales nur das Wasser; bei Empedokles: Feuer, Wasser, Luft, Erde (plus Kombinationsworte). Aristoteles nimmt zu diesen vier Elementen noch den Äther hinzu.« Schlick, MSGA, Abt. II, Bd. 1.3, S. 397f.

11 **»A ist der Urheber einer Revolution« ermöglicht eine neue Beschreibung von A mit alten Zeichen:** »Prinzipiell derselbe Vorgang ist auch in der Geschichte vorhanden: wenn z. B. von einer bestimmten Person gesagt wird, dass sie der Urheber einer Revolution war, so besteht der Erkenntnisakt darin, dass an Stelle dieser Person ein neuer Komplex von Zeichen tritt; sie wird unter den Begriff »Urheber dieser Revolution« subsumiert.« Schlick, MSGA, Abt. II, Bd. 1.3, S. 398.

dadurch aus, dass jedes Urteil die Subjekt-Prädikat-Form hat. In der neuen sind allgemeinere Verbindungen zugelassen.
18. Beziehung zwischen Zeichen und Bezeichnetem (Satz und Sachverhalt) ist keine Beziehung vermöge irgendeiner Verwandtschaft, sondern vermöge Konvention. [10]
19. Je nachdem, ob nur eine Art oder mehrere Arten von Zeichen angenommen werden, hat man *Monismus*, *Dualismus*, *Pluralismus*.
20. Mathematische und logische Erkenntnis ist von prinzipiell anderer Art als Wirklichkeitserkenntnis. Nur diese ist eine eigentliche Erkenntnis und für diese interessiert sich die Philosophie in erster Linie.

---

14 Wesentlich an der Erkenntnis ist die Beziehung von dem, was erkannt wird, zu dem, als was es erkannt wird. Daher ist jedes Urteil zusammengesetzt. In der alten Logik drückt man das dadurch aus, dass jedes Urteil die Subjekt-Prädikat-Form hat: »Sehr wichtig ist dabei, die Verbindung der verschiedenen Glieder miteinander einzusehen; dessen, was da erkannt wird, mit dem, als was es erkannt wird. Das drückt sich in der Logik darin aus, dass jeder Ausdruck, jedes Urteil, jeder Satz ein zusammengesetztes Gebilde ist; Erkenntnis kann also nie durch ein einzelnes Wort ausgesprochen werden, nur durch eine Verbindung zwischen zwei verschiedenen Gliedern und diese wird in symbolischer Weise durch den Satz hergestellt. In der älteren Logik (Aristoteles) wird das so dargestellt, dass jedes Urteil aus Subjekt und Prädikat zusammengesetzt ist [...].« Schlick, MSGA, Abt. II, Bd. 1.3, S. 398.

3 Beziehung zwischen Zeichen und Bezeichnetem (Satz und Sachverhalt) ist keine Beziehung vermöge irgendeiner Verwandtschaft, sondern vermöge Konvention: »Sowohl die Erkenntnis (als ein geschriebener oder gesprochener Satz, etz.) als auch das, was erkannt wird, muss in der Wirklichkeit vorhanden sein. Zwischen beiden besteht eine eigentümliche Beziehung, die nicht vielleicht schon von Natur aus vorhanden ist, sondern nur vermöge der vorher getroffenen Konvention; also keine Beziehung vermöge innerer Verwandtschaft, sondern vermöge der Festsetzungen über Worte und Wortbedeutungen, die man vorher getroffen hat.« Schlick, MSGA, Abt. II, Bd. 1.3, S. 399f.

6 Je nachdem, ob nur eine Art oder mehrere Arten von Zeichen angenommen werden, hat man Monismus, Dualismus, Pluralismus: »Wir haben gesagt, dass das Ziel des Forschers ist, die gesamte Welt mit einem Minimum an Zeichen zu beschreiben. Da kann man nun verschiedene Ansichten unterscheiden: 1) alle Zeichen gehören einer Art an: Monismus. 2) Wir haben zwei Arten von Zeichen: Dualismus. 3) Wir verwenden zur Beschreibung der Welt mehrere Zeichenarten: Pluralismus.« Schlick, MSGA, Abt. II, Bd. 1.3, S. 400.

9 Mathematische und logische Erkenntnis ist von prinzipiell anderer Art als Wirklichkeitserkenntnis. Nur diese ist eine eigentliche Erkenntnis und für diese interessiert sich die Philosophie in erster Linie: »Bei mathematischen und logischen Erkenntnissen aber hat dieses Wort einen prinzipiell anderen Gebrauch, weil es sich in diesen Fällen nicht um Wirklichkeitserkenntnis handelt, sondern um den Gebrauch von Zeichen [...]. Wir [...] fragen nur nach Wirklichkeitserkenntnis. Durch diese Einschränkung begehen wir keinen Fehler, denn wir werden dazu gelangen, nur von dieser Wirklichkeitserkenntnis

11: ›eigene‹ von der Editorin verbessert in ›eigentliche‹

21. Die Erkenntnistheorie ist der wesentliche Punkt, wo sich »die Geister scheiden«.
22. Nach Schlick ist das Wesentliche der Erkenntnis die Beziehung zwischen Satz und Wirklichkeit (die sprachliche Formulierung, und die Erfassung der in der Welt bestehenden Ordnung). Nach den *Intuitionsphilosophen* ist das Wesentliche die Beziehung zwischen Erkennendem und Erkanntem (*Subject*, *Object*). Daher ist Wahrnehmung und Anschauung das Wesentliche. Nach Schlick ist das Wahrnehmen | bloß der erste Akt, die eigentliche Erkenntnis beginnt erst nachher.
23. Fast alle *Metaphysiker* sind *intuitive* Philosophen. Zum Beispiel *Bergson* , der berühmteste *Metaphysiker* der Gegenwart, unter-

---

als von der eigentlichen Erkenntnis zu sprechen.« Schlick, MSGA, Abt. II, Bd. 1.3, S. 400f.

1 **Die Erkenntnistheorie ist der wesentliche Punkt, wo sich »die Geister scheiden«:** »Wir betrachten noch andere Auffassungen des Erkenntnisprozesses, wie sie uns in der Gegenwart oft entgegentreten (es ist dies der Punkt, an dem sich die Geister gewöhnlich scheiden und die gänzlich verschiedenen Auffassungen und Richtungen gehen eben hier in der Erkenntnistheorie auseinander).« Schlick, MSGA, Abt. II, Bd. 1.3, S. 401.

3 **Nach Schlick ist das Wesentliche der Erkenntnis die Beziehung zwischen Satz und Wirklichkeit (die sprachliche Formulierung, und die Erfassung der in der Welt bestehenden Ordnung):** »Wir haben das Hauptgewicht auf die Beziehung zwischen Satz und Wirklichkeit gelegt, von der in der Welt bestehenden Ordnung gesprochen.« Schlick, MSGA, Abt. II, Bd. 1.3, S. 401.

6 **die Beziehung zwischen Erkennendem und Erkanntem (Subject, Object):** »Nun pflegt man sich aber vorzustellen, dass hier etwas zu kurz kommen könnte: jene auch logische Beziehung zwischen dem Erkennenden und dem, was erkannt wird: es scheint, dass es doch in erster Linie auf die Beziehung zwischen der erkennenden Person und dem zu erkennenden Objekt ankomme. Man spricht hier gewöhnlich von einem erkennenden Subjekt, einem Ich, einem Bewusstsein, in dem sich die Erkenntnis abspielt und meint damit beginnen zu müssen, dass man sich mit dieser Beziehung beschäftigt, die zwischen dem Erkennenden und dem Erkannten stattfindet.« Schlick, MSGA, Abt. II, Bd. 1.3, S. 401f.

9 **Nach Schlick ist das Wahrnehmen bloß der erste Akt, die eigentliche Erkenntnis beginnt erst nachher:** »Man kann nun leicht darauf verfallen, zu meinen, dass diese sinnlichen Eindrücke die Hauptsache seien, dass man also mit der Wahrnehmung das Wesentliche der Erkenntnis geleistet hat. Man vergisst dabei, dass die Erkenntnis erst nach dem allen kommt, in der Beschreibung, der Erklärung liegt [...].« Schlick, MSGA, Abt. II, Bd. 1.3, S. 403.

11 **Fast alle Metaphysiker sind intuitive Philosophen. Zum Beispiel Bergson , der berühmteste Metaphysiker der Gegenwart:** »Das Ziel des Intuitionsphilosophen ist also, sich mit den Gegenständen vollkommen vertraut zu machen, selbst in sie einzudringen. Fast alle Metaphysiker gehören zu den Bekennern des Intuitionismus. Der berühmteste Metaphysiker der Gegenwart, Henri Bergson, stellt sogar die discursive Erkenntnis als die wissenschaftliche der philosophisch-intuitiven gegenüber. Bergson sagt, die philosophische Erkenntnis will sich durch Aufbietung der Intuition in das Objekt selbst versetzen.« Schlick, MSGA, Abt. II, Bd. 1.3, S. 406.

9: | erst

scheidet *intuitive* und *diskursive* Erkenntnis. Die philosophische {(= intuitive)} Erkenntnis will sich durch Aufbietung der *Intuition* ins Objekt hineinversetzen.

Schopenhauer vergleicht die *diskursive* Erkenntnis mit dem Herumgehen um ein [11] Haus, die intuitive Erkenntnis mit dem Hineingehen in das Haus.

24. Schlick erwidert:
    1.) Das Wort Erkenntnis für *Intuition* zu verwenden, ist ein Missbrauch, denn die *Intuition* des Feuers zum Beispiel hilft | nicht dazu, wie man Feuer herstellen kann. Die *diskursive* Erkenntnis ist die fruchtbare.
    2.) Das Wort ›wahrnehmen‹ (anschauen) ist sehr kompliziert. Der einfache Sachverhalt ist »da steht ein Baum« und nicht »ich sehe hier einen Baum«.
    3.) Ist es falsch, so zu tun, als sei die *diskursive* Erkenntnis eine Fortsetzung der *intuitiven*? (In Wirklichkeit ist sie etwas völlig Verschiedenes.)

---

4 **Schopenhauer vergleicht die diskursive Erkenntnis mit dem Herumgehen um ein [11] Haus, die intuitive Erkenntnis mit dem Hineingehen in das Haus:** »Auch Schopenhauer sagt, dass die Erkenntnis im gewöhnl[ichen] Sinne um die Dinge aussen herumgehe, so wie man um ein Haus herumgeht und vergleicht die philosophische Erkenntnis mit dem Hineingehen in das Haus.« Schlick, MSGA, Abt. II, Bd. 1.3, S. 408.

8 **Das Wort Erkenntnis für Intuition zu verwenden, ist ein Missbrauch, denn die Intuition des Feuers zum Beispiel hilft nicht dazu, wie man Feuer herstellen kann:** »Da man seine Worte definieren kann wie man will, so ist gegen die Verwendung des Wortes »Erkenntnis« für das, was die Intuition umfasst, nichts zu sagen. Wir können und müssen aber darauf aufmerksam machen, dass das Wort »Erkenntnis« dann in ganz anderer Weise verwendet wird als in der Wissenschaft und auch ganz anders, als man dieses Wort im tägl[ichen] Leben gebraucht; in beiden letzteren Fällen würde es auch gar nichts nützen, wenn man mit dem Gegenstande identisch würde; wenn der Wilde sich auch in das Feuer hineinversetzen könnte, so wüsste er doch nicht, wie er Feuer herstellen soll.« Schlick, MSGA, Abt. II, Bd. 1.3, S. 407.

12 **Das Wort ›wahrnehmen‹ (anschauen) ist sehr kompliziert. Der einfache Sachverhalt ist »da steht ein Baum« und nicht »ich sehe hier einen Baum«:** »Das Wort »wahrnehmen« aber ist schon ein kompliziertes Wort, das in der Sprache des tägl[ichen] Lebens nicht vorkommt. Man gebraucht eigentlich nur die einzelnen Unterabteilungen dieses Wortes, z. B. sehen, hören, etc. – Auch diese Ausdrucksweise aber ist relativ kompliziert und der primitive Mensch sagt sicher nicht »Ich sehe einen Baum«, sondern »Da ist ein Baum«.« Schlick, MSGA, Abt. II, Bd. 1.3, S. 405.

16 **(In Wirklichkeit ist sie etwas völlig Verschiedenes.):** »Bei der Intuition handelt es sich um etwas völlig Verschiedenes, um etwas, das der Erkenntnis im allgemeinen und wissenschaftlichen Sinne nicht beitragen kann und umgekehrt, die discursive Erkenntnis kann nicht beitragen zum philosophischen »Einswerden« mit den Dingen.« Schlick, MSGA, Abt. II, Bd. 1.3, S. 407.

9: ›.‹ von der Editorin verbessert in ›,‹
10: | nichts

25. Es handelt sich bei der Erkenntnis um eine Abbildung.
Zweck der Abbildung im täglichen Leben ist, die Wirklichkeit zu ersetzen.
Dagegen ist die reine Erkenntnis und die Kunst Darstellung um ihrer selbst willen und zwar auf eine besondere Weise.
p. 30

[12]
Im Ganzen 19 Hörer

Hildebrand   6./X. 1937 18–20 Uhr

3 Ordensbrüder

1 **Es handelt sich bei der Erkenntnis um eine Abbildung:** »Hat man aber schon eingesehen, dass es sich bei Erkenntnis in irgendeinem Sinne um Abbildung handelt, so weiss man, dass der Gegenstand ersetzt wird, man operiert mit Symbolen; ist das geschehen und kennt man die Naturgesetze, so kann man Zukünftiges voraussagen.« Schlick, MSGA, Abt. II, Bd. 1.3, S. 408.

2 **Zweck der Abbildung im täglichen Leben ist, die Wirklichkeit zu ersetzen:** »Dienen diese von der Wirklichkeit entworfenen Bilder im tägl[ichen] Leben und in der Technik der praktischen Verwertung, so lesen wir aus ihnen ab, wie die Wirklichkeit sich verhalten wird und das ist eben das Wesen der Voraussagen, dass in ihnen Erkenntnisse stecken.« Schlick, MSGA, Abt. II, Bd. 1.3, S. 409. »Im tägl[ichen] Leben hat das Bild die Aufgabe, die Wirklichkeit zu ersetzen [...].« Schlick, MSGA, Abt. II, Bd. 1.3, S. 410.

4 **Dagegen ist die reine Erkenntnis und die Kunst Darstellung um ihrer selbst willen und zwar auf eine besondere Weise:** »Die reine Erkenntnis und die Darstellung in der Kunst sind beides Darstellungen um ihrer selbst willen. Die Forscher, Künstler, sind zufrieden, wenn es ihnen gelingt, die Wirklichkeit auf eine ganz bestimmte Weise darzustellen. Hier hat das Bild eine ganz andere Funktion als die Aufgabe, die Wirklichkeit zu ersetzen.« Schlick, MSGA, Abt. II, Bd. 1.3, S. 410. Hier endet die Mitschrift Gödels. Sie umfasst lediglich die Einleitung und den ersten Abschnitt. Schlicks Vorlesung war jedoch in acht Abschnitte eingeteilt. Diejenigen Kapitel der Vorlesungen, welche Gödel nicht mitgeschrieben und vielleicht auch nicht mehr gehört hat, sind im Großen und Ganzen der Logik gewidmet.

11 **6./X. 1937 18–20 Uhr:** Im Nachlass Dietrich von Hildebrands an der Bayerischen Staatsbibliothek, Signatur 544, befindet sich weder ein entsprechendes Manuskript noch Unterlagen zu Vortragstätigkeiten von Dietrich von Hildebrand in Wien. Aus dem Vorlesungsverzeichnis der Universität Wien für das Wintersemester 1937/38 geht jedoch hervor, dass Hildebrand die Vorlesung zur Metaphysik in diesem Semester fünfstündig gelesen hat. Montags und dienstags von 18.00 bis 20.00 Uhr und freitags von 19.00 bis 20.00 Uhr. Zudem gibt es ein Protokoll eines Gesprächs zwischen Else Frenkel und Gödel vom 15. November 1937. Frenkel und Gödel haben sich an diesem Tag über die Vorlesungen von Dietrich von Hildebrand und Alfred Kastil unterhalten. Siehe auch unten zur Datierung von Kastils Vorlesung. Das Protokoll befindet sich im Gödel-Nachlass Behältnis 6c, Reihe III, Mappe 81, ursprüngliche Dokumentennummer 030114.

12+7   3 Ordensschwestern
5   Hörer zu spät um $\frac{1}{2}$ h – $\frac{3}{4}$ h
1   Hörer geht $\frac{1}{2}$ h früher weg

Meine Damen und Herren, – steht beim Vortrag
1. Physisches.
2. Person, persönliche Beziehungen |, Verpflichtungen, geschichtliches | Geschehen.
3. Das Reich, das sich selbst besitzt,* in dem das Ich erkennt, will, liebt.
4. Reich der Werte, der Dinge, welche emotionale Stellungnahmen hervorrufen.

Und noch viele andere sind dem erkennenden Geiste zugänglich, zum Teil anschaulich gegeben. Aber auch wenn diese Reiche alle bekannt wären, so bliebe die Frage nach dem Urgrund, das Licht, von dem alles andere seinen Sinn und Wert erhält – das absolute Sein, das auf sich selbst beruht und auf dem alles Übrige beruht. Dieser Urgrund ist nicht erfahrungsmäßig zugänglich, doch ist es die höchste Würde des Geistes, dass er durch | wesensgesetzliche Zusammenhänge bis zu diesem Urgrund aufsteigen kann.
Die Erkenntnis dieses persönlichen Gottes ist der letzte Sinn und das Ziel der *Prima Philosophia*. Erst die 2te Hälfte des 19. Jahrhunderts hat dagegen angekämpft, sollte die Metaphysik als unwis-

* Nach *scholastischer* Ausdrucksweise.

---

9   **Das Reich, das sich selbst besitzt:** »In diesem Sinn können wir sagen, dass Plato [...] das personale Seiende vorausgesetzt hat [...] in seinem Begriff der Seele [...]. Das Hauptgewicht liegt in seiner Erkenntnis der Seele auf ihrer Geistigkeit und nicht auf der ganz neuen individuellen Realität des personal Seienden, das – wie die Scholastik sagt – sein Sein selbst besitzt, oder wie wir sagen würden, das allein ein erwachtes Sein ist, dem gegenüber alles apersonale Sein gleichsam schläft.« Hildebrand, in: ›Die deutsche Philosophie in Selbstdarstellungen‹, S. 90. »Der Mensch ist eine Person. Er ist ein bewußtes, ein Ich besitzendes, in sich zusammengehaltenes, sich selbst besitzendes Wesen. Eine Besinnung auf diese seine Eigenart zeigt uns das völlig Neue, ungleich Tiefere der Seinsregion [...].« Hildebrand, ›Metaphysik der Gemeinschaft‹, S. 19.
9   **in dem das Ich erkennt, will, liebt:** »All unser Wollen und Streben, unser Lieben und Hassen, unsere Freude und Trauer setzt Erkenntnis voraus [...]. [...] das Sein der Person könne nicht ohne ihre Erkenntnisfähigkeit gedacht werden, so kann andererseits auch das Erkennen nicht gedacht werden ohne die geistige Person [...].« Hildebrand, ›Was ist Philosophie?‹, S. 19f.
23   **Metaphysik:** »So macht man aus der Sphäre der Sittlichkeit einen Gegenstand der Anthropologie und Soziologie. Dabei werden beide als Forschungsgebiete angesehen, die nach den Forschungsmethoden der Naturwissenschaften zu behandeln sind. Erkenntnistheorie und Ästhetik werden Teile der experimentellen Psychologie, und natürlich hält man die ganze Metaphysik für kein seriöses Forschungsgebiet.« Hildebrand, ›Was ist Philosophie?‹, S. 9.

5: ›.‹ von der Editorin verbessert in ›, –‹
7: | Geschichte
8: | Ereignisse
9: Andere Lesarten: (1) indem das Ich erkennt, will, liebt, (2) in dem das Ich erkennt, will Liebe, (3) in dem das Ich erkennen will, liebt
13: ›.‹ von der Editorin verbessert in ›,‹
16: ›.‹ von der Editorin verbessert in ›–‹
19: | sofern

senschaftlich abgelehnt werden durch Relativisten, *Positivisten*, *Materialisten*.

[13] Grund ist, dass diese Zeit der grösste Tiefstand ist (*Psychologismus etc.*). Ausnahme: *Brentano* und *Bolzano*. Psychisch und physisch werden gleichgesetzt oder für eine bloße Funktion des Physiologischen gehalten. Man hatte völlig verlernt, auf das Wesen einzugehen, man ging um die Dinge herum. Wesen wird durch Entwicklung ersetzt.

Metaphysik wird noch gleichgesetzt mit unklaren Dingen (*Theosophie*, *Spiritismus*). Ein berühmter französischer Arzt sagt, er habe nie eine Seele gefunden. Es wird kein Unterschied zwischen Urteilsakt | und Urteilsinhalt gemacht. Es ist interessant, wie völlig die frühere Philosophie verschwunden ist. (Man lese die Bemerkungen *Kants* über die *Scholastik*.)

Schimpft über *Psychologismus*.

Gegenstand der *Metaphysik*: Sie will zum | eigentlichen Wesen eines | Dinges vordringen. Sie will das Wesen des Lebens erkennen, nicht die einzelne Lebensform beschreiben: Wesen der Person, der Akte, der Beziehung zwischen Leib und Seele. Und auf ++ eine andere Weise erkennen ++, das Durchdringen und Begreifen der Gegenstände.

[14] Sie will etwas tiefer erkennen und sie will tiefer erkennen als die Wissenschaft. Sie hat einen völlig anderen Gegenstand wie die Wis-

---

8: ›(‹ von der Editorin gelöscht
12: | Ak
16: ›.‹ von der Editorin verbessert in ›:‹
16: | Wesen der
16: | Dinge
18: ›Lebensform zu beschreiben‹, ›zu‹ von der Editorin gelöscht

1 **Relativisten, Positivisten:** »Fragen wir, warum die meisten heutigen positivistischen Relativisten einen grenzenlosen Respekt vor jeder Wissenschaft mit der Leugnung objektiver Wahrheit verbinden, so kann uns Folgendes nicht entgehen: [...] Logischer Positivismus, Semantik und andere Formen des modernen Positivismus sowie der Behaviourismus stellen keine falsche Philosophie dar, sondern sind überhaupt keine Philosophie mehr.« Hildebrand, ›Was ist Philosophie?‹, S. 10.

10 **Ein berühmter französischer Arzt sagt, er habe nie eine Seele gefunden:** Angeblich hat der Pathologe Rudolf Virchow in einem Gespräch mit dem Theologen Franz Hettinger den folgenden Satz geäußert: »Ich habe so viele Leichen seziert und nie eine Seele gefunden.« Warum von Hildebrand Virchow einen Franzosen genannt haben sollte, bleibt ungeklärt.

11 **Es wird kein Unterschied zwischen Urteilsakt und Urteilsinhalt gemacht:** »Die Urteilsakte sind selbstverständlich Seiende, die eine volle, individuelle Realität beanspruchen. Urteilssätze müssen jedoch scharf von den Urteilsakten unterschieden werden.« Hildebrand, ›Was ist Philosophie?‹, S. 110.

16 **Gegenstand der Metaphysik: Sie will zum Wesen der eigentlichen Wesen eines Dinges vordringen:** »Die Logik handelt von den formalen Grundlagen aller Wahrheit, die Metaphysik vom Wesen und von den Grundformen des Seienden [...].« Hildebrand, ›Was ist Philosophie?‹, S. 212.

21 **Sie will etwas tiefer erkennen und sie will tiefer erkennen als die Wissenschaft:** »In Wahrheit ist die Philosophie in mannigfacher Hinsicht viel lebensnäher als alle übrigen Wissenschaften: Erstens sind ihre Fragen größtenteils von viel universalerer und tieferer Bedeutung für den Menschen und das Le-

senschaften, | aber trotzdem fallen ihre Brosamen auf andere Wissenschaften. Aber man kann auch nicht *deduktiv* aus der Philosophie wissenschaftliche Fragen beantworten (das ist ein Zeichen der *Dekadenz, Hegel*). | Die größere *Distanzierung* von den Dingen hat ein tieferes Eindringen zur Folge. Diese *Distanzierung* besteht in dem voll ausgereiften Sich-Verwundern.

Ontologie {weitaus am umfangreichsten}, *Kosmologie*, natürliche *Theologie* nach *Chr. Wolff*.
Das Ganze ist ein hochtrabendes Geschwätz, lauter Worte ohne Erklärung der Begriffe.
Wesen von Wert überhaupt, nicht einzelne Wertarten.
Wir müssen zunächst metaphysische Methodenlehre treiben, aber nur jetzt, im Mittelalter nicht und das war ein Vorteil. An der Wiener Universität besonders notwendig wegen {langer} *positivistischer Tradition*. Dies »Vorausschicken-Müssen« der Erkenntnistheorie ist eine *Dekadenz*-Erscheinung.
Plato weist zuerst auf den Unterschied zwischen *apriorischer* und *aposteriorischer* Erkenntnis hin. [15] Unterschied zwischen notwendigem und zufälligem Sachverhalt steht am Anfang der Überwindung der *nominalistischen, psychologistischen, positivistischen,* {*idealistischen*} Tradition. Diese, obwohl im Einzelnen nützlich, stellen ein Gift dar, ein radikaler Irrweg. *Ideal*: Erkennen = Schöpfen (dies ist ein Selbstwiderspruch).
Ein verstehendes Erfassen | passiver ++ *Aktivität* ist ein höheres | geistiges Sein (*Contemplation*).

ben als die der übrigen Wissenschaften.« Hildebrand, ›Was ist Philosophie?‹, S. 211.
4 **Die größere Distanzierung von den Dingen hat ein tieferes Eindringen zur Folge:** »Im Gegensatz dazu schließt philosophisches Erkennen immer eine gewisse geistige Distanz von den konkreten existentiellen Gegenständen der Erfahrung ein. Es richtet sich stets auf das Generelle und Prinzpielle und ist bestrebt, in die Tiefe des Gegenstandes vorzudringen.« Hildebrand, ›Was ist Philosophie?‹, S. 50f.
12 **Wesen von Wert überhaupt:** »[...] da gerade das Wesen sittlicher Werte ein personales Seiendes als einzigen möglichen Träger erfordert –, ist das Urteil: »Sittliche Werte setzen notwendig ein personales Seiendes voraus« in keiner Weise analytisch.« Hildebrand, ›Was ist Philosophie?‹, S. 77. Dieses Zitat macht deutlich, weshalb von Hildebrand weiter unten auf die Frage von Notwendigkeit, und Apriorizität zu sprechen kommt.
18 **Plato weist zuerst auf den Unterschied zwischen apriorischer und aposteriorischer Erkenntnis hin:** »Platon, der den Unterschied zwischen apriorischer und empirischer Erkenntnis entdeckte [...].« Hildebrand, ›Was ist Philosophie?‹, S. 105.

1: | welch
4: | Die größere Distanzierung
9: ›f‹ von der Editorin verbessert in ›ff‹
10: ›.‹ von der Editorin verbessert in ›,‹
21: ›posivistischen‹ von der Editorin verbessert in ›positivistischen‹
23: ›ideal‹ von der Editorin verbessert in ›Ideal‹
25: | aktiver
25: | Sein

Unterschied zwischen *apriori* und *a posteriori*:
Nicht Unterschied der Erkenntnis, sondern im Gegenstand. Aber immer nur wiederholt: notwendig und zufällig, faktisch. Ersetzung von Worten durch Worte.
Unterschied zwischen notwendig und zufällig ist nicht gleichbedeutend mit konkret und allgemein. Strikte Anwendung der Allgemeinheit nur bei notwendigen Sätzen möglich.
Es gibt 2 Arten von Notwendigkeit, die eine kann durchbrochen werden durch Wunder.
Die Notwendigkeit der Naturgesetze ist kontingent.
Die *apriori*schen Sätze sind lichtdurchdrungener, sinngesättigter Zusammenhang – Erkenntnis, zu der [16] wir uns in einer besonders günstigen Lage befinden. Eine Rationalität, Sinngewohnheit als solche.

26 **geistiges Sein (Contemplation):** »Um einen apriorischen Sachverhalt zu erfassen, genügt es, sich in das Wesen des Seienden zu versenken, auf das sich das Subjekt bezieht, und aus ihm den in Frage stehenden Sachverhalt gleichsam zu schöpfen. [...] Dagegen [= im Vergleich mit einem analytischen Urteil] ist das in apriorischen Urteilen Gewonnene im Vergleich zum Subjektbegriff völlig neu. Es wurde im Kontemplieren des Wesens des Seienden, auf das der Subjektbegriff sich bezieht, gefunden.« Hildebrand, ›Was ist Philosophie?‹, S. 79f. Aus dem Zitat ergibt sich, dass der Zusatz in Klammern »Dies ist ein Selbstwiderspruch« nicht von von Hildebrand stammt, sondern ein Kommentar Gödels ist.

1 **Unterschied zwischen apriori und a posteriori:** »Der Unterschied zwischen apriorischer und empirischer Erkenntnis hängt von der inneren Natur einer Wesenheit, eines Soseins, ab, sei es nun eine Art, eine Gattung oder eine Transzendentale, nicht aber vom Grad der Allgemeinheit oder Abstraktion.« Hildebrand, Was ist Philosophie?, S. 120.

3 **notwendig und zufällig, faktisch:** »Notwendigkeit als solche übersteigt das Zufällige, bloß Faktische.« Hildebrand, ›Was ist Philosophie?‹, S. 64.

5 **Unterschied zwischen notwendig und zufällig ist nicht gleichbedeutend mit konkret und allgemein:** »Der Unterschied zwischen apriorischer und empirischer Erkenntnis hängt [...] nicht [...] [ab] vom Grad der Allgemeinheit oder Abstraktion.« Hildebrand, ›Was ist Philosophie?‹, S. 120.

6 **Strikte Anwendung der Allgemeinheit nur bei notwendigen Sätzen möglich:** »Notwendigkeit als solche [...] besitzt eine Art von Allgemeinheit, ohne mit dieser identisch zu sein.« Hildebrand, ›Was ist Philosophie?‹, S. 64.

8 **Es gibt 2 Arten von Notwendigkeit, die eine kann durchbrochen werden durch Wunder. Die Notwendigkeit der Naturgesetze ist kontingent:** »[...] die in Wesenheiten gründende, innere strikte Notwendigkeit [...]. Wir werden sehen, wie bedeutsam die Unterschiede zwischen dieser Notwendigkeit und jener sind, die man »Naturgesetze« nennen kann. [...] Die kausale Verknüpfung [...] ist erstens nicht absolut und zweitens nicht intelligibel im Wesen des betreffenden Gegenstandes gegründet. So wäre es z. B. nicht unsinnig, zu denken, sie könnte durch einen Akt Gottes aufgehoben und wirksam werden – wie es in der Tat bei einem Wunder geschieht. [...] Die Wesensnotwendigkeit ist absolut. [...] Die Naturnotwendigkeit dagegen ist in gewisser Weise relativ auf die Kontingenz der Welt.« Hildebrand, ›Was ist Philosophie?‹, S. 68.

14: ›solcher‹ von der Editorin verbessert in ›solche‹

Von dem einen können wir eine absolute Gewissheit erlangen, von dem anderen nur höchste Wahrscheinlichkeit. Selbst der einzelne Fall ist nicht mit absoluter Gewiss | heit zu | konstatieren. 1. denn es könnte *Halluzination* sein,

> (Gesichter der Hörer sehen alle hingegeben aus)

2. denn jede Reduktion ist lückenhaft.

Die *apriorischen* Sätze » leuchten ein «, betont.
Auch der Einwand des Traums und der *Halluzination* gilt hier nicht.

---

11 **Die apriorischen Sätze sind lichtdurchdrungener, sinngesättigter Zusammenhang – Erkenntnis, zu der [16] wir uns in einer besonders günstigen Lage befinden. Eine Rationalität, Sinngewohnheit als solche:** »Im Gegensatz zur inneren Sinnfülle und zum lichtvollen Charakter wesensnotwendiger Sachverhalte besitzen Naturgesetze etwas von der Stumpfheit der bloß kontingenten, zufälligen Sachverhalte.« Hildebrand, ›Was ist Philosophie?‹, S. 69.

1 **Von dem einen können wir eine absolute Gewissheit erlangen, von dem anderen nur höchste Wahrscheinlichkeit. Selbst der einzelne Fall ist nicht mit absoluter Gewissheit zu konstatieren:** »Ein drittes Merkmal der apriorischen Erkenntnis ist ihre absolute Gewißheit. [...] Es ist prinzipiell möglich, obwohl im höchsten Grad unwahrscheinlich, daß man eines Tages entdeckt, der Kausalzusammenhang zwischen Wärme und Ausdehnung bestehe in Wahrheit doch nicht. [...] In Urteilen, die ein Naturgesetz einschließen, besteht also keine absolute, unbezweifelbare Gewißheit.« Hildebrand, ›Was ist Philosophie?‹, S. 69f.

4 **denn es könnte Halluzination sein:** Vgl. folgende Erläuterung.

8 **2. denn jede Reduktion ist lückenhaft:** »Unser Schluß aus noch so vielen Einzelbeobachtungen kann im besten Fall nur zu einer höchsten Wahrscheinlichkeit führen. Einer Erkenntnis dieser empirischen allgemeinen Sachverhalte [...] fehlt die absolute Stringenz; die Erkenntnis ist nicht lückenlos, da sie durch Induktion erreicht wird. Die Erkenntnis einfacher individueller Tatsachen [...] ist nicht durch Induktion gewonnen. Daher ist sie von der unvermeidlichen Lückenhaftigkeit frei. [...] Wenn eine individuelle Tatsache isoliert von den übrigen Erfahrungen erfaßt wird, können wir immer einer Halluzination zum Opfer fallen oder träumen.« Hildebrand, ›Was ist Philosophie?‹, S. 71.

11 **Auch der Einwand des Traums und der Halluzination gilt hier nicht:** »Die Frage, ob wir halluzinieren, träumen, phantasieren oder wahrnehmen, kann dem Bestand eines notwendigen Sachverhaltes nichts anhaben. Nehmen wir etwa an, daß wir die Farbe Orange an der gleichnamigen Frucht wahrnehmen. Wir sehen anläßlich dieser Wahrnehmung ein, daß diese Farbe der Ähnlichkeitsanordnung nach in der Mitte zwischen Rot und Gelb liegt. Der Bestand dieses Sachverhaltes wird in keiner Weise gefährdet, wenn wir nachher konstatieren, daß es sich nicht um eine Wahrnehmung, sondern um eine Halluzination handelte.« Hildebrand, ›Was ist Philosophie?‹, S. 73.

3: | schaft
3: | kon

> Kastil 19./X. 1937 17–18 Uhr

20 Hörer, davon 6 Hörerinnen
Kommt von rückwärts und sagt: »Entschuldigen Sie, dass ich von der verkehrten Seite komme. Ich habe gefragt, wer da lese und man sagte mir <u>Bühler</u>. Also wenn jemand zu Bühler gehen will, lege ich ihm kein Hindernis in den Weg.«

Geschichte einer Wissenschaft kann auf 2 Arten betrieben werden:
1.) Mit Rücksicht auf Wirkung (Geistesgeschichte, Kulturgeschichte, ohne Rücksicht auf Wahrheit),
2.) als Weg zur Wahrheit. Das ist nicht Kulturgeschichte, sondern Problemgeschichte im Dienste der sachlichen Forschung.
Vergleiche mit Medizin. Bei 2.) werden viele hoch bedeutsame Namen überhaupt wegbleiben. Zum Beispiel: *Mystiker*, *Fichte*, *Hegel*, *Nietzsche*. Im Gegensatz dazu werden Namen wie [17] *Helmholtz*, *K. E. v. Baer*, *Hering*, die nicht einmal als Philosophen gelten, erwähnt werden.
Brentano soll im 2ten Sinn behandelt werden. *Brentano* ist nicht Konstrukteur und systematischer Dichter, sondern Forscher.

Metaphysik und *Psychologie* = 2 theoretische Disziplinen,
Logik, Ethik, *Aesthetik* = 3 praktische Disziplinen.

In allen 5 Gebieten hat *Brentano* Bedeutendes geleistet.

---

1 **19./X. 1937 17–18 Uhr:** Im Nachlass Alfred Kastils, der sich im Franz Brentano Archiv der Karl-Franzen-Universität Graz befindet, ist ein Vortrag Kastils mit der Überschrift »Brentanos Auffassung von Verhältnis der Psychologie zur Philosophie« (Signatur A.1.3.3) erhalten. Dieser Vortrag stimmt weitgehend mit dem hier von Gödel mitgeschriebenen Vortrag überein, von dem er angibt, Kastil habe ihn an einem 19. Oktober zwischen 17.00 und 18.00 Uhr gehalten. Kastil hat auf seinem Vortragsmanuskript jedoch eigenhändig Folgendes notiert: »Gastvorlesung im Seminar Prof. Bühlers, S.S. 1935, 1stündig wöchentlich Dienstag 12–1«. Weder Jahreszeitangabe noch Angabe der Uhrzeit stimmen mit derjenigen Gödels überein. Der 19. Oktober fiel erst wieder im Jahre 1937 auf einen Dienstag. Das passt auch zu den Angaben im Vorlesungsverzeichnis der Universität Wien. Danach hat Kastil im Wintersemester 1937/38 dienstags von 17.00 bis 18.00 Uhr über »Die Philosophie Franz Brentanos (1838–1917). Zur Jahrhundertfeier« gelesen. Zudem gibt es das Gesprächsprotokoll vom 15. November 1937. Gödel notiert dort den Verlauf des Gesprächs mit Else Frenkel. Sie unterhalten sich u. a. über die Vorlesungen von Dietrich von Hildebrand und Alfred Kastil. (Das Protokoll befindet sich im Gödel-Nachlass Behältnis 6c, Reihe III, Mappe 81, ursprüngliche Dokumentennummer 030114.)

Spricht von der Familie *Brentano* in familiärer Weise.

Schüler: *Stumpf,* | *{Anton} Marty,* Sprachphilosoph, von ihm als begabt geschätzt (Würzburg); Wien: *Masaryk, Meinong, Husserl, Hillebrand* (*Innsbrucker* Psychologe).

Seine Lehrer: *Aristoteles, Thomas, Locke, Hume, Descartes, Comte.*

1. Mit *Aristoteles* hält er an einem absoluten Unterschied zwischen wahr und falsch, gut und böse (natürliche Richtigkeit) fest.
2. Mit *Locke* teilt er die Überzeugung, dass es keine Begriffe *a priori* gibt. Alles stammt aus innerer und äußerer Anschauung. Nachweis dafür *psychologisch*, daher *Psychologie* zentrale Stellung.

Der landläufige Verächter der Metaphysik weiß gar nicht, was dieser Name bedeutet. [18] Metaphysik stellt fest, was allen Dingen gemeinsam ist. Nicht, was hinter den Dingen ist, außer wenn es

---

3 **Schüler: Stumpf, {Anton} Marty, Sprachphilosoph, von ihm als begabt geschätzt:** »Unter seinen Schülern von Würzburg her zu besonderer Stellung gelangt, ist der noch lebende Psychologe Karl Stumpf und der 1914 verstorbene Sprachphilosoph Anton Marty [...].« Vorlesungsmanuskript Kastil, A.1.3.3 (im Folgenden Kastil, A.1.3.3 abgekürzt), S. 1.
3 **ihm:** ›Ihm‹ bezieht sich auf Brentano.
4 **Wien: Masaryk, Meinong, Husserl, Hillebrand:** »In Wien zählte zu seinen Schülern u. a. Masaryk, Meinong, Husserl, Twardowski, Hillebrand.« Kastil, A.1.3.3, S. 1.
6 **Seine Lehrer: Aristoteles, Thomas, Locke, Hume, Descartes, Comte:** »Sein Lehrer war Aristoteles und Thomas, dann die englischen Empiristen, Locke und Hume, und die Franzosen Descartes und Comte.« Kastil, A.1.3.3, S. 1.
7 **Mit Aristoteles hält er an einem absoluten Unterschied zwischen wahr und falsch, gut und böse (natürliche Richtigkeit) fest:** »[...] mit Aristoteles hielt er an der Anerkennung eines natürlichen, jeder Willkür und Subjektivität entzogenen Unterschiedes einerseits von Wahr und Falsch, andererseits von Gut und Böse fest.« Kastil, A.1.3.3, S. 2.
9 **Mit Locke teilt er die Überzeugung, dass es keine Begriffe a priori gibt. Alles stammt aus innerer und äußerer Anschauung. Nachweis dafür psychologisch, daher Psychologie zentrale Stellung:** »[...] mit den Engländern teilte er die Ueberzeugung, daß es keine Begriffe a priori gebe. Alle gehen in ihren letzten Elementen und elementaren Verbindungsweisen auf die Anschauung zurück. Keiner hat ein Daseinsrecht in der Philosophie, der nicht durch den Nachweis seines Ursprunges aus innerer und äußerer Anschauung legitimiert ist. 2. Dieser Nachweis ist Aufgabe der psychologischen Analyse. Damit wird der Psychologie ihre zentrale Stellung in der Philosophie wiedergegeben.« Kastil, A.1.3.3, S. 2.
13 **Der landläufige Verächter der Metaphysik weiß gar nicht, was dieser Name bedeutet. [18] Metaphysik stellt fest, was allen Dingen gemeinsam ist:** »[...] wiederholte Erfahrung lehrte mich, daß die Verächter der Metaphysik gar nicht recht wissen, was dieser Name bedeutet. Sie meinen, der Metaphysiker sei ein Phantast, der etwas suche, was hinter den Dingen steckt, weil er das, was die Naturwissenschaften lehren, nicht für eigentlich wahr, zum mindesten nicht für das eigentliche Wesen der Dinge erachte. Der Kenner der Ge-

3: | A.
3: ›Marti‹ von der Editorin verbessert in ›Marty‹
5: ›Hildebrand‹ von der Editorin verbessert in ›Hillebrand‹
6: ›Comptes‹ von der Editorin verbessert in ›Comte‹

sich um die letzte Ursache handelt. | Kausalgesetze sind Metaphysik, weil sie für Psychisches und Physisches gelten.

Die *Prolegomena* der Metaphysik nennt er *Phänomenologie*. Später wählt er statt dessen den Namen *deskriptive Psychologie* zum Unterschied von *genetischer Psychologie*.

Letztere hat es zu tun mit den Gesetzen des Laufs der Bewusstseinszustände, Ursache: »warum«.

Erstere hat es mit Strukturgesetzen zu tun, mit den letzten Elementen: »was«.

= Mikroskopische | Anatomie des Bewusstseins nach *Brentano* notwendig, um die interessantere *genetische Psychologie* in Angriff nehmen zu können.

---

schichte der Philosophie aber weiß, dass darunter etwas durchaus nicht Phantastisches zu verstehen ist, nämlich jene Wissenschaft, die feststellt, was allen Dingen gemeinsam ist, die Bestimmungen und Gesetze, die Physischem und Psychischem in gleicher Weise zukommen.« Kastil, A.1.3.3, S. 2f.

3 **Die Prolegomena der Metaphysik nennt er Phänomenologie. Später wählt er statt dessen den Namen deskriptive Psychologie:** »Brentano hat nun schon in seinen Würzburger Vorlesungen über Metaphysik den Beginn mit grundlegenden psychologischen Analysen gemacht und diesen einleitenden Teil Phänomenologie genannt. [...] ließ Brentano ihn später wieder fallen und wählte dafür den Namen deskriptive Psychologie. 3. Deskriptive Psychologie im Gegensatz zur genetischen. Diese hat es mit den Gesetzen des Ablaufes der Bewußtseinszustände, jene mit der Feststellung ihrer letzten Elemente zu tun. Jene mit dem Was, diese mit dem Warum.« Kastil, A.1.3.3, S. 3.

4 **deskriptive Psychologie:** Der Ausdruck geht auf Franz Brentano zurück, der ihn dem der empirischen Psychologie gegenüberstellt. ›Deskriptive Psychologie‹ beschreibt psychische Phänomene und Elemente des menschlichen Bewusstseins unabhängig von den sie erzeugenden physischen Reizen. Vgl. Franz Brentano, ›Deskriptive Psychologie‹.

5 **genetischer Psychologie:** Die genetische Psychologie untersucht im Gegensatz zur deskriptiven Psychologie die physischen Grundlagen für psychische Phänomene und Bewusstsein.

10 **Mikroskopische Anatomie des Bewusstseins nach Brentano notwendig, um die interessantere genetische Psychologie in Angriff nehmen zu können:** »Die genetische Psychologie ist komplizierter und abhängiger. Denn sie setzt sowohl Physiologie (insbesondere des Gehirns und der Sinnesorgane) als auch Kenntnis des deskriptiven Teiles voraus. Die Kenntnis des Was muss der des Warum vorausgehen. Da diese Untersuchung des Was hier sehr fein sich gestalten muss, indem sie auf die letzten Elemente des Bewußtseins abzielt, ist die deskriptive Psychologie so zu sagen eine mikroskopische Anatomie des Bewußtseins.« Kastil, A.1.3.3, p. 4. Die mikroskopische Anatomie des Bewusstseins ist ein anderer Ausdruck für »analysierende Beschreibung der Erfahrung«, die als Aufgabe der deskriptiven Psychologie angesehen wird, um die grundlegenden Elemente des Psychischen zu eruieren. In der deskriptiven Psychologie werden die psychischen Phänomene bestimmt, deren physiologische Grundlagen die genetische Psychologie erforscht. Die deskriptive Psychologie ist für Brentano dann insofern eine Voraussetzung für die genetische Psychologie, als sie deren Forschungsgegenstände festlegt.

1: | Kausal
10: | tät

Die Grundbegriffe der *praktischen* Disziplinen erhält man durch psychologische Analyse (zum Beispiel Begriff der Wahrheit und des Wertes).

Ein Logiker, der uns in der Kunst des Denkens fördern will (und was wäre Logik denn sonst), muss die Gesetze des Denkens, Fühlens und Wollens kennen – ebenso Ethik.

Für *Metaphysik* ist die *deskriptive* Psychologie grundlegend. Um die metaphysischen [19] Begriffe zur Klarheit zu bringen, muss man ihnen durch | *psychologische* Analyse zu Leibe rücken.

Gegenargument gegen *Psychologismus*:
Es handelt sich um Normen, um Werte, ums Sollen und nicht um das Sein.

Sein Schüler *Husserl* selbst wendet sich gegen den *Psychologismus* und wendet sich dem Idealismus zu. Eine Richtung, in welcher *Brentano* selbst den äußersten Verfall erblickt. Nach *Brentano* ist nur der relativistische *Psychologismus* verwerflich – im Sinn von *Protagoras* »der Mensch ist das Maß der Dinge«.

---

1 **Die Grundbegriffe der praktischen Disziplinen erhält man durch psychologische Analyse (zum Beispiel Begriff der Wahrheit und des Wertes)**: »Die drei praktischen Disziplinen Aesthetik, Logik, Ethik schöpfen aus beiden Teilen der Psychologie. Ihre Grundbegriffe ergeben sich aus psychologischer Analyse. Insbesondere der Begriffe Wahrheit und Wert.« Kastil, A.1.3.3, S. 4.

4 **Ein Logiker, der uns in der Kunst des Denkens fördern will (und was wäre Logik denn sonst), muss die Gesetze des Denkens, Fühlens und Wollens kennen – ebenso Ethik**: »Ein Ethiker, der sittlicher Führer sein will – und das ist ja seine eigentliche Aufgabe –, ein Logiker, der uns in der Kunst richtig zu denken fördern will – und was sonst wäre sein Beruf? – muss die empirischen Gesetze der Begriffs- und Urteilsbildung beherrschen.« Kastil, A.1.3.3, S. 4.

7 **Für Metaphysik ist die deskriptive Psychologie grundlegend**: »Nicht von gleichem Belange sind solche [Begriffe der genetischen Psychologie] für die Metaphysik, umsomehr aber die der deskriptiven Psychologie. Denn die metaphysischen Begriffe sind zwar die allerallgemeinsten, aber darum stammen sie nicht weniger aus der Anschauung.« Kastil, A.1.3.3, S. 5.

11 **Gegenargument gegen Psychologismus: Es handelt sich um Normen, um Werte, ums Sollen und nicht um das Sein**: »Warum soll Logik und Ethik nicht auf Psychologie sich stützen? Weil, antwortet man, Gesetze im Sinne von Normen nicht mit Naturgesetzen verwechselt werden dürfen. Das aber tue der Psychologismus. Er verwechsle Sein und Sollen.« Kastil, A.1.3.3, S. 5.

14 **Sein Schüler Husserl selbst wendet sich gegen den Psychologismus und wendet sich dem Idealismus zu. Eine Richtung, in welcher Brentano selbst den äußersten Verfall erblickt**: »Diese Opposition kam aus der Schule Brentanos selbst. Es war einer seiner ältesten Schüler, Edmund Husserl, der sich zum Wortführer derselben machte und die eingeschlagene Richtung verließ, um die Tendenzen des deutschen Idealismus wieder aufzunehmen, worin Brentano selbst das äußerste Stadium des Verfalls der Philosophie gesehen hatte.« Kastil, A.1.3.3, S. 7.

6: ›.‹ von der Editorin verbessert in ›–‹
9: | Analyse
17: ›.‹ von der Editorin verbessert in ›–‹

Brentanos Absolutismus definiert durch »natürliche Interessen« Erkenntnisse im Unterschied von blindem | Glauben. Unterschied zwischen natürlichen und nicht natürlichen Urteilen muss selbst erlebt werden und so werden der Begriff ›Wert‹ und der Begriff ›Wahrheit‹ gebildet (das heißt {psychologisch} *immanente Definitionen* von ›Wahrheit‹ und ›Recht‹).

Nächstes Mal: Seine Stellung zwischen verschiedenen erkenntnistheoretischen Systemen, insbesondere | zu *Kants*, welches zu seiner Zeit herrschend war.

[20]
Lotze, *Mill*, *Spencer*, <u>Vries</u>.

16 **Nach Brentano ist nur der relativistische Psychologismus verwerflich – im Sinn von Protagoras »der Mensch ist das Maß der Dinge«**: »Ein Psychologismus in verdammenswertem Sinne wäre die Rückkehr zum panton ton onton metron anthropos des Protagoras. In diesem Sinne verstanden ist B. nicht nur kein Psychologist, sondern hat einen solchen absurden Subjektivismus vielmehr allezeit aufs entschiedenste verworfen und bekämpft.« Kastil, A.1.3.3, S. 7.

1 **Brentanos Absolutismus**: Gemeint ist Brentanos Wert-Absolutismus. Zu dieser Lehre gehört auch die von ihm selbst so genannte deskriptive Psychologie.

1 **»natürliche Interessen«**: »Und analog muss auf dem Gebiete der Interessensphänomene unterschieden werden zwischen als richtig charakterisierten und blinden, triebartigen Akten.« Kastil, A.1.3.3, S. 9.

2 **Unterschied zwischen natürlichen und nicht natürlichen Urteilen muss selbst erlebt werden und so werden der Begriff ›Wert‹ und der Begriff ›Wahrheit‹ gebildet (das heißt {psychologisch} immanente Definitionen von ›Wahrheit‹ und ›Recht‹)**: »Wenn ich etwas einsehe, so bin ich der Wahrheit unmittelbar sicher, d. h. ich erkenne, das, was ich erkenne, nicht in Reflexion auf irgendwelche biologischen Vorbedingungen meines Erkenntnisaktes, sondern in sich selbst. Was aber Erkenntnis ist im Unterschiede von einem blinden Glauben, was eine als richtig charakterisierte Gemütstätigkeit ist im Unterschiede von einer bloß triebhaften – das muss man erlebt haben, d. h. es muss Gegenstand psychologischer Erfahrung sein. Wem diese fehlen würde, für den müssten Worte wie Wahrheit und Wert sinnlos bleiben und niemand vermöchte ihm klar zu machen, was es mit Logik und Ethik für eine Bewandnis habe. Wir alle erleben aber diese Phänomene und haben damit die anschaulichen Grundlagen gegeben für die Bildung der Begriffe des wahren Urteils und wertefassenden Interessen.« Kastil, A.1.3.3, S. 9f.

9 **Kants**: »Ich möchte in den folgenden Stunden dieses kurzen Semesters versuchen, Ihnen in einige der Ergebnisse dieses langen und reichen Forscherlebens Einblick zu verschaffen.« Kastil, A.1.3.3, S. 14.

13 **Vries**: Hier dürfte der Evolutionsbiologe Hugo de Vries gemeint sein, denn alle drei vor de Vries genannten Autoren sind für Thesen zur Evolutionstheorie bekannt. Vgl. zudem Brentano, ›Vom Dasein Gottes‹, wo Brentano Hugo de Vries zitiert. Das Werk ist von Alfred Kastil herausgegeben worden.

2: | Urteil
9: | zur

Bemerkung: Nicht genannt: Moderne Philosophen: *Dingler, Trendelenburg, Bauch, Cassirer*. Materialisten: *Vogt, Büchner, Moleschott*. Zweck: Orientierung über erkenntnistheoretische Ansichten und Ansichten über Methode der Philosophie. 1. und 2. Ordnung.

Programm: Bücher, die durchzusuchen sind:
I. Berichte über:
Sammlung *Göschen*:
    Hauptprobleme Bd. 500, Einführung Bd. 281,
    Psychologie und Logik ~~14~~, Erkenntnistheorie Bd. 807, ~~808~~,
    Geschichte: Bd. 394, Bd. 571, Bd. 709.

Aus *Natur* und *Geistes-Welt*:
    Philosophie Grundprobleme Bd. 186, (Bd. 155),
    Philosophie der Gegenwart ~~41~~.

---

9 **Bd. 500**: Es handelt sich um den Band ›Die Hauptprobleme der Philosophie‹ von Georg Simmel, der als Band 500 in der Sammlung Göschen 1910 erschienen ist. Gödel hat am 16. November 1937 einen Bestellschein dafür ausgefüllt.

9 **Bd. 281**: ›Einführung in die Philosophie‹ von Max Wentscher ist als Band 281 der Sammlung Göschen 1906 erschienen. Gödel hat am 16. November 1937 einen Bestellschein dafür ausgefüllt.

10 **Psychologie und Logik**: ›Psychologie und Logik zur Einführung in die Philosophie‹ von Theodor Elsenhans ist als Band 14 der Sammlung Göschen 1898 erschienen. Gödel hat am 16. November 1937 einen Bestellschein dafür ausgefüllt.

10 **Bd. 807**: Bei ›Erkenntnistheorie, Bd. 1: Wahrnehmung und Erfahrung‹ von Max Wentscher handelt es sich um Band 807 der Sammlung Göschen von 1920. Gödel hat am 16. November 1937 einen Bestellschein dafür ausgefüllt.

10 **808**: Max Wentscher, ›Erkenntnistheorie, Bd. 2: Theorie und Kritik des Erkennens‹ (Sammlung Göschen, Bd. 808, gleichfalls von 1920). Gödel hat am 16. November 1937 einen Bestellschein dafür ausgefüllt

11 **Bd. 394**: ›Geschichte der Philosophie. Neuere Philosophie bis Kant‹ von Bruno Bauch, Wilhelm Capelle und Martin Grabmann ist Band 394 der Sammlung Göschen von 1919.

11 **Bd. 571**: Die Philosophie im ersten Drittel des 19. Jahrhunderts von Arthur Drews ist Band 571 der Sammlung Göschen von 1912.

11 **Bd. 709**: ›Die Philosophie im zweiten Drittel des 19. Jahrhunderts‹ von Arthur Drews ist Band 709 der Sammlung Göschen von 1913.

14 **Bd. 186**: ›Philosophie. Ihr Wesen, ihre Grundprobleme, ihre Literatur‹ von Hans Richert ist Band 186 der Reihe ›Aus Natur und Geisteswelt‹ von 1907. Gödel hat am 16. November 1937 einen Ausleihschein dafür ausgefüllt.

14 **Bd. 155**: ›Einführung in die Philosophie. Sechs Vorträge‹ von Raoul Richter ist Band 155 aus ›Aus Natur und Geisteswelt‹ von 1907.

15 **Philosophie der Gegenwart**: ›Die Philosophie der Gegenwart in Deutschland. Eine Charakteristik ihrer Hauptrichtungen nach Vorträgen‹ von Oswald Külpe ist Band 41 aus ›Aus Natur und Geisteswelt‹ von 1902.

2: ›Cassierer‹ von der Editorin verbessert in ›Cassirer‹
6: ›die‹ doppelt, von der Editorin einmal gelöscht

Geschichte: { ~~Überweg VI, sehr dickes Buch~~ | Schjelderup, *Vorländer*
Falckenberg, Selbstdarstellungen | ~~Höffding~~

Scholz, *Prantl*, *Schlick*, Erkenntnislehre, *Aster* (Geschichte der neueren Erkenntnistheorie)

{6 ! *Nominalisten*!} *Külpe*, Einleitung in die Philosophie. {*Stoiker*}

II. Originalarbeiten:

Thomas von Aquin, *Summa*, *Opuscula* (*Questiones*?)
Aristoteles, *Commentare* des *Thomas*, ~~Kant~~
{*Plato*, *Timaios* und Werke nach *Deussen*}
Hegel (Wissenschaft der Logik), *Sigwart* (*Logik*)
Brentano?, *B. Erdmann*?

1 **Überweg:** ›Die deutsche Philosophie des neunzehnten Jahrhunderts und der Gegenwart‹ von Ueberweg von 1923.
1 **Schjelderup:** ›Geschichte der philosophischen Ideen von der Renaissance bis zur Gegenwart‹ von Schjelderup ist von 1929.
1 **Vorländer:** Vorländers ›Geschichte der Philosophie‹ ist von 1903.
2 **Falckenberg:** Richard Falckenbergs ›Geschichte der neueren Philosophie von Nikolaus von Kues bis zur Gegenwart. Im Grundriss dargestellt‹ ist von 1886.
2 **Selbstdarstellungen:** Gemeint ist das achtbändige Werk Raymund Schmidts ›Die deutsche Philosophie in Selbstdarstellungen‹ von 1921.
2 **Höffding:** Höffdings ›Geschichte der neueren Philosophie‹ von 1895-1896 sowie sein ›Lehrbuch‹ von 1907.
3 **Scholz:** ›Geschichte der Logik‹ von Scholz ist aus dem Jahre 1931. Dafür hat Gödel am 5. Juli 1938 einen Bestellschein ausgefüllt.
3 **Prantl:** Prantls ›Geschichte der Logik im Abendlande‹ ist von 1855-1870 erschienen. Menger hat am 3. Dezember 1932 einen Bestellschein dafür ausgefüllt, der sich unter Gödels Ausleihzetteln befindet.
3 **Erkenntnislehre:** Moritz Schlicks ›Allgemeine Erkenntnislehre‹ von 1918.
3 **Geschichte der neueren Erkenntnistheorie:** ›Geschichte der neueren Erkenntnistheorie‹ ist ein Werk Asters von 1921.
5 **Einleitung in die Philosophie:** ›Einleitung in die Philosophie‹ ist ein Werk Külpes von 1895.
9 **Summa:** Thomas von Aquin, ›Opera omnia‹, Bd. 4 (= ›Summa theologiae‹ I, q. 1–49), 1888. Gödel hat am 20. Mai 1937 einen Bestellschein dafür ausgefüllt.
9 **Opuscula:** Thomas von Aquin, ›Opuscula philosophica‹ enthalten: De ente et essentia, De principiis naturae, De unitate intellectus, De aeternitate mundi, De substantiis separatis. Eine andere Edition der › Summa philosophica ‹ ist in seiner Privatbibliothek.
9 **Questiones:** Thomas von Aquin, ›Untersuchungen über die Wahrheit‹ (Questiones disputatae de veritate), übers. v. Edith Stein mit Geleitwort v. Martin Grabmann, Bd. 1, Questio 1–13, 1931. Gödel hat am 5. März 1937 einen Bestellschein dafür ausgefüllt.
10 **Commentare:** Thomas von Aquin, ›Commentaria philosophica in Aristotelem‹ enthalten: Expositio Perihermeneias, Expositio Posteriorum, In libros Metaphysicorum, In libros Physicorum, In libros de caelo et mundo, In librum de generatione, In libros Meteorologicorum, De anima, De sensu, Sententia libri Ethicorum, Tabula libri Ethicorum, Sententia libri Politicorum.
11 **Deussen:** Paul Deussen, ›Die Philosophie der Griechen‹ von 1911.

1: ›Schelderup‹ von der Editorin verbessert in ›Schjelderup‹
2: ›*Falkenberg*‹ von der Editorin verbessert in ›*Falckenberg*‹

Husserl (Phil*osophie* d*er* Arithm*etik*, Log*ische* Unters*uchungen*)
[21]
*Theod*o*r Lipps*, Grundzüge der Logik
E. v. Hartmann, Das Grundproblem der Erkenntnistheorie
W. Wundt, Logik
W. Schuppe, Erkenntnistheoretische Logik, Grundriss der Erkenntnistheorie und Logik
Mill, Logik; *Avenarius*, Kritik der reinen Erfahrung (*Prolegomena* dazu)
Cohen, Logik der reinen Erkenntnis
Natorp, Logische Grundlagen der exakten Wissenschaften
Höfler, Grundlehren der Logik
Meinong, Gesammelte Abhandlungen 1913
Lotze, Logik.

---

12 **Wissenschaft der Logik:** Georg Wilhelm Friedrich Hegel, ›Wissenschaft der Logik‹, zwei Bände. Für beide Bände hat Gödel am 20. Juli 1939 einen Bestellschein ausgefüllt.
12 **Logik:** Christoph Sigwart, ›Logik, Bd. 1: Die Lehre vom Urtheil, vom Begriff und vom Schluss‹, 1873; ›Logik, Bd. 2: Die Methodenlehre‹, 1878. Für beide Bände hat Gödel am 12. Juli 1938 einen Bestellschein ausgefüllt.
1 **Philosophie der Arithmetik:** Edmund Husserl, ›Philosophie der Arithmetik. Psychologische und logische Untersuchungen‹ von 1891.
1 **Logische Untersuchungen:** Edmund Husserl, ›Logische Untersuchungen, Bd. 1: Prolegomena zur reinen Logik‹, 1900; ›Logische Untersuchungen, Bd. 2: Untersuchungen zur Phänomenologie und Theorie der Erkenntnis‹, 1901.
3 **Grundzüge der Logik:** Theodor Lipps, ›Grundzüge der Logik‹, 1893.
4 **Das Grundproblem der Erkenntnistheorie:** Eduard von Hartmann, ›Das Grundproblem der Erkenntnistheorie. Eine phänomenologische Durchwanderung der möglichen erkenntnistheoretischen Standpunkte‹, 1889.
5 **Logik:** Wilhelm Wundt, ›Logik. Eine Untersuchung der Prinzipien der Erkenntnis und der Methoden wissenschaftlicher Forschung‹, Bd. 1: ›Erkenntnislehre‹, 1880; Bd. 2: ›Methodenlehre‹, 1883.
6 **Erkenntnistheoretische Logik:** Wilhelm Schuppe, ›Erkenntnistheoretische Logik‹, 1878.
6 **Grundriss der Erkenntnistheorie und Logik:** Wilhelm Schuppe, ›Grundriss der Erkenntnistheorie und Logik‹, 1894.
8 **Logik:** John Stuart Mill, ›System der deductiven und inductiven Logik‹, übers. v. Theodor Gomperz, Bd. 1–3, 1872–1873.
8 **Kritik der reinen Erfahrung:** Richard Avenarius, ›Kritik der reinen Erfahrung‹, Bd. 1 und 2, 1888/1890.
10 **Logik der reinen Erkenntnis:** Hermann Cohen, ›Logik der reinen Erkenntnis‹, 1902.
11 **Logische Grundlagen der exakten Wissenschaften:** Paul Gerhard Natorp, ›Die logischen Grundlagen der exakten Wissenschaften‹, 1910.
12 **Grundlehren der Logik:** Alois Höfler, ›Grundlehren der Logik. Lehrtext und Übungen‹, 1890.
13 **Gesammelte Abhandlungen 1913:** Alexius Meinong, ›Abhandlungen zur Erkenntnistheorie und Gegenstandstheorie‹, 1913.

Programm Desiderata
1. ~~neuere Auflage~~ | *Göschen* ausgelassen
2. *Philosophische Wörterbücher* !
3. Einführungen in die Philosophie (Verzeichnis), auch ausländische; auch *Ich hab's*
4. Geschichte der neueren Philosophie (Verzeichnis) auch ausländische; auch *Ich hab's*
5. Verzeichnis der philosophischen Zeitschriften
6. Mittelalterliche Logik
7. ~~Brentano~~ [22]
8. *Schopenhauer*, erkenntnistheoretische oder logische Untersuchungen
9. Letzte *Encyclica* der *Päpste*
10. Literaturverzeichnisse *Heyting*, Erkenntnis, durchsehen auf Philosophie.

3: | Göschen
3 **ausgelassen:** An dieser Stelle steht im Manuskript ein Zeichen für ›ausgelassen‹ bzw. ›fehlt‹, das keine Gabelsbergersigle ist

14 **Logik:** Hermann Lotze, ›Logik‹, 1843; ders., ›Logik. Drei Bücher vom Denken, vom Untersuchen und vom Erkennen‹, 1874.
4 **Philosophische Wörterbücher :** Gemeint sein könnten u. a. der Band von Thormeyer, der in der von Gödel mehrmals zitierten Reihe ›Aus Natur und Geisteswelt‹ erschienen ist. Da Gödel gegen Ende des Bandes auch mehrmals Friedrich Kirchners ›Kirchner's Wörterbuch der philosophischen Grundbegriffe‹ rezipiert hat, kommt auch dieses in Betracht.
6 **Ich hab's:** ›Ich hab's‹ ist ein Stichwortkatalog und Autorenverzeichnis von Friedrich Winkler.
12 **erkenntnistheoretische oder logische Untersuchungen:** ›Über die vierfache Wurzel des Satzes vom zureichenden Grunde‹ von Schopenhauer enthält seine erkenntnistheoretischen und logischen Überlegungen.
14 **Encyclica der Päpste:** Belehrende und ermahnende Rundschreiben der Päpste an die Bischöfe der römisch-katholischen Kirche, die sich an alle Gläubigen richten.
15 **Erkenntnis:** Gemeint ist Heytings Aufsatz »Die intuitionistische Grundlegung der Mathematik« in der Zeitschrift ›Erkenntnis‹ von 1931.

Bemerkung: Bei *Überweg* angeführt:

Humboldt	*Strauss, Feuerbach*
Krause	*Marx, Stirner*
Schleiermacher	*Weisse, Fechner, Lotze*
Fries, Nelson	
— *Bolzano*	*Laas, Liebmann, Riehl*
Beneke	— *Cassirer*
	Scheler
— *Hobbes*	*Rehmke*
1588–1679	— *Troeltsch*
	— *Dingler*
	— *Bauch*
	— *Nelson*

Scholz, Geschichte der Philosophie in Längsschnitten, *Heft* 4, Berlin 1931

[23]
Bemerkung: Die richtige Methode, einen Überblick über ein Gebiet zu gewinnen, ist nicht ein kleines Buch darüber zu lesen, sondern aus vielen kleinen Büchern und insbesondere aus umfassenden Werken (Handbücher), das Wichtige exzerpieren (das heißt, alles exzerpieren, was ein vorher aufgestelltes Frageschema beantwortet).

Bemerkung: Systematik der *Professuren* für *Philosophie*:
  Systematiker,
  Historiker,
  Psychologie, Logik & Erkenntnistheorie,
  Pädagoge,
  Vertreter einer bestimmten Weltanschauung {bestimmte *Metaphysik* oder *Ablehnung* der Metaphysik,
  { *Ethik, Rechtsphilosophie, Sociologie, Geschichtsphilosophie, Kulturphilosophie, Wertphilosophie, Aesthetiker*.

[24]
Psychologie
*Forts*etzung *von Lekt*üre *Unmath*ematisches *I. (p. 8 Fra*ge *24)*

*Fra*ge: Was macht mir Vergnügen (oder was sehe ich als Zweck des Daseins an)?
1. Was von einem Lustgefühl begleitet ist?
2. Wovon ich erwarte, dass es mit einem Lustgefühl begleitet sein wird?
   A. Erwarte *in abstracto*,
   B. *intuitiv*? (Ist das dasselbe wie das, »worauf ich mich freue«?)

Sich auf etwas freuen = 1. *intuitiv* erwarten, dass etwas mich freuen wird und 2. glauben, dass es geschehen wird und 3. aufgrund dieser beiden Voraussetzungen ein Lustgefühl haben (alles *in actu*).
1 & 3 (ohne 2 oder mit einer 2) = Tagtraum* (sobald der *activ*, absichtlich hervorgerufen wird).
Ist 1 & 2 (ohne 3) möglich?
Ist 2 & 3 möglich mit abstraktem Glauben, dass es geschehen wird (der abstrakte Glaube erzeugt einen *intuitiven*)?

Bemerkung: Unterschiede zwischen: 1. Etwas mit Überlegung tun, 2. ohne Überlegung tun, 3. es überhaupt nicht selbst tun. Beispiele für 1. *trivial*, 2. auf einen Gruß danken, 3. sich den Werten streichen, ohne es zu wissen.

* *delectatio morosa* Anmerkung E.-M. E.: ›delectatio morosa‹ ist die Freude, welche sich einstellt, wenn das Vorstellungsvemögen sich auf ein abwesendes Objekt richtet, dessen Genuss sich hinauszögert, weil es unerreichbar oder verboten ist.

---

3 **Lektüre Unmathematisches I.:** In Gödels Nachlass ist bisher kein Notizbuch ›Lektüre Unmathematisches I.‹ auffindbar, wohl aber das Notizbuch ›Lektüre Mathematisches I.‹ in Behältnis 6a, Reihe III, Mappe 55, ursprüngliche Dokumentennummer 030078; dieses lässt Rückschlüsse auf das mutmaßlich verlorengegangene Notizbuch ›Lektüre Unmathematisches I.‹ zu. In ›Lektüre Mathematisches I.‹ hat Gödel ein Programm für von ihm zu lesende mathematische Schriften niedergelegt, Gedächtnisprotokolle zu Gesprächen mit Mathematikern wie etwa mit Tarski oder mit von Neumann, Lektüreexzerpte sowie Vorlesungsmitschriften festgehalten und kleinere eigene Beweise aufgeschrieben. Daneben entält dieses Notizbuch auch einige Maximen dazu, wie man in der Mathematik erfolgreich arbeitet. Geht man davon aus, dass das Notizbuch ›Lektüre Unmathematisches I.‹ ähnlich angelegt war, liegt es nahe, davon auszugehen, dass Gödel auch dort Lektüreexzerpte und Ähnliches festgehalten hat, auf die sich die folgenden Überlegungen und Bemerkungen beziehen.

16 **activ:** Andere Lesart: actus
24 **Werten:** Eigentlich der ›Allerwerteste‹ ein anderer Ausdruck für ›Gesäß‹.

[25]

Bemerkung: Wenn ich Morse treffe und er grüßt mich *Hello* und ich entscheide mich *Hello* oder einen anderen Gruß zu erwidern, gehört das zu 2 oder 3 der vorherigen Bemerkung?

Frage: Worin besteht die »Richtung des Wählens«, welche zum Beispiel im Falle der vorherigen Bemerkung, also wenn ich mir in Gegenwart von jemand anderem etwas überlegen soll, eintritt?

Bemerkung: Das Denken besteht darin, dass ich (die Seele =) das Gehirn »anspanne« (in einer gewissen Richtung, zu einem bestimmten Zweck), wobei diese Anspannung als eine körperliche Wirkung verstanden werden kann. Das Gehirn ist so konstruiert, dass es, wenn in gewisser Weise angespannt (es kann in verschiedener Weise angespannt werden, es gibt einen »Raum« der möglichen Anspannungen), ein gewisses (das gewünschte) Resultat liefert, indem es »mir« ein gewisses Vorstellungsbild zeigt. In falscher Weise angespannt (zum Beispiel mit sich selbst in Konflikt stehend, das heißt gegen sich selbst wirkend), gibt es kein Resultat (sondern wird bloß abgenützt, ähnlich wie eine Maschine).

Bemerkung: Die Schädigung des Gehirns (welche zum Schwachsinn zum Beispiel bei *Paranoia* führt) kann 4 Ursachen haben: 1. Gift, 2. Ernährungsstörungen, 3. Mangel an Ruhe, 4. Überanstrengung. Bei *Paralyse* wahrscheinlich 1., bei *Schizophrenie* vielleicht 3. und 4., indem die Dämonen Leidenschaft zum [26] fortwährenden Nachdenken erregen oder den Schlaf stören (direkt oder indirekt).

Bemerkung Parapsychologie: »Die Seele ist »vereinigt« mit einem bestimmten Körper« bedeutet: *Passiones* (im weitesten Sinne) hän-

---

2 **Morse:** Gemeint ist wohl der Mathematiker Harold Calvin Marston Morse (1892–1977), der ab 1935 am IAS in Princeton war und sich für Gödel eingesetzt hat. Es könnte aber auch der Mengentheoretiker Anthony Perry Morse (1911–1984) gemeint sein, der von 1937–39 am IAS war. Gödel war im Herbst 1938 zu Besuch in Princeton.
10 **=:** Das Gleichheitszeichen ist hier wie folgt zu lesen: »ist definitonsgemäß gleich«. Die Formulierung lautet dann: »ich (die Seele ist definitionsgemäß gleich)«. Das Gleichheitszeichen bezieht sich also nicht auf das Gehirn.
30 **Parapsychologie:** Untersuchungsgegenstände der Parapsychologie sind übersinnliche Phänomene, die außerhalb der normalen Wahrnehmungsfähigkeit liegen, wie etwa Telepathie oder Psychokinese.

7: ›und‹ vor ›also‹ von der Editorin gelöscht
24: ›)‹ nach ›Paranoia‹ von der Editorin gelöscht

gen vom Zustand dieses Körpers ab und ihr *Actus* hat eine Wirkung auf diesen Körper. *Frage*: Können die Dämonen *Passiones* (das heißt Wahrnehmungen) der Seele direkt (ohne Umweg über Körper) hervorrufen? Können die Engel miteinander »sprechen« ohne Vermittlung irgendeiner Materie?

Bemerkung: {→ Verhältnis der fremd*psychi*schen Gegenstände zu den Ideen} 1. Beweis, dass wir die Ideen nicht sehen: Die Erweiterung der *Addition* ganzer Zahlen auf rationale und reelle ist nicht eindeutig, während jede Idee ihr Verhältnis zu allen anderen Ideen eindeutig bestimmt. 2. Beweis: Es gibt unabzählbar viele einfache (undefinierbare) Ideen (wobei aber eine starke Relation besteht, so dass jede schwache aus jeder starken definierbar ist), daher müssten wir analog wie über eine gerade Linie das geistige Auge längs dieser Ideen hinführen und irgendwo fixieren können. Stattdessen wird jede Idee durch eine Definition festgelegt (analog wie ein Punkt auf einer Gerade durch eine Konstruktion, während es doch

---

4: ›.‹ von der Editorin verbessert in ›?‹

31 **Passiones:** In aristotelischer Tradition werden mit ›passiones animae‹ die emotionalen Empfindungen und Regungen des Menschen bezeichnet. Siehe auch die folgende Frage sowie Manuskriptseite 68, Bemerkung.
1 **Actus:** In aristotelischer Tradition ist der actus u. a. auch ein Ausdruck für Entelechie, bei der es um ein innewohnendes anzustrebendes Ziel (oder Vollkommenheit) geht. Vgl. ›Zeiteinteilung (Max) I und II‹, Addendum II, 7, Pkt. 24, wo diese Bedeutung verwendet wird. In scholastischer Tradition ist der actus die Verwirklichung (einer Möglichkeit), das Wirklichsein; sonst auch Tätigkeit oder Wirksamkeit. Vgl. auch Manuskriptseite 68, Bemerkung sowie die Erläuterung zum Begriff des psychischen Aktes bei Brentano auf Manuskriptseite 30, Bemerkung 1.
7 **fremdpsychischen Gegenstände:** Den Ausdruck ›fremdpsychische Gegenstände‹ verwendet Rudolf Carnap in ›Der logische Aufbau der Welt‹, IV C.
11 **einfache (undefinierbare) Ideen:** Vgl. zu ›einfache, undefinierbare Ideen/Begriffe‹: Locke, ›Essay‹ III 4, § 7; Beispiele für einfache Begriffe bei Locke sind: ›Existenz‹, ›Einheit‹, ›Kraft‹ (›Essay‹ II 7, § 1). Gödel hatte eine Übersetzung des Essays in seiner Privatbibliothek. Vgl. auch Leibniz, »Meditationes de cognitione, veritate et ideis [1684]«, in: GP IV, S. 423; Beispiele für einfache Begriffe bei Leibniz sind: ›Existenz‹, ›Individuum‹, ›Ego‹ (»Generales inquisitiones de analysi notionum et veritatum [1686]« in: Couturat, ›Opuscules et fragments inédits de Leibniz‹, S. 360). Für Leibniz sind einfache (primitive) Begriffe undefinierbare Begriffe, die nur durch sich selbst erkannt werden. Vgl. auch Hao Wang, ›A Logical Journey‹, Nr. 8.4.20 auf S. 268 zu Gödels Unterscheidung in ›Begriff‹ und ›Idee‹: »The general concept of concept is an Idea [in the Kantian sense].« Und ebd. Nr. 8.4.21 »Absolute demonstrability and definability are not concepts but inexhaustible Kantian Ideas. We can never describe an Idea in words exhaustively or completely clearly.«
14 **wie über eine gerade Linie das geistige Auge längs dieser Ideen hinführen und irgendwo fixieren können:** Vgl. die Erläuterung zum Fixationspunkt auf Manuskriptseite 78, Bemerkung 1.

auch denkbar wäre, dass wir einzelne Punkte mit gewissen rationalen Verhältnissen auch durch bloßes »Hinschauen« isolieren und ihre Verhältnisse erkennen könnten). Daher, ähnlich wie wir bei den [27] Strecken nur die Endpunkte sehen und das Übrige »konstruieren« müssen, so »sehen« wir unter den Ideen nur die wenigen *primitiven* (~, v, ∃, ∈, Menge) und erreichen die übrigen durch »Konstruktion« [nicht Definition, denn es werden ja beliebig »starke« Ideen erreicht].
Die Konstruktion dient nur dazu, dass an ihrer Hand eine Idee »klar« wird (wenigstens insoweit als die formalen Regeln erkannt werden, denen sie gehorcht). Das Klarwerden besteht aber nicht in dem »Sehen« der Ideen (wir sind gewissermaßen »geblendet« in dieser Hinsicht, das heißt die Konstruktion geht faktisch »ins Leere«), sondern wir »ergänzen« ihre Existenz bloß ähnlich wie das Fremdpsychische und die Körper außer uns und die physikalischen Theorien. Trotzdem haben wir ein »Gefühl« für Ideen (in *primitivster* Form, insofern als wir spüren, was hinter einem Beweis steckt, was ein mathematisch wesentlicher Beweisschritt ist, was ein entscheidbarer Satz *etc.*). Ähnlich wie wir auch ein Gefühl für das Fremd-*psychische* und die Körper der Außenwelt haben [eine *Intuition*]. Es handelt sich in allen Fällen um symbolische Nachkonstruktion von etwas [in unserem Fall die Ideen] Unsichtbarem.

Frage: Ist durch die symbolische Konstruktion prinzipiell jede »Idee« konstruierbar oder gibt es menschliche und göttliche Ide-

---

5 **»sehen«**: Vgl. Bemerkung 2 auf Manuskriptseite 29 in diesem Heft.
6 **primitiven**: Leibniz nennt einfache, undefinierbare Begriffe auch ›primitive Begriffe‹. Vgl. Anm. zu ›einfache, undefinierbare Ideen‹ Manuskriptseite 26, Bemerkung 2.
9 **eine Idee »klar« wird**: Vgl. zum Begriff der Klarheit bei Leibniz: ders., »Meditationes de cognitione, veritate et ideis [1684]«, in: GP IV, S. 422. Leibniz bestimmt ›Klarheit‹ als Wiedererkennbarkeit.
11 **Das Klarwerden besteht aber nicht in dem »Sehen« der Ideen:** Nach Leibniz ist ein Begriff intuitiv (unmittelbar anschaulich), wenn er adäquat (= vollständig charakterisiert) und zugleich distinkt (= hinreichend unterscheidbar aufgrund klarer Merkmale) ist. Deutliche, einfache (primitive) Begriffe sind nach Leibniz nur intuitiv erkennbar. Die Aussage »A = A« ist beispielsweise intuitiv erkennbar. Zusammengesetzte Begriffe sind hingegen nicht intuitiv, sondern nur symbolisch erkennbar. Leibniz, »Meditationes de cognitione, veritate et ideis [1684]«, in: GP IV, S. 423.
15 **das Fremdpsychische**: Vgl. Carnap, ›Der Logische Aufbau der Welt‹, insbesondere Abschnitt IV, C. »Die oberen Stufen: fremdpsychische und geistige Gegenstände«.

en? Wenn das Erstere wahr wäre, so empfände man ein eigentümliches [28] Missverhältnis zwischen der Endlichkeit des Hirns und Auges (endlich seine Schärfe, endlich viele Nervenfasern) und der Unendlichkeit und unendlichen Schärfe der Ideen. Überhaupt ist die körperliche (3dimensionale!) Welt bloß ein unendlich kleines Anhängsel der geistigen (außer wenn es in Wahrheit vielleicht bloß kontinuierlich viele Ideen gibt).

Bemerkung: *Psychologie* Fehlerquelle *vgl. Max* II *p.* 149**,** *p.* 151 und dieses Heft *p.* 30.

Bemerkung: Verstandesdispositionen (zum Beispiel ›glauben‹) machen sich im Bewusstsein überhaupt nicht bemerkbar, wenn sie nicht aktiviert sind. Gefühls*Dispositionen* (zum Beispiel ›sich freuen auf etwas‹) haben auch einen Teil, der konstant aktiviert

25 **symbolische Konstruktion:** Vgl. zur symbolischen Erkennbarkeit zusammengesetzter Begriffe bei Leibniz Erläuterung zu vorletzter Fussnote.
26 **gibt es menschliche und göttliche Ideen:** Die Frage, ob es menschliche Ideen und göttliche Ideen gibt, wirft Leibniz in den »Meditationes de cognitione, veritate et ideis [1684]« auf (GP IV, S. 426).
9 **Max II p. 149:** Die angesprochene Bemerkung auf Seite 149 in ›Zeiteinteilung (Max) II‹ trägt den Titel »Bemerkung Psychologie Fehlerquelle«, da sie in Heft ›Zeiteinteilung (Max) II‹ vorkommt, muss die hier in Max 0 aufgeschriebene Bemerkung entweder nachträglich eingefügt worden sein (wonach es nicht aussieht) oder Gödel hat an beiden Heften gleichzeitig gearbeitet, was der Datierung der beiden Hefte zufolge möglich wäre. An Heft ›Philosophie I Max 0‹ hat er zwischen Oktober 1934 und Juni 1941 mit einem Zusatz nach dem 1. Mai 1942 geschrieben und an ›Zeiteinteilung (Max) II‹ zwischen Anfang 1938 und Juli 1940.
9 **151:** Die angesprochene Bemerkung auf Seite 151 in Heft ›Zeiteinteilung (Max) II‹ ist »Fortsetzung Psychologie Fehlerquelle« betitelt.
10 **dieses Heft p. 30:** Die angesprochene Bemerkung auf Seite 30 in ›Philosophie I Max 0‹ trägt den Titel »Bemerkung Psychologie Fehlerquelle«.
12 **Verstandesdispositionen:** Vgl. zum Begriff der Disposition und der Anwendung des Begriffs auf das Erkenntnisvermögen der Seele durch Leibniz: ders., ›Nouveaux Essais‹ I 1, § 5. Da Gödel in der nächsten Bemerkung indirekt auf Brentano Bezug nimmt, ist auch Brentanos Gebrauch von ›Disposition‹ in ders., ›Psychologie vom empirischen Standpunkte‹, S. 134 in der Ausgabe von 1874 zu beachten, die Gödel am 15. April 1932 ausgeliehen hat. Brentano verweist dort auch auf Leibniz, allerdings auf dessen Gebrauch von ›unbewussten Wahrnehmungen‹, nicht auf ›Verstandes- oder Gefühlsdispositionen‹. Der Begriffsgebrauch der intellektuellen Disposition von Alexius Meinong kommt desgleichen als Nachweis in Frage. Meinong ist der Brentanoschule zuzurechnen. Vgl. Meinong, ›Zur Grundlegung der allgemeinen Werttheorie‹, S. 218.
14 **Gefühlsdispositionen:** Vgl. zum Begriff der Disposition und der Anwendung des Begriffs auf Gefühle durch Leibniz: ders., ›Nouveaux Essais‹ II 22, § 10. Leibniz verwendet dort allerdings andere Beispiele. Vgl. zum Begriff der Gefühlsdisposition auch Meinong, ›Zur Grundlegung der allgemeinen Werttheorie‹, S. 144 und S. 218 sowie S. 25, wo er auf Christian von Ehrenfels' Begriff

1: ›,‹ von der Editorin verbessert in ›?‹
4: ›das‹ nach ›ist‹ von der Editorin gelöscht

ist (gute Stimmung). Daher gilt ein ähnliches Ausschließungsprinzip wie für Aufmerksamkeit: Es kann nur eine Gefühlsdisposition gleichzeitig vorhanden sein (Verderben der guten Stimmung durch ein unangenehmes Erlebnis, das ein Verkehren der Gefühlsdisposition [= sich vergrößernd, wenn es bewusst wird] erzeugt).

Bemerkung: Jedes *intensionale* Objekt ist an sich entweder gut oder schlecht. Wenn daher etwas einem gefällt und einem anderen nicht, haben sie nicht dasselbe *intensionale* Objekt, wenn auch vielleicht dasselbe äußere Objekt. Daher bedeutet die Tatsache, dass Lust meist an ein Objekt geknüpft ist bloß, dass es verschiedene Arten von Lust gibt (und nicht nur einfache, sondern auch zusammengesetzte). Die erschaffenen Dinge können die [29] obere Grenze der Lust nicht haben. Daher ist die Zeit da, damit sie beliebig hoch aufsteigen können. Daher auch die Kompliziertheit der schönen Objekte (im Verhältnis zur *beatitudo Dei*, die sich selbst als einziges Objekt hat).

Bemerkung: Die Funktion $E(p)$ [Evidenz von p] genügt anderen Regeln als Wahrscheinlichkeit, nämlich $E(p \cdot q) = min\ [E(p)\cdot E(q)]$,

---

der Gefühlsdisposition eingeht. Ehrenfels ist wie Meinong der Brentanoschule zuzurechnen.

7 **intensionale Objekt:** Im Gegensatz zum Begriff des intentionalen Objekts (Brentano) kommt der des intensionalen Objekts in der Literatur selten vor. ›Intensional‹ wird zumeist rein negativ als nicht-extensional bestimmt. Bei Frege ist die Intension der Sinn, bei Russell und Husserl die Bedeutung, bei anderen Autoren auch der Begriffsinhalt. Ein intensionales Objekt ist das, wovon ein geistiger Zustand handelt oder worauf er gerichtet ist. Vgl. auch die Frage auf Manuskriptseite 75, wo intensionale Zustände und intensionale Objekte gleichgesetzt werden.

16 **beatitudo Dei:** Die ›Glückseligkeit Gottes‹ (beatitudo Dei) wird insbesondere in den Schriften des Thomas von Aquin behandelt. In den ›Summa theologiae‹ befasst er sich in I–II questio 1–5 mit diesem Thema. So heißt es etwa in I–II questio 3, articulus 8: »Sic igitur altior est beatitudo Dei suam essentiam intellectu comprehendentis, quam hominis vel angeli videntis, et non comprehendentis.«

19 **Die Funktion E(p) [Evidenz von p] genügt anderen Regeln als Wahrscheinlichkeit:** »Wenn ich sagte, ein evidentes Urteil sei ein sicheres Urteil, so schließt das nicht aus, daß einer mit Evidenz erkennt, daß etwas für ihn wahrscheinlich ist, denn hier ist ihm jenes Etwas freilich nicht sicher, allein, daß er mit Sicherheit urteilt, es fehlten ihm die Bedingungen zu sicherem Urteil, es spreche vielmehr etwas für und etwas gegen diese Annahme, ist für ihn sicher. [...] Dies schließt auch noch den Irrtum ein, daß es eine unmittelbare Erkenntnis der Wahrscheinlichkeit gäbe, was damit unvereinbar ist, daß, wie Laplace ganz richtig sagt, jede Wahrscheinlichkeit aus Wissen und Nicht-Wissen zusammengesetzt ist.« Brentano, ›Wahrheit und Evidenz‹, S. 145.

* Das sind in der Mathematik die verschiedenen »Schwächen« des Konstruktivismus. Anmerkung E.-M.E.: Im mathematischen Konstruktivismus werden nur solche mathematischen Objekte und Beweise zugelassen, die durch ihre Konstruktion begründet sind.

daher auch $E(q) = min\ [E(p) . E(p \supset q)]$, daher ist die Menge $\hat{p}\ (E(p) > a)$ kein formales System*, das mit abnehmenden a zunimmt.
Ferner $-1 \leq E(p) \leq +1$ und $E(\sim p) = - E(p)$.
Es wäre interessant, die Klasse $\hat{p}\ (E(p) > a)$ für empirische Sätze, die für mich gelten, festzulegen.

Bemerkung: Da man nur sehr einfache Ideen wirklich »sehen« kann, so muss man beim Operieren mit den komplizierteren ein »Ersatzobjekt« haben, welches sein kann: entweder a.) das Symbol oder b.) die Regeln, nach denen man mit dem Symbol operiert. Das »Gefühl«, welches man für das Bestehen gewisser Beziehungen zwischen komplizierten Begriffen entwickeln kann, ist das ein (wenn auch undeutliches) Sehen des Begriffes oder der Operationsregel?

[30]
Bemerkung: Das Verlorengehen der »Realitätsbeziehung« bedeutet, dass man beim Gebrauch der Worte nicht mehr die entsprechenden Begriffe sieht, sondern einen Ersatz [vielleicht hat die _intensive_ Beschäftigung mit Mathematik diesen Erfolg, denn in der Mathematik ist es notwendig, das Symbol für den Begriff zu _substituieren_, weil die Begriffe selbst nicht anschaulich sind], mit dem man aber doch in _positivistischer_ (nominalistischer) Weise richtig operieren kann. Insbesondere ist vielleicht der Verlust der Begriffe ›gut‹ und ›böse‹ ein Grund für die Entschlusslosigkeit (Unmöglichkeit einer Wahl) und Stumpfheit.

---

8 **Da man nur sehr einfache Ideen wirklich »sehen« kann, so muss man beim Operieren mit den komplizierteren ein »Ersatzobjekt« haben:** Vgl. Leibniz, »Meditationes de cognitione, veritate et ideis [1684]«, in: GP IV, S. 423: Einfache (primitive) Begriffe sind nur intuitiv (anschaulich) erkennbar. Zusammengesetzte Begriffe sind hingegen nicht intuitiv, sondern nur symbolisch erkennbar.
23 **positivistischer:** In vorliegendem Zusammenhang ist darauf abzustellen, dass die Bedeutung von Begriffen dem Positivismus zufolge auf die Erfahrung einzelner Tatsachen zurückzuführen ist oder in eine logische Beziehung dazu zu bringen ist.
23 **nominalistischer:** Nach nominalistischer Auffassung sind Begriffe nur Namen bzw. Bezeichnungen für individuelle Gegenstände; Allgemeinbegriffe haben hingegen keine Entsprechung in der Wirklichkeit.

Bemerkung Psychologie, Fehlerquelle: 1.) Man setzt als selbstverständlich voraus, dass man über seine eigenen *psychischen* Akte genau Bescheid weiß, das heißt:
$A \supset$ ich weiß (A). Das ist falsch, selbst für Willenssätze A, Sätze über Größe von Lust und Unlust, Satz, ob ich etwas weiss oder nicht. {*Quaternio terminorum*}
2.) Das Prinzip »sterben müssen wir auf jeden Fall«, »dann ist eh alles hin«, das heißt [man begnügt sich nicht mit einer Verbesserung]: ich will A, A . $D \supset C$, C gefällt: Antwort darauf: $D \supset C$ (man sieht einen bestehenden Unterschied nicht genug groß). {Leichtsinn} 3.) Die Einteilung nicht bei einem wesentlichen Unterschied machen (Beispiel *vgl. Max Heft* IV, 174). 4.) Existenz eines Gegenteils eines Begriffes, während (ähnlich wie in der *Geometrie* bei einem *Komplement*) 2 existieren können. *Fortsetzung Max* V, *p.* 332.

[31]
Bemerkung: Die Folge der psychischen Geschehnisse (wenn als *diskontinuierlich* betrachtet, was heuristisch empfehlenswert ist) besteht aus einer Reihe von abwechselnd: *passio* (Wahrnehmung)

---

2 **psychischen Akte:** Für Brentano ist ein psychischer Akt eine intentionale Gerichtetheit. Der psychische Akt bezieht sich auf etwas und daneben auch auf sich selbst. Vgl. Brentano, ›Psychologie vom empirischen Standpunkte‹, S. 168.
6 **Quaternio terminorum:** Eine quaternio terminorum ist ein syllogistischer Fehlschluss, der dadurch entsteht, dass der Mittelbegriff in Ober- und Untersatz nicht der gleiche ist, so dass mit Subjekt und Prädikat vier anstatt drei Begriffe im Untersatz auftreten. Oft entsteht der Fehlschluss durch Homonymie des Mittelbegriffs in Ober- und Untersatz. Dadurch handelt es sich nicht mehr, wie erforderlich, um denselben Begriff in Ober- und Untersatz, sondern um zwei verschiedene, die lediglich gleich klingen, aber mehrdeutig sind. Gödel nimmt darauf bspsw. auch in ›Zeiteinteilung (Max) II‹, Manuskriptseite 151 und ›Max V‹, Manuskriptseite 331 Bezug.
12 **Max Heft IV, 174:** Der Verweis auf ›Max IV‹ könnte auch nachträglich hinzugefügt worden sein. Das Beispiel in ›Max IV‹ auf S. 174, das nach dem 1. VII. 1941 notiert wurde, lautet: »Die Frage ist also: Welche Unterschiede sind »wesentlich«; welche *Species* stehen »gleichwertig« nebeneinander, welches ist ein prinzipieller Unterschied im Gegensatz zum graduellen. Beispiel:
| Ding | synthetischer Sachverhalt | analytischer Sachverhalt |
0   1   2   3
Die wesentliche Trennungslinie liegt bei 2. und nicht bei 1. [dieses Schema kehrt nicht wieder.]«
14 **Fortsetzung Max V, p. 332.:** Der Verweis auf ›Max V‹ könnte nachträglich hinzugefügt worden sein. Die Bemerkung auf S. 332 in Heft ›Max V‹, die nach dem 1. Mai 1942 geschrieben wurde, ist gleichfalls eine Bemerkung zur Psychologie, Fehlerquelle.
20 **passio:** Erleiden. Siehe auch Erläuterung zu ›passiones‹ auf Manuskriptseite 26, Frage, wo passiones auch als Wahrnehmungen aufgefasst werden.

6 **Quaternio terminorum:** Einschub steht links am Rand vertikal zu Pkt. 1
9 **gefällt:** Andere Lesarten: gefühlt, Gefühl
11 **Leichtsinn:** Einschub steht links am Rand neben Akkolade, die von »das Prinzip« bis »genug groß« reicht

und *Akt* (Reaktion auf diese Wahrnehmung). Eine Wahrnehmung ist eindeutig bestimmt durch das »Objekt« (2 Wahrnehmungen mit dem gleichen Objekt sind gleich, daher ist die Wahrnehmung desselben äußeren Gegenstandes mit einer verschiedenen Aufmerksamkeitskonzentration eine verschiedene Wahrnehmung, nämlich das »Licht« der Aufmerksamkeit ist anders über die Teile des Objekts verteilt und dieses Licht gehorcht dem Willen). *Frage*: Ist der Raum aller für Menschen möglichen Wahrnehmungen eine wohl definierte Gesamtheit? Wahrnehmungen zerfallen in deutliche und undeutliche (ein Kriterium ist, dass von 2 deutlichen Wahrnehmungen feststellbar ist, ob sie gleich sind oder nicht). Die Wahrnehmungen (beziehungsweise Objekte) zerfallen ferner in:

1.) Wahrnehmungen von Wirklichkeiten
    [*a*.) einfache Gegebenheiten (»rot« etc.),
    b.) Trieb (d. h. Kraft, die auf einen wirkt),
    c.) Tatsachen (hier steht ein Tisch, *A* ist zornig)].

2.) Wahrnehmungen von Möglichkeiten*
    a.) ein einfacher »Sinn« (d. h. ein möglicher Sachverhalt),
    b.) ein Begriff, das heißt eine Funktion, welche Dingen mögliche
    [32] Sachverhalte eindeutig zuordnet,
    c.) eine Funktion, welche Dingen Dinge zuordnet.

Es gibt nur sehr wenige Dinge, die wir wahrnehmen können (z. B. die Zahlen nur bis etwa 10), nämlich:

1.) wegen zu großer *Komplexheit*,
2.) wegen zu großer »Entfernung«** (z. B. die *Emotionen* anderer Menschen oder die einfachen, aber sehr hohen Ideen).

Das heißt diesen Dingen entsprechen keine möglichen *intensionalen* Objekte.

* Der Unterschied zwischen 2. und 1. ist der von Verstehen und Einsehen.

** Beziehungsweise wegen einer behindernden Zwischenwand.

1 **Akt:** Siehe Erläuterung zu ›actus‹ auf Manuskriptseite 26, Bemerkung 1.
3 **daher ist die Wahrnehmung desselben äußeren Gegenstandes mit einer verschiedenen Aufmerksamkeitskonzentration eine verschiedene Wahrnehmung:** »Die Empfindungen selbst hängen nicht allein von der Stärke des äusseren Reizes ab, sie hängen auch von psychischen Bedingungen, wie z. B. von dem Grade der Aufmerksamkeit ab.« Brentano, ›Psychologie vom empirischen Standpunkte‹, S. 91.
9 **Wahrnehmungen zerfallen in deutliche und undeutliche:** Vgl. Brentano, ›Wahrheit und Evidenz‹, S. 149.
19 **Sachverhalt:** ›Sachverhalt‹ bezeichnet die begriffliche, intensionale Bedeutung einer Aussage.
25 **Komplexheit:** = Komplexität.
28 **intensionalen Objekte:** Vgl. Erläuterung zu Bemerkung 3 auf Manuskriptseite 28.

Das heißt, die *intensionalen* Objekte sind eineindeutig abgebildet auf einen kleinen Teil der Objekte (sowohl im Möglichkeits- als im Wirklichkeitsraum). Aber für andere Dinge haben wir einen »Ersatz« in uns (nämlich andere *intensionale* Objekte, welche wir wahrnehmen und welche sie vertreten können), zum Beispiel im Falle zu großer Komplexheit wird das Objekt ersetzt durch ein einfaches »Zeichen«. (Das ist die Funktion der Symbole.)

Das Prinzip ist, dass wir eine Funktion f wahrnehmen und ein Objekt a und die Tatsache, dass dem a vermöge f ein ganz bestimmtes Objekt $f(a)$ entspricht, und dann »vertritt« die Kombination fa dieses Objekt (das ist der Sinn des Existenzbegriffs). Für gewisse einfache Dinge a ist $f(a)$ noch direkt [33] wahrnehmbar und dann wird »*extrapoliert*«. Das ist aber nicht der Grund, $f(a)$ anzunehmen, sondern die Wahrnehmung des Sachverhaltes $(x)\,(\exists y)\,[y = f(x)]$ ist der Grund; ebenso im Fall, dass das Objekt wegen zu großer Entfernung nicht wahrnehmbar ist. Die Funktion $f(x)$ bedeutet hier die Gemütsbewegung, welcher eine Ausdrucksbewegung x entspricht (oder die Seele, welche im Körper x wohnt). Was man wahrnimmt, ist also nicht das Objekt selbst, sondern »eine Richtung«, welche zum Objekt hinführt (nämlich a in der Richtung f), und dieser Prozess kann iteriert werden. Man kann eine Richtung wahrnehmen, welche zur Richtung führt *etc.* (jedes Mal, wenn kein komplizierter Begriff aus einfachen definiert wird, wobei die einfachen auch nicht wahrgenommen werden, gibt es eine neue *Iteration*). In ähnlicher Weise erlaubt ein Schluss eine Wirklichkeit indirekt wahrzunehmen aufgrund der Funktion $f(a, b)$ [= das Hinterglied der *Implikation* a mit dem Vorderglied b] und dem wahrnehmbaren Sachverhalt (a, b) [a, b sind Sachverhalte und zwar ist a ein *Implikations-* Sachverhalt, mit dem b gibt es den Sachverhalt Hinterglied von a]. Ein direktes Wahrnehmen eines Sachverhaltes findet dann statt, wenn ein Begriff φ und ein Objekt a direkt und deutlich erkannt werden, dann auch $\varphi(a)$ beziehungsweise $\sim\varphi(a)$.

---

6 **Komplexheit:** = Komplexität.
23 **kein komplizierter:** Zu lesen als ›ein nicht komplizierter‹. Im Manuskript steht eindeutig ›kein komplizierter‹, nicht ›ein komplizierter‹.
25 **Iteration:** Der Begriff der Iteration stammt aus der Mathematik. Er bezeichnet die wiederholte Anwendung des gleichen Prozesses auf erreichte Zwischenschritte, um ein Ziel zu erlangen.

17: ›den‹ von der Editorin verbessert in ›eine‹
25: ›Ist‹ von der Editorin verbessert in ›In‹
29 **und zwar ist a ein Implikations- Sachverhalt, mit dem b gibt es den Sachverhalt Hinterglied von a:** Andere Lesart: und zwar *a* ein *Implikations-* Sachverhalt mit dem *b*. Gibt es den Sachverhalt Hinterglied von *a*?

[34] Indem der »Ersatz« für nicht wahrnehmbare Objekte (das Symbol oder die Begriffskombination) dem Gedächtnis überantwortet wird, zusammen mit den elementaren Sachverhalten, die darüber festgestellt sind, habe ich gewissermaßen das Objekt, das früher nicht in mir war, in mir »erschaffen«, – einen Ersatz dafür direkt wahrnehmbar gemacht. Und dieser Ersatz ist in dem Sinne brauchbar (oder vollkommen), als auch die Beziehungen des Objekts sich so in dem Ersatz spiegeln, dass sie direkt wahrnehmbar sind (weil die entsprechenden Ersatzbeziehungen direkt wahrnehmbar sind). Dieses »Erschaffen« der nicht wahrnehmbaren Objekte in sich selbst ist aber nicht willkürlich, sondern eher eindeutig bestimmt, in ähnlicher Weise wie: Das Mienenspiel ist ein »Zeichen« des Zornes des anderen. Netzhautbild des Mienenspiels ist ein Zeichen für das Mienenspiel. Das Wort »Zorn« ist ein Zeichen für das Netzhautbild *etc.*

Das ist eine Abbildung, die immer mehr »nach innen« geht und je »*weiter*« oder »*komplizierter*« ein Objekt ist, desto tiefer muss diese Abbildung iteriert werden, um etwas wirklich »Wahrnehmbares« zu erhalten. Das Merkwürdige ist nur, dass obwohl in dieser Weise nicht die Dinge selbst wahrnehmbar werden, sondern bloß die Richtungen, welche zu den Richtungen führen *etc.*, welche zu den Dingen führen, das doch hinsichtlich des Verhaltens des betroffenen Menschen ganz dieselbe Wirkung hat, als wenn die Dinge selbst wahrnehmbar würden* [35] (man kann z. B. die Schlüsselsymbole und ihre »Ersatzbeziehungen« dem Gedächtnis und dem Papier überantworten und kann sie dann wahrnehmen, sooft man will). Das setzt aber voraus, dass man irgendwie mit wahrnehmbaren Dingen operieren (auf sie reagieren) kann mit dem Bewusstsein, dass sie etwas {anderes} »bedeuten« (das ist das Wesen der Sprachfähigkeit).

* Das heißt, für viele Zwecke ist die Wahrnehmung der Ersatzbilder ebenso gut wie die Wahrnehmung des Dinges selbst; zum Beispiel, wenn ich ein → [35] Erinnerungsbild an eine gewisse *Situation* nicht wachrufen kann, aber indirekt schließe, was sich damals zugetragen hat.

22: ›.‹ von der Editorin verbessert in ›,‹

Frage: Wäre es nicht möglich, dass gewisse einfache Dinge (Begriffe) für Menschen wahrnehmbar sind, welche aber nicht von ihnen wahrgenommen werden, weil die Welt so eingerichtet ist, dass sich niemals die »Gelegenheit« ergibt, sie wahrzunehmen (das wären also Dinge, die in mir sind, auf die aber niemals das Licht der Aufmerksamkeit gerichtet ist, also durch meine Schuld nicht wahrgenommen werden), und dass diese Dinge uns zeigen würden, entweder, dass viel unserer symbolischen Konstruktion falsch und willkürlich ist oder dass diese Dinge diese Konstruktion in einem ganz neuen und klaren Lichte erscheinen lassen würden.
Die unmittelbar (selbst) wahrnehmbaren Dinge sind die, welche »in uns« sind. (Es gibt gewisse Dinge von denen *Exemplare* in allen Menschen erschaffen wurden.)

[36]
1./I. 1940
Max. Heft I, *p*. 66, Einteilung der Tätigkeit nach Schwierigkeitsgrad.

Bemerkung: Über menschliche Beziehungen: Tadel, Beleidigung, versteckte Beleidigung, Verspottung, Zurechtweisung, Ausdruck der Verachtung sind Formen der »seelischen Verletzung«*(vollkommen vergleichbar mit Körperverletzung).
Fortgesetzte seelische Verletzung verstümmelt die Seele ähnlich wie den Körper (den Intellekt, hauptsächlich aber das Gefühlsleben und Triebleben, insbesondere was menschliche Relationen betrifft, jede Schädigung des Gefühlslebens muss auf Dauer eine des *Intellekts* zur Folge haben, weil die Anspannung der Aufmerksamkeit des Verstandes entweder gar nicht oder in falscher Richtung erfolgen wird).

* [37] Worin besteht eine seelische Wunde? Ist jedes ungestillte Verlangen eine seelische Wunde und umgekehrt? Oder ein vergessenes ungestilltes Verlangen?

---

1 **Frage:** Der Inhalt, mit dem sich diese Frage beschäftigt, erinnert an Leibniz' Ausführungen zu eingeborenen Ideen (notiones). Nach Leibniz ist eine Idee ein unmittelbar in uns vorhandenes Objekt eines einfachen Begriffes, das immer da ist, selbst wenn wir es nicht wahrnehmen: »Mais l'idée estant prise pour l'objet immediat interne d'une notion, ou de ce que les Logiciens appellent un terme incomplexe, rien ne l'empeche d'estre toujours en nous, car ces objets peuvent subsister, lorsqu'on ne s'en apperçoit point.« GP V, S. 21. Durch die Aufmerksamkeit auf das, was in uns ist, gewinnen wir Erkenntnisse, die nicht aus der Sinneswahrnehmung stammen können, weshalb die Ideen angeboren sein müssen. »Or la reflexion n'est autre chose qu'une attention à ce qui est en nous, et les sens ne nous donnent point ce que nous portons deja avec nous. [...] Et c'est ainsi que les idées et les verités nous sont innées, comme des incinations, des dispositions, des habitudes [...].« Vgl. GP V, S. 45.

19: ›.‹ von der Editorin verbessert in ›:‹

* Kommt es dabei auf die »Absicht zu verletzen« an? Ferner kommt es auf den Tonfall an. Man muss 2 Qualitätssteigerungen unterscheiden: solche, die den Schmerz steigern, solche, die die Zornreaktion steigern (eventuell [37] auch solche, die die Verstümmelung steigern). Alle 3 hängen insbesondere auch ab von dem seelischen (gefühlsmäßigen) Verhältnis, in welchem ich zur beleidigenden Person und zu den Zeugen der Beleidigung bin. Die Zornreaktion ist stärker bei einem weniger »bewussten« Menschen (d. h. der die fremde Seele nicht ebenso sieht wie die fremden Körper), ebenso wie bei körperlichem Angriff bei einem Säugling (der die Körper der Außenwelt noch nicht sieht). Wir werden alle blind geboren – in 2facher Hinsicht.

Bei all diesen Dingen kommt es aber anscheinend »auf den Geist« an, der sich irgendwie unmittelbar überträgt.* [Ein äußerlich harmloses Wort kann manchmal mehr verletzen als ein äußerlich viel schlimmeres|, vgl. Ve.: »in Wirklichkeit dreckert er nur bissel«.] Der ungerechte Tadel verletzt mehr als der gerechte und der von tadelswerten Personen mehr als von einer anderen (am meisten, wenn tadelnswert in derselben Sache). Wenn die Beleidigung zurückgegeben wird, so ist die Verletzung geringer (es entsteht dann eine Art »Rauferei« zwischen 2 Personen, aber bei der körperlichen Rauferei heilt die fremde Wunde nicht die eigene).

[37]
<u>Bemerkung</u>: Der Verstand ist das Wahrnehmungsvermögen der Begriffe. Für das Wahrnehmungsvermögen für fremde Seelen gibt es kein Wort in der Sprache (aber in der Bibel *vidit cogitationes eorum*, vielleicht von ihm auf alle übertragen?).

<u>Bemerkung</u>: Welches sind die 5 Fähigkeiten des höheren Wahrnehmens, welche den 5 Sinnen entsprechen?
 Gehörsinn — Evidenz in den höchsten Dingen (Vernunft) (Ethik?) (das Plausible)

4: |]
4 **dreckert**: Ausdruck aus der älteren österreichischen Umgangssprache für ›schmutzen‹, aber auch für ›sich gehen lassen‹. Andere Lesart: drückt

13 **Der Verstand ist das Wahrnehmungsvermögen der Begriffe**: Bei Kant heißt es: »Verstand, als das Vermögen zu denken (durch Begriffe sich etwas vorzustellen), wird auch das obere Erkenntnisvermögen (zum Unterschiede von der Sinnlichkeit, als dem unteren) genannt [...].« Kant, ›Anthropologie‹, AA VII § 40, S. 196.
15 **vidit cogitationes eorum:** Im Evangelium nach Lukas, Kap. 11, Vers 17 wird darauf hingewiesen, dass Gott die Gedanken der Menschen erkannt hat: »ipse autem ut vidit cogitationes eorum dixit eis [...].«
18 **Welches sind die 5 Fähigkeiten des höheren Wahrnehmens, welche den 5 Sinnen entsprechen?**: Mit der analogia proportionalitatis bezeichnet Thomas von Aquin in ›De veritate‹, q.2 a.11 die Ähnlichkeit von Verhältnissen und gibt als Beispiel die Verwendung von ›Sehen‹ im Falle des sinnliche Sehens und der geistigen Einsicht. Gödel hat den entsprechenden Band in deutscher Übersetzung (›Untersuchungen über die Wahrheit‹) am 5. März 1937 ausgeliehen. Vgl. des Weiteren die Bemerkung auf Manuskriptseite 61 sowie Bemerkung 1 auf Manuskriptseite 77. Die Proportionalitätsanalogie ist auch für Leibniz' Denken zentral, obgleich der Begriff bei ihm kein Terminus technicus ist. Vgl. Poser, Analogia und Expressio bei Leibniz, in: ›Leibniz' Philosophie‹, S. 312–322. Vgl. auch Gödels Verweis auf den Begriff der Analogie auf Manuskriptseite 65 und 67.
20 **Evidenz in den höchsten Dingen**: Die Analogie zwischen Gehörsinn und Evidenz in höchsten Dingen beruht auf der Bedeutung des Gehörsinns für das Sprechen. »Das Gehör ist ein höherer, für das Geistesleben des Menschen unentbehrlicher Sinn, auf dem ein großer Teil unserer Erkenntnis der Dinge be-

Gesichtssinn — Evidenz (des Ich-Urteils) in irdischen Dingen (Verstand) (das wirklich Evidente)
Tastsinn — Einsehen durch Beweis (Treppenverstand)
Geruch — Ahnung oder Wahrnehmung der fremden Seele
Geschmack — Urteil über das Schöne und Schreckliche (*sapientia*)
[? Geschlechtssinn — Wahrnehmung der fremden Seele ?] *vgl.* p. 77.

[38]
Bemerkung: Wie »wählen« Menschen unter dem Druck von Schmerz, Furcht, Hoffnung, Freude (im Gegensatz zu dem Nicht-Vorhandensein dieser), insbesondere hinsichtlich des Machens von »Annahmen«?
1. Furcht ist die Wahrnehmung eines in der Zukunft liegenden

---

ruht. [...] Dem passiven Gehörsinn korrespondiert [...] das aktive Sprachvermögen [...].« Kirchner, ›Wörterbuch‹, S. 222.

20 **Vernunft**: »Die Gestalt des Gegenstandes wird durch's Gehör nicht gegeben und die Sprachlaute führen nicht unmittelbar zur Vorstellung desselben, sind aber eben darum, [...] die geschicktesten Mittel der Bezeichnung der Begriffe, und Taubgeborene [...] können nie zu etwas Mehrerem als einem Analogon der Vernunft gelangen.« Kant, ›Anthropologie‹ I, § 16.

1 **Evidenz**: »Vor allen ausgezeichnet durch Klarheit, Deutlichkeit, Reichtum und Weite der Wahrnehmungen ist das Gesicht; von ihm hat daher der Sprachgebrauch die Bilder für die Vollkommenheit der Erkenntnis entlehnt (Evidenz, Anschaulichkeit, Einsicht) [...].« Kirchner, ›Wörterbuch‹, S. 574.

3 **Treppenverstand**: »Aber ich weiß sehr wohl, daß gar Mancher in den schattenhaften Gestalten, die ich ihm vorführe, seine Zahlen, die ihn als treue und vertraute Freunde durch das ganze Leben begleitet haben, kaum wiedererkennen mag; er wird durch die lange, der Beschaffenheit unseres Treppenverstandes entsprechende Reihe von einfachen Schlüssen, durch die nüchterne Zergliederung der Gedankenreihen, auf denen die Gesetze der Zahlen beruhen, abgeschreckt und ungeduldig darüber werden, Beweise für Wahrheiten verfolgen zu sollen, die ihm nach seiner vermeintlichen inneren Anschauung von vornherein einleuchtend und gewiß erscheinen.« Dedekind, ›Was sind und was sollen die Zahlen?‹, S. IX. Gödel hatte einen Band der fünften Auflage dieses Buches von Dedekind in seinem Privatbesitz.

4 **Ahnung oder Wahrnehmung der fremden Seele**: »In jüngster Zeit hat Jäger ihn [= den Geruchssinn] als das wichtigste Mittel zur Menschenkenntnis gepriesen.« Kirchner, ›Wörterbuch‹, S. 230.

5 **Urteil über das Schöne**: Nach Kant ist der Geschmack das Vermögen der ästhetischen Urteilskraft, allgemeingültig zu wählen. Vgl. Kant, ›Anthropologie‹ I § 64.

5 **sapientia**: ›Sapientia‹ ist ethymologisch verwandt mit ›sapor‹ (Geschmack, Leckerei, Wohlgeruch), sie wird in der Antike als sinnliches Vermögen verstanden und als Geschmacksvermögen in Bezug auf Dinge, aber auch als (Lebens-)Klugheit und Weisheit.

7 **p. 77**: Auf Seite 77 hat Gödel eine weitere Tabelle erstellt, in welcher er Sinnesvermögen mit Denkvermögen in Beziehung setzt. Die beiden Tabellen unterscheiden sich.

13: ›.‹ von der Editorin verbessert in ›?‹

Schmerzes (mit mehr oder minder Sicherheit, d. h. er wird zeitweise wahrgenommen, dann wieder nicht wahrgenommen [oder sogar die Negation], die *subjektive* Wahrscheinlichkeit ist dann das Verhältnis der Anzahl der Wahrnehmungen von *p* zu denen von ~ *p*). Die Wahrnehmung eines in der Zukunft liegenden Schmerzes (d. h. »schlechter« Dinge) ist selbst etwas Schlechtes, das heißt ein Schmerz. Analog ist die Hoffnung zu analysieren. Unter Wahrnehmung eines Schmerzes ist aber »verständnisvolle Wahrnehmung« gemeint, das heißt nicht Wahrnehmung eines abstrakten *Substitutes* [diese ist selbst kein Schmerz].

These 1: Jemand, der unter dem Einfluß von Schmerz oder Furcht ist (nämlich dauernd einen bestimmten Schmerz oder eine bestimmte Furcht hat), macht viel leichter die Annahme, dass dieser Schmerz unter solchen oder solchen Umständen aufhören wird [d. h., nicht unter dem Einfluß des Schmerzes würde man nicht (über einen anderen unter denselben Verhältnissen) diese Annahme machen].

[39]
These 2: Diese Annahme wird sogar bei Misserfolg festgehalten und es wird ihr entsprechend gewählt (selbst im Fall einer Vergrößerung des gegenwärtigen Schmerzes). |

Frage: Wird auch bei einer Hoffnung ein gegenwärtiger Schmerz ebenso leicht auf sich genommen? Die Kraft ist Größe der Furcht oder Hoffnung (*a*), Gegenkraft ist (wenn *x* die Arbeit ist, die zu leisten ist) $\frac{a+x}{a}$ beziehungsweise $\frac{a}{a-x}$.

Bemerkung: Jede Hoffnung ist mit Furcht gepaart (nämlich, das Ziel nicht zu erreichen) und jede Furcht mit Hoffnung.

* (und das genaue Wählen)

Bemerkung: Das starre Festhalten des obersten Ziels* überträgt sich vielleicht auf das Festhalten der unteren Ziele und überhaupt auf die »Vernünftigkeit« des Verfolgens dieses Ziels.

These 3: In der in *These* 1 angegebenen Lage wird das »Beten« häufig gewählt (wenn kein anderes Mittel sichtbar ist).

23: | Fra

Bemerkung: Es ist weder möglich, etwas | »Unbestimmtes« wahrzunehmen, noch »etwas Unbestimmtes« zu wählen (als Ziel), sondern das bedeutet nur, dass wir nicht wissen, was wir wahrgenommen (gewählt) haben und zwar weil: 1.) zu schwach, 2.) es ist eine ganze Reihe von widersprechenden Wahrnehmungen beziehungsweise Entschlüssen. Dann wird die Wahrnehmung der Wahrnehmungen (beziehungsweise Entschlüsse) ähnlich sein [schwach oder widersprechend].

[40]
Bemerkung: Das Motiv einer Wahl ist definiert durch das, was während der Wahl »gegenwärtig« ist und mit »Rücksicht worauf« die Wahl erfolgt. Ziele, die nicht mit Rücksicht auf irgendein anderes Ziel gewählt werden, heißen »letzte Ziele«. [Das Wählen derselben Sache mit Rücksicht auf 2 verschiedene Ziele oder gar kein Ziel sind verschiedene Akte. Es kann eventuell auch das, mit Rücksicht worauf nicht gewählt wird, während der Wahl »gegenwärtig« sein, sobald sowohl das Gegenwärtige als das Gewählte dasselbe ist und der Akt doch nicht derselbe ist]*. Bei einem Akt sind also zu unterscheiden: »Objekt« und »Zweck« oder »Motiv« (»Absicht« = »Objekt«).
Zweck ist bewusst und Motiv ist weniger bewusst [Zweck = bewusstes Motiv, Motiv = unbewusster Zweck?]. | Überlegte Handlungen haben einen Zweck, unüberlegte ein Motiv. Das heißt die überlegte wird ausgeführt, um die Spannung eines Verlangens loszuwerden (das ist der Zweck). [Wie wissen wir, dass das richtige Mittel dafür ist, dem Verlangen nachzugeben?] Und das ist der letzte Zweck, das heißt, wir haben diesen niemals mit Rücksicht auf etwas anderes gewählt [haben wir ihn überhaupt gewählt?]. Jedes Ziel wird mit Rücksicht auf eine Wahrnehmung gewählt [aber jeder Akt mit Rücksicht auf eine Wahrnehmung ausgeführt], aber diese Wahrnehmung ist nicht immer ein früher gewähltes Ziel. [41] Die möglichen letzten Ziele sind diejenigen Wahrneh-

* Daher auch nicht derselbe in ethischer Wertung und nicht derselbe für Charakterbildung. Daher ist es nicht möglich, die Ethik durch [41] Einhalten äußerer Handlungen zu formalisieren (es kommt auf den »Geist« an). Der Teil der Situation, | mit Rücksicht auf welchen der Akt geschieht, ist der, in welchen wir *gaudium ponimus* (unsere Freude verlegen oder in welchem wir sie sehen), was die Charakterbildung andeutet. Anmerkung von E.-M. E.: Gödel übersetzt ›ponere‹ hier mit ›verlegen‹. Wo | steht, wurde ›welcher‹ gestrichen.

---

1 **etwas wahr »Unbestimmtes« wahrzunehmen**: Die Kognitionsform, die nach Kant dem »Ich denke« zu Grunde liegt, nennt er ›unbestimmte Wahrnehmung‹: »Eine unbestimmte Wahrnehmung bedeutet hier nur etwas Reales, das gegeben worden, und zwar nur zum Denken überhaupt, also nicht als Erscheinung, auch nicht als Sache an sich selbst (Noumenon), sondern als etwas, was in der Tat existieret, und in dem Satz ›ich denke‹ als ein solches bezeichnet wird.« Kant, KrV B 423, Anmerkung.
18 **sobald**: Hier in der Bedeutung von ›in dem Augenblick, da‹.

1: | wahr
23: | Motiv
31: ›aber [‹ von der Editorin verbessert in ›[aber‹

mungen, welche allein für sich genügen – so dass mit Rücksicht auf sie gewählt wird, obwohl sie nicht Wahrnehmungen früher gewählter Ziele sind. Wenn irgendein erschaffenes Objekt (das kein früher gewähltes Ziel ist) zu einem Akt veranlasst, ist das also Todsünde. Das einzige Objekt dieser Art sollte Gott sein (oder die Möglichkeit der Existenz Gottes) oder die Möglichkeit der Erreichbarkeit der ewigen Seligkeit oder die Möglichkeit der Erkennbarkeit | der wesentlichen Wahrheiten (bezüglich unserer selbst, d. h. »Sinn unseres Lebens«). Jede Handlung erfolgt entweder mit Rücksicht auf ein früher gewähltes Ziel oder mit Rücksicht auf ein Verlangen.

Bemerkung: Oben wird festgestellt, welche Umstände die Menschen dazu veranlassen, sich zu bemühen und Annahmen zu machen. Worin besteht das Machen von Annahmen?: Darin, dass man sich in jeder Hinsicht so verhält, als hätte man etwas wahrgenommen, obwohl man es nicht wahrgenommen hat. Worin besteht aber das Sich-Bemühen? Es ist ungefähr dasselbe wie sich beeilen und besteht in Folgendem:

I. Vom Ziel nicht ablassen [nicht abschweifen] (von keinem gewählten Ziel), [42] solange bis es erreicht oder aufgegeben ist. Demnach sieht es so aus, als bestünde ein Akt nicht in einer momentanen Handlung, sondern in einer Wahl und dem Festhalten daran [bis zur Erreichung oder Aufgabe]* oder einer neuen Wahl (eines Mittels). Das Festhalten ist Aktivität,** aber das Erinnern | des nächsten übergeordneten Ziels beim Erreichen und beim Aufgeben ist (ebenso wie das Wahrnehmen der richtigen Mittel) etwas »Geschenktes«. Oder kann man mehrere Ziele zugleich festhalten?

II. Viele Ziele wählen (eventuell mehrere zugleich***), nicht deshalb von einer Wahl sich abschrecken lassen, weil das Festhalten daran mit einem mühesamen Aufwand verbunden ist. Die Fähigkeit mehrere Ziele festzuhalten, ist vielleicht identisch mit der Fähigkeit, etwas Kompliziertes zu »überblicken«. Bei den Dingen, die man† »kann«, ist »sich bemühen« und »sich beeilen« identisch, bei anderen Dingen gibt es eigentlich kein »Sich-Beeilen«. Aber andererseits heißt »sich beeilen« nicht warten. Das heißt, die

---

* Aufgabe ist ein spezieller Fall der Wahl eines Mittels, andererseits ähnlich dem Erreichen, weil dann das nächste übergeordnete Ziel erinnert werden muss.
** Denn dazu ist kein Gedächtnis erforderlich, weil kontinuierlicher Anschluss an den vorhergehenden Moment.
*** Nämlich immer dann, wenn das als Mittel für das nächste übergeordnete Ziel nötig ist.
† Vollständig (sonst kann man sich bemühen, Fehler zu vermeiden).

8: | des Sinns des Lebens
18: ›:‹ von der Editorin nach ›wie‹ gelöscht
25: | beim Erreichen

5 **Das einzige Objekt dieser Art sollte Gott sein:** Gott ist nach Leibniz das einzige unmittelbar äußere Objekt für die Seele: Leibniz, ›Nouveaux Essais‹ II, 1, §1; GP V, S. 99.

Wahl des nächsten Mittels erfolgt sofort nach Erreichung des vorhergehenden Ziels.

> Sich nicht bemühen $\underset{Df.}{=}$ das Ziel wählen, aber die nötigen Mittel nicht wählen,

weil zu mühsam oder weil »zu schwierig« (Mangel an Selbstvertrauen) oder weil mehrere Mittel wahrgenommen werden und nicht klar ist, welches das richtige ist oder weil gar kein Mittel wahrgenommen wird.

[*Einschub*:
Bemerkung: Was ist eigentlich jener psychische Zustand, in welchem man nur wahrnimmt, dass man ist und sich wahrnimmt [und daher Bewusstsein hat] und nichts anderes wahrnimmt?

Bemerkung: Das Ziel ist meistens empirisch gegeben, daher »kennt« man es nicht. Daher ist auch das Wahrnehmen der Mittel bloß zufällig (oder ein Geschenk).]

Wenn mehrere Mittel wahrgenommen werden, dann »Wahl des richtigen Mittels« als nächstes Ziel, solange bis evident wird: Die Wahl eines beliebigen Zieles ist besser als das Festhalten des Wahlziels.* Dann das wählen, was gerade besser scheint, oder, wenn gleich, so irgendeines (z. B. dadurch, dass evident wird, dass die Wahl nur durch Versuch entschieden werden kann). Vielleicht folgt aber aus der *Definition* des »Sich-Bemühens«, dass immer das erste Mittel gewählt wird, welches ins Bewusstsein kommt und daher kein Geschenk? Nein, denn wenn ein Mittel wahrgenommen wird, so ist das richtige als nächstes Ziel zu stecken: Prüfung, ob das Mittel nicht hilft** und erst nach Erreichung dieses Ziels das Mittel für das nächste Ziel wählen. Dabei kann aber ein anderes Mittel wahrgenommen werden. Wie ist es aber möglich, dass während ich das (nächste) Ziel *A* verfolge, ein Mittel für ein anderes Ziel *B* wahrgenommen wird? Ist das nicht eine Folge des Nicht-Festhaltens des Ziels? [Ausnützen einer Sünde zum Vorteil.]

Bemerkung: Der Zweck einer Äußerung zu einem anderen kann ein 3facher sein: 1. Ihm etwas sagen (belehren), 2. ihn etwas fragen, 3.

* Zum Beispiel, weil sonst das übergeordnete Ziel überhaupt nicht erreichbar wäre wegen Zeitverlust.

** Und ob Aussicht auf Erreichbarkeit besteht.

16: ›.‹ von der Editorin verbessert in ›,‹
18 **ein Geschenk**: Andere Lesart: eingeschränkt
28 **kein Geschenk**: Andere Lesart: keine Schranke

* Oder etwas feststellen (bei einer Prüfung durch Fragen). Das ist ein spezieller Fall des Verlangens (Wissen über die andere Person).

** Und die Gesetze der Leidenschaften [des empirischen Charakters].

ihn zu etwas auffordern. [1.) ist, ihm etwas geben, 2.) ist, etwas von ihm verlangen (ihn veranlassen, mir etwas zu geben oder einem anderen).]* Aber es kann auch unter äußerer Form des Geschenks [des Belehrens] etwas genommen werden [durch Lüge] oder unter äußerer Form des Verlangens (der Frage) etwas gegeben werden [*Sokratische* Lehrmethode].

Bemerkung: Sich bemühen ist zunächst nicht in deiner Macht, sondern bloß der Entschluss, sich zu bemühen. Sich bemühen besteht in der Durchführung, gewisse Maximen müssen daher gelernt werden. Man lernt durch Übung, beginnend mit dem Einfachen (und durch Wiederholung dieses Einfachen). Aber der einzig sichere Weg ist der, [45] dass man seinen *intelligiblen* Charakter kennt und die Gesetze des Gedächtnisses;** was zur Folge hätte, dass man weiß, unter welchen Umständen man diese oder jene richtige Wahl (auch wenn es schmerzt) trifft und dann diese Umstände herbeiführt.

Frage: Wirkt der Teufel auch durch direkte Einwirkung auf die »Wahl« [oder nur durch die Leidenschaften]? Was ist eine »Hemmung«?

Bemerkung: Vergleich des Charakters mit analytischer Mechanik:
1. Der intelligible Charakter ist die Energiefunktion des Systems.

---

11 **Man lernt durch Übung, beginnend mit dem Einfachen (und durch Wiederholung dieses Einfachen)**: Vgl. beispielsweise Notizbuch ›Lektüre Mathematisches I‹ in Behältnis 6a, Reihe III, Mappe 55, ursprüngliche Dokumentennummer 030078, dort heißt es auf Seite 1: »*Maxime*: Man lernt durch Wiederholung. Auch in *Mathematik* kommt es auf bloßes »Wissen« an. *Maxime*: Besser zu leicht als zu schwer.«

13 **intelligiblen Charakter**: Der intelligible oder transzendentale Charakter wird bei Kant als Grund / Ursache des empirischen Charakters gedacht und ist daher nicht unmittelbar erkennbar. Durch seinen intelligiblen Charakter ist der Mensch frei.

23 **Vergleich des Charakters mit analytischer Mechanik**: Gödels Analogien mögen heutigen Lesern merkwürdig vorkommen. Dabei hat etwa Leibniz die Analogie als eine bevorzugte heuristische Methode verwendet; vgl. Erläuterung zu Bemerkung 2, Manuskriptseite 37. Heinrich Gomperz hebt die Bedeutung der Analogie zumindest für historisches Arbeiten hervor; vgl. Gomperz, »Method 3: Analogy«, in: ders., ›Interpretation. Logical Analysis of a Method of Historical Research‹, S. 64–73. Selbst Rudolf Carnap verweist in seiner Autobiographie auf die Bedeutung von Analogien für sein philosophisches Denken; vgl., ders., »Intellectual Autobiography«, in: ›The Philosophy of Rudolf Carnap‹, S. 58, 17, 19.

13: ›dann‹ von der Editorin verbessert in ›dass‹

2. Das Empirische ist die Geschwindigkeit (*Impuls*) (und die Lagekoordinaten).
3. Die »Wahlen« sind die Kraft, welche in jedem Augenblick entwickelt wird, ihre Wirkungen (die Beschleunigungen) sind die Einsetzungen des empirischen Charakters.
4. Die »äußeren« Handlungen können nur berücksichtigt werden, wenn mehrere Systeme betrachtet werden mit einer »Wechselwirkungsenergie«. Dabei muss es auch eine Art Über- und Unter- [46] ordnung der Systeme geben [Monadenlehre]. Worin besteht diese? Vielleicht: Die Kraft im einen System hängt von den Koordinaten des anderen ab, aber nicht umgekehrt (das ist die direkte Abhängigkeit). Daher bedeutet die sinnliche Wahrnehmung eine Art Abhängigkeit von der Materie. Oder wirkt sie bloß wie ein Katalisator [oder *Relais*, Auslöser]?
5. Die äußere Kraft, die auf die Systeme wirkt, entspricht der »*Atmosphäre*« [sobald sie von wesentlicher Größenordnung sind und nicht bloß »Auslösungen« wie die Sinneswahrnehmungen].

<u>Bemerkung</u>: Beispiel, wo trotz Festhalten des Ziels kein Mittel wahrgenommen wird: meine Entschlußlosigkeit. Ich vergegenwärtige mir die Situation zum Zweck, festzustellen, was das Richtige zu tun ist und es erscheint mit nichts besser als alles andere. Grund vielleicht: Das Mittel ist, sich die Situation zu vergegenwärtigen, gleichzeitig aber das übergeordnete Ziel (den Zweck) nicht aus dem Auge verlieren.* Meine Aufmerksamkeit bleibt aber auf das übergeordnete Ziel gerichtet (oder vielleicht sogar auf das Ziel: Ich will wahrnehmen, dass ich zu einem Entschluss komme), sie geht nicht auf das Mittel über. [Heilmittel ist das »Wort« oder

* Das ist ein Fall, wo die Aufmerksamkeit notwendig auf 2 Dinge zugleich gerichtet werden muss.

---

9 **Monadenlehre:** Bezeichnung für die metaphysische Konzeption von Leibniz' Lehre von den einfachen Substanzen oder den letzten elementaren Einheiten (Monaden), die nicht ausgedehnt sind, weil das Einfache nicht ausgedehnt und damit teilbar sein kann. Monaden (vollständige Substanzen) sind durch individuelle Begriffe gekennzeichnet, die vollständige Begriffe sind. Alles, was der Monade widerfährt, ist bereits in ihrem vollständigen Begriff, ihrer Idee enthalten, daher kann es auch keine äußeren Einflüsse auf Monaden geben (sie haben »keine Fenster«). Es gibt höhere und niedere Monaden, die oberste Monade ist Gott, die die übrigen Monaden in prästabilierter Harmonie in Beziehung zueinander gesetzt hat. Jede Monade spiegelt das gesamte Universum, aber mit unterschiedlichem Grad an Klarheit bzw. Bewußtheit.
14 **Relais:** Ein Relais ist eine elektromagnetisch wirkende Schalteinrichtung, die mittels schwachen Stroms Stromkreise mit stärkerem Strom öffnet und schließt.

4: ›die‹ nach ›Wirkungen‹ von der Editorin gelöscht
14: ›.‹ von der Editorin verbessert in ›?‹

vielleicht die Aufmerksamkeit auf sich selbst richten, d. h. zum nächsten Typus sich erheben.]

[47]
Bemerkung: Jede starke (und stark gefühlsbetonte) Wahrnehmung, die gleichzeitig mit der Wahrnehmung des Mittels auftritt, behindert den Erfolg (d. h., verkleinert die Wahrscheinlichkeit, dass die nächste Wahl richtig sein wird); zum Beispiel auch die Wahrnehmung der eigenen Fähigkeit, das Problem zu lösen oder die Eignung *etc*. Besonders aber die Angst, das Ziel nicht erreichen zu können, behindert den Erfolg, dann der Glaube, dass ich nicht ans Ziel kommen kann, → dass jedes Mittel falsch ist (daher kann es kaum zu einer Wahl kommen). [Das richtige Verhalten wäre »aufzugeben«.]

Es hat also zur Folge, dass nicht an die eigene Evidenz geglaubt wird. Auch Einschüchterung durch andere Personen, welche das Gegenteil von dem mir Evidenten energisch verlangen, führt dazu [menschliche Furcht]. Wenn dem oft nachgegeben wird, führt das wahrscheinlich zum Undeutlichwerden der Evidenz des Richtigen [d. h. des Gewissen].

Bemerkung: Mittel, um sich zu einem Verzicht zu veranlassen: Sich klar machen, dass der Verzicht nicht groß ist. Ist es schlimmer, auf etwas verzichten zu müssen*, als von vornherein nicht die Möglichkeit dazu zu haben? [Wesen der »Versuchung«] Beispiel: Auf gegenwärtige Annehmlichkeit verzichten (obwohl an sich möglich), damit weniger Leid *in fine* (oder »im Ganzen«).

[48]
Bemerkung (*Theologie*): Die Tätigkeit des Willens besteht in der Wahl {bzw. der Ablehnung} gewisser Objekte (erschaffener Dinge), weil diese Objekte geliebt werden (gefallen, bzw. weil sie gehasst werden, d. h. missfallen).

| Das Wählen kann zwei mögliche »Ziele« haben:

---

* Wegen eines anderen wichtigen Zieles.

20 **Gewissen:** Andere Lesart: des Gewissens
25: ›.‹ von der Editorin vor ›Beispiel‹ gelöscht
25: ›.‹ von der Editorin verbessert in ›:‹
34: | Falls die Objekte nicht mögliche Sachverhalte sind, so ist das Ziel der »Wahl« (bzw. der Ablehnung) ihre Wahrnehmung. Falls sie Sachverhalte sind

1 **Aufmerksamkeit auf sich selbst richten:** Vgl. Erläuterung zu Manuskriptseite 35, Frage.
15 **die eigene Evidenz:** »Es ist mir evident, sagt soviel als, es ist mir sicher. Auch läuft es auf dasselbe hinaus, wenn einer sagt, ich erkenne dies.« Brentano, ›Wahrheit und Evidenz‹, S. 144.

{Zerfallen in solche, in denen »ich« vorkommt und solche, in denen »ich« nicht vorkommt.}
1.) Sie wahrzunehmen (bzw. nicht wahrzunehmen) = Wahl aus sinnlichen oder *aesthetischen* Gründen. | Können das auch Sachverhalte sein?
2.) Sie zu realisieren* (bzw. zu vernichten) = Wahl aus moralischen Gründen.
Die Objekte der letzten Art sind immer Sachverhalte** und zwar moralische Sachverhalte, das heißt solche, in denen vorkommt, entweder Freude oder Leid oder eine Handlung (ein Wollen) eines anderen Wesens. »Die Tatsache des Beherrschens einer Sache« ist ein Gut, in der keine Freude vorkommt. → [49]
3.) Die nächste Stufe wäre auch die Möglichkeit, eine Sache vernichten zu wollen (aber das ist für Menschen unmöglich).
[48] Es gibt auch moralische Sachverhalte, die kein Leid enthalten (und auch keine Beziehung zu einem solchen) und die Freude enthalten und die doch moralisch hässlich sind (z. B. die Freude am Hässlichen).

Bemerkung: Wenn etwas besonders hässlich ist, so wollen wir sogar seine Vernichtung, nicht nur die Nicht-Wahrnehmung.

[49]
Frage: Kann man etwas wahrnehmen und dabei wissen, dass es nicht ist?*** Bei sinnlicher Wahrnehmung ist das möglich, aber nicht bei Wahrnehmung mit dem Verstand oder bei einer erkannten Evidenztäuschung? Kann man mit dem Verstand die Existenz wie mit der Vernunft die Nicht-Existenz wahrnehmen?
Ist es nicht in irgendeinem Sinn wahr, dass Gott das Hässliche nicht sieht? [Er erkennt das für Israel erst im Augenblick seiner Errettung.]

* Das ist der Sinn des Begriffes »real«, wirklichen im Gegensatz zu den möglichen Sachverhalten. Realisierung = Möglichkeit der Wahrnehmung.
** Aber darunter fallen: Die Freude eines anderen, die Tat eines anderen, die Freude eines anderen über etwas *etc*.

*** Das heißt, man nimmt gleichzeitig die Nicht-Existenz wahr. Nur möglich, wenn die Existenz mit einem »anderen« Sinn wahrgenommen wird.

8 **Sachverhalte:** ›Sachverhalt‹ bezeichnet die begriffliche, intensionale Bedeutung einer Aussage.
27 **Kann man mit dem Verstand die Existenz wie mit der Vernunft die Nicht-Existenz wahrnehmen?:** Die Frage ist vor dem Hintergrund der Begriffsunterscheidung Kants in ›Verstand‹ und ›Vernunft‹ zu verstehen. Der Verstand ist demnach das Erkenntnisvermögen, welches es ermöglicht, aus sinnlichen Wahrnehmungen empirische Erkenntnisse zu gewinnen, weil Verstandesregeln die Erfahrung organisieren. Die Vernunft ist hingegen das Vermögen, sich über die für die Verstandestätigkeit und Wahrnehmungen vorauszusetzenden Prinzipien Rechenschaft zu geben. Vgl. auch die Tabellen auf den Manuskriptseiten 37 und 77.

1 **Zerfallen in solche, in denen »ich« vorkommt und solche, in denen »ich« nicht vorkommt:** Einschub steht links neben einer Akkolade, die die Punkte 1. und 2. umfasst
4: | 2.)

Wirklichkeit ist für Menschen weniger als Wahrnehmung (aber an sich ist es mehr).

Frage: Unter welche Art von Zielen fällt die eigene Glückseligkeit? | »Wir wollen das eigene Glück« bedeutet: Wir wollen, dass das realisiert wird, was wir wollen [oder zumindest: Wir wollen es wahrnehmen]. »Jedes Wesen will die eigene Glückseligkeit« bedeutet also: Jedes Wesen will das, was es will. Oder bedeutet es?: Will das wahrnehmen, was es will. [Also: »Jedes Wesen will eigenes Glück« ist tautologisch für *aesthetische* Ziele, aber nicht für moralische].

Wenn gesagt wird: »Jedes Wesen will die eigene *perfectio*«, so bedeutet das etwas mehr Objektives, es schließt ein, dass es wahrnimmt, was ist und nicht wahrnimmt, was nicht ist. Aber nur objektiv hinsichtlich der eigenen Person.

[50]

Bemerkung: Teile der *Intelligenz*:
1. Sinnenschärfe, 2. Vorstellungskraft, 3. Gedächtnis, psychologischer Scharfblick*, 5. Erfassen von Ideen (Verstand). Dann noch Konzentrationsfähigkeit (= Festhalten der Aufmerksamkeit), das ist der einzige aktive Teil [der vielleicht nicht vollkommen »geschenkt« oder »äußerlich« ist].

* Vielleicht = Lebensklugheit, praktischer Verstand – insbesondere, wenn es die Massenpsychologie einbegreift. Anm. E.-M. E.: Innerhalb der Psychologie beschäftigt sich die Massenpsychologie mit dem Verhalten von Menschen in Menschenmengen.

30 **Er erkennt das für Israel erst im Augenblick seiner Errettung.**: »Höret, was der HERR mit euch redet, ihr Kinder Israel, mit allen Geschlechtern, die ich aus Ägyptenland geführt habe: Aus allen Geschlechtern auf Erden habe ich allein euch erkannt; darum will ich auch euch heimsuchen, in all eurer Missetat.« Amos 3,2; Übersetzung nach der Luther-Bibel von 1912.

4 **Frage:** Hintergrund für die Frage ist die antike und mittelalterliche Lehre von der Vollkommenheit und der Entelechie. Dabei geht es um ein innewohnendes Ziel beziehungsweise um eine anzustrebende immanente Vollkommenheit. Außerhalb einer vollkommenen Ganzheit lässt sich nach Aristoteles kein weiteres Teil finden. Der Vorgang der Vervollkommnung ist daher als einer der Selbstverwirklichung auf sich gerichtet. Glückseligkeit ist nur zu erreichen, wenn diese Selbstverwirklichung oder Selbstvervollkommnung gelingt. Leibniz greift dieses Konzept mit dem Begriff der Monade auf. Die Entelechie oder perfectio bezieht sich auf den inneren Zustand der Monade, wobei zu beachten ist, dass alle Lebewesen Monaden sind und auch jedes individuelle Ich. Die Veränderung der Monade bei der Vervollkommnung besteht in Perzeptionen (Wahrnehmungen, Vorstellungen) und Appetitionen (Strebungen).

20 **5. Erfassen von Ideen (Verstand):** Noch bei Descartes findet sich in den ›Regulae ad directionem ingenii‹ in Regel XII die Einteilung der Erkenntniskraft in intellectus, imaginatio, sensus, memoria. Diese wird zuvor in der Tradition seit Boethius auch wie folgt überliefert: sensus, imaginatio, memoria, ratio, intellectus.

4: ›.‹ von der Editorin verbessert in ›?‹
5: | Das bedeutet:

Kombinationsfähigkeit gehört zu 2. und 3.. 2. und 3. sind die quantitativen Eigenschaften, welche für 1., 4., 5. die Basis abgeben. Sie bestimmen, wie viele Dinge man zugleich betrachten und wie viele man davon behalten kann [vielleicht erst im 2ten enthalten, weil nicht wirklich zugleich zu erkennen, sondern nur die unmittelbar vorhergehenden ganz leicht zu erkennen sind].
Die guten Eigenschaften des Gedächtnisses sind: 1.) Etwas rasch zu lernen, 2.) gründlich zu lernen [d. h. bei geringstem Anlass erscheint es sofort im Bewusstsein], 3.) lange zu behalten [nur 1. und 2. sind maßgebend für Kombinationsgabe und Vorstellungskraft]. Lange behalten ist die Funktion einer anderen Art von Gedächtnis. Für die erste Art ist es besser, rasch zu vergessen. Außerdem gibt es Gedächtnis für Sinneswahrnehmungen, Situationen und eigenes Gefühl, und für Ideen und Sätze.

[51]
<u>Bemerkung</u> (*Theologie*): Die Menschen zerfallen in 2 Klassen [Volk und Adel]. Die einen kennen die Wahrheit wenigstens teilweise, die anderen gar nicht. Das ist ein unstetiger Übergang, weil wahrscheinlich: Es gibt kein Stück der Wahrheit, das man wirklich kennt → dass man ein großes Stück davon kennt. Man kennt es wirklich, bedeutet wahrscheinlich, man sieht irgendwelche vollkommen exakten Begriffe und irgendeinen Satz dafür.

<u>Bemerkung</u> {Maxime}: Mechanische Arbeit besteht in der Durchführung eindeutig bestimmter Reaktionen in gewissen Situationen. Umso weniger mechanisch, je mehr verschiedene Situationen es gibt (beim Addieren: $10 \times \frac{10.11}{2}$, welche aber aufgelöst werden können in: $10 + \frac{10.11}{2}$).
Sind bei jeder nicht-mechanischen Arbeit nicht eindeutig bestimmte Entscheidungen nötig? (Aber das ist relativ, jemand kann ein Verfahren für etwas haben, wofür bei einem anderen Entscheidungen nötig sind). Es wäre möglich, dass es nicht übertragbare Formalismen gibt, zum Beispiel solche, in denen der Schritt vorkommt: Es scheint mir so und so zu sein (Evidenz). Oder können in allen Menschen dieselben Evidenzen angeregt werden?
Zwischenstufe zwischen mechanischer und nicht-mechanischer Arbeit: <u>Arbeiten im Rahmen eines Formalismus</u>: Wege
1.) Ich <u>kann</u> gewisse Verhaltungsweisen $R_1 .. R_n$ anwenden (und weiß das, und weiß in jedem Augenblick, welche ich gerade an-

wende und kann nachträglich kontrollieren, ob ich sie fehlerlos angewendet habe). [52]

2.) Ich kenne gewisse mögliche Resultate (und kann in jedem Augenblick feststellen, ob eines dieser Resultate erreicht ist).

3.) Ich kenne gewisse Regeln darüber, dass die Verhaltungsweise $A_1 .. A_n$ in gewisser Reihenfolge angewendet,* zum Resultat R_i führt (das ist selbst eine zusammengesetzte Verhaltungsweise im Verhältnis zu den »elementaren«). Insbesondere kann das Resultat R_i das Beherrschen einer neuen Verhaltungsweise R_{n+1} sein (darin besteht das Lernen und das »Lernenkönnen«). Es gibt aber gewisse Resultate R_k, für welche ich nicht weiß, in welcher Reihenfolge $A_1 .. A_n$ angewendet werden muss, um sie zu erzielen.

[Beispiel: Ich kann nicht Griechisch lesen, aber vielleicht kann ich lernen, Griechisch zu lesen. Aber auch das Lernen muss gelernt werden.]

* Reihenfolge bedeutet, dass das nächst folgende A_i abhängt von der ganzen Kette der bisher angewendeten und der bisher erzielten Resultate.

Bemerkung: Beim Genuss ist das Wichtigste Abwechslung und Gegensatz (kalt – warm, Fleisch – Teig etc.).

Bemerkung: Man weiß nicht einmal, ob man etwas weiß (oder völlig sicher erkennt), obwohl objektiv feststehend in jedem Fall.

Bemerkung: Es gibt 2 qualitativ verschiedene Erkenntnisarten: Das Wissen (als sicher erkennen) und das Glauben (als plausibel oder vermutlich oder wahrscheinlich erkennen). Jede von beiden hat unendlich viele Grade, aber der höchste [53] Grad von Wahrscheinlichkeit ist noch immer unter dem geringsten von Sicherheit. Aber manchmal ist nicht feststellbar, ob das Erlebnis der »Sicherheit« vorhanden ist oder nicht.

Bemerkung: Sonderbarerweise sind auch die Tatsachen, welche wir absolut sicher wissen (2 + 2 = 4, ich heiße Kurt) aus Begriffen zusammengesetzt, die wir nicht vollkommen verstehen (und die sehr kompliziert sind). 2 Erklärungen dafür:

1.) Das Einfache in der Welt sind die Tatsachen und nicht die Begriffe.

2.) Diese sicheren Tatsachen sind so, dass sie bei einem sehr weiten Spielraum von möglichen Interpretationen für Begriffe gelten.

Bemerkung: Was ist ein unexakter Begriff? Das gibt es nicht, sondern nur unexakte Worte.* Ein Wort ist unexakt, wenn es im grammatikalischen Sinn eindeutig ist, aber seine Bedeutung doch nicht eindeutig ist, sondern ein gewisser Spielraum von zulässigen Bedeutungen in der betreffenden Sprache existiert oder mit anderen Worten die Sprache nur innerhalb eines gewissen Spielraumes festgelegt ist.** Das heißt die Worte: »eine deutsche Sprache«, »ein möglicher Sinn eines Wortes in dieser Sprache« sind unexakt und auch ihr Spielraum ist nicht genau festgelegt.

* Ebenso wie es keine falschen Tatsachen gibt.

** Aber auch dieser Spielraum ist nicht genau festgelegt.

Bemerkung: Merkwürdigerweise kann man, mit unexakten Worten beginnend, einen Spielraum immer mehr einschränken, bis man zu ganz exakten Begriffen kommt [d. h. Festsetzungen, die in diesen unexakten Worten ausgedrückt sind]. [54] Ist die formalisierte Mathematik in irgendeinem Sinn die »Grenze« dieses Prozesses?

Bemerkung: Es kann auch sein, dass man einem Gesetz untersteht, ohne zu wissen, dass man ihm untersteht (wenn man vorher ein Gesetz, von dem man es wusste, nicht erfüllt hat), dass man sündigt, ohne zu wissen, dass man sündigt.

Bemerkung: Das Ich ist mit 2 Wahrnehmungsorganen ausgestattet (welche gewissermaßen nach 2 entgegengesetzten Richtungen weisen). Nämlich: Das Objekt der einen Richtung sind sinnliche Gegenstände (Empfindungen und Gefühle), das der anderen sind Sachverhalte (Verstand)***. Das Tier ist dadurch definiert, dass es nur das erste Organ hat.

*** [55] Unterschied nach Aristoteles: Die ersten haben Teile, die zweiten sind einfach (die Objekte). Anmerkung E.-M. E.: Das, was die Wahrnehmung (aisthêsis) erfasst, ist nach Aristoteles »zusammengeworfen« (›Physik‹ I 1, 184 a 21–22), was der Verstand (nous) erfasst, ist nach ihm hingegen »ungetrennt«, »unteilbar« (›De anima‹ III, 6, 430a 26).

Bemerkung: Das, was man »unmittelbar« kann, ist einem Schaltwerk von Hebeln zu vergleichen (diese zerfallen in 2 Gruppen entsprechend der vorhergehenden *Bemerkung*) {(2. Gruppe = ? νοῦς)}. Das Lernen der Betätigung dieser Hebel (d. h. automatische Betätigung bei gegebenem Ziel und »Wissen«, was der Erfolg der Betätigung jedes Hebels ist) geschieht dadurch, dass 1.) gespielt wird mit den Hebeln, 2.) im Fall der Befriedigung eines Bedürfnisses zunächst der richtige Hebel reflektorisch (d. h. gewissermaßen von außen) betätigt wird (z. B. Schreien der Kinder oder Säugen), 3.) aber anscheinend nicht dadurch, dass die Wahl des Ziels (*wishful thinking*) automatisch die Betätigung des richtigen Hebels zur Folge hätte (auch nicht in den einfachsten Fällen).

37 **Säugen:** Andere Lesart: Saugen

Die einfachsten Ziele bestehen darin, dass gewisse Teile des Wahrgenommenen »weggewünscht« und andere [55] »herbeigewünscht« werden. Dann wird gelernt, dass man zu diesem Zweck andere wegwünschen oder herbeiwünschen muss und welche Hebel zu diesen Zwecken zu betätigen sind (aber jede Betätigung eines Hebels geschieht durch Wahl eines Ziels, unser »unbestimmtes« Tun von irgendetwas, zum Beispiel Schreien im Schmerz). Das ergibt gewisse *Associationen* und »Erwartungen« und das ist die einzige »Lernfähigkeit« und »Erkenntnis« der Tiere. Insbesondere ist auf dieser Stufe unmöglich:
A.) die Bildung des »Ich-Begriffs«, B.) die Unterscheidung zwischen *intensionalen* (innerhalb des Ich liegenden) und »äußeren« Objekten; das heißt Tiere sind in einem gewissen Sinn *solipsistisch*.
Unterschied zwischen *intensionalen* und äußeren Objekten = dieselben Dinge einmal mit der Sinnlichkeit und einmal mit dem Verstand wahrgenommen.

Bemerkung: Die Frage, ob die äußeren Dinge so sind, »wie wir sie wahrnehmen«, ist die Frage, ob das *Prädikat* »rot« (oder »ausgedehnt«) den *intensionalen* oder äußeren Objekten zukommt. Das ist zunächst anscheinend eine Frage der Kombination, aber das »Sprachgefühl« [56] deutet in der Richtung, dass »rot« den *intensionalen Objekten* und »ausgedehnt« den äußeren Objekten zukommt. Vielleicht auch kommt es beiden zu; bei »richtigem« Gebrauch des Wortes ›rot‹ wird es überall sinnvoll sein müssen (andernfalls wäre die ganze Sinnenwelt irgendwie ein Betrug, wenn z. B. in »Wirklichkeit« nur Geistiges existiert).
Die Hauptworte der Sprache scheinen die *intensionalen* Objekte zu bezeichnen, sonst wäre es falsch zu sagen: Ich habe im Traum einen *Centaur* gesehen und sonst hat auch das *Prädikat* »wirklich« oder »existierend« auf Dinge angewendet keinen Sinn [höchstens, wenn die Wahrheit der Sätze zeitabhängig ist: »Existiert jetzt der *Stephans*turm?«]

Bemerkung: Es gibt 2 Möglichkeiten des Lernens:
A.) Man richtet die Aufmerksamkeit direkt auf das zu erreichende Endziel [z. B. Bälle übers Netz, Ausdruck eines Gedankens in

englischer Sprache] und überlässt es den unteren *Sphären* des Geistes, den Weg automatisch (unbewusst) selbst zu finden. Wenn man die Ziele daraufhin oft wiederholt, werden die Resultate möglicherweise immer besser. (= natürliches Schwimmen, Sprache lernen nach *Mertner*) [57]

B.) Man stellt bewusst die Mittel zur Erreichung des Zieles fest (wobei diese so einfach sind, dass man es schon kann) und lernt dann nur die rasche, präzise und fehlerfreie Anwendung dieser Mittel (d. h. man lernt ein Verfahren). Zum Beispiel: Eine Sprache durch Übersetzung lernen, Schwimmen durch Schwimmunterricht. Der *Automatismus* bei Wahl des Endzieles soll sich dann »von selbst« einstellen.

Bemerkung (*philosophisch*): Der Sinn der Frage »Was ist die »richtige« *Definition* des Wortes Linie« ist vielleicht: Welche Begriffe hast du gesagt, als du das Wort Linie lerntest? (Du musst ein bestimmtes (oder ein kleines Intervall?) gesagt haben, sonst würdest du das Wort Linie nicht verstehen (obwohl du selbst nicht weißt oder *präzisieren* kannst, welche Begriffe du gesagt hast)). Ist widerlegt durch das Wort »*Glatze*«.
Das objektive Kriterium kann nur die innere Struktur des Begriffsystems nach Einfachheit und möglicher Reihenfolge des Lernens sein (nur einfache und wichtige Begriffe haben einfache Worte, zusammen mit der ungefähren Bedeutung bestimmt es vielleicht eindeutig). Das heißt, man kann wahrscheinlich [58] aus der theoretischen Struktur (*a priori* erkennbar) die Struktur einer vernünftigen Sprache ableiten, die verschiedenen Möglichkeiten von Sprache konstruieren und dann die wirkliche Sprache »erkennen«.
[Die *axiomatische* Behandlung einer Sache hat nur Sinn, wenn vollkommen »erkannt« und führt vielleicht dazu.]

---

4 **natürliches Schwimmen:** ›Natürliches Schwimmen‹ ist ein Ausdruck für den Auftrieb eines Körpers im Wasser, ›künstliches Schwimmen‹ bedeutet hingegen Schwimmen mittels Schwimmbewegungen und muss erlernt werden. Vgl. etwa Arnold Berliner, ›Lehrbuch der Physik in elementarer Darstellung‹, S. 133.

5 **Sprache lernen nach Mertner:** Robert Mertner hat in französischer Kriegsgefangenschaft während des ersten Weltkrieges eine suggestiv-automatische Methode zum Spracherwerb entwickelt: Vgl. Mertner, ›Fremde Sprachen durch mechanische Suggestion‹. Gödel besaß sowohl die sechs Hefte ›Englisch für Deutsche. Methode Mertner‹ als auch den Band ›Italienisch für Deutsche. Methode Mertner‹.

1: ›des‹ von der Editorin verbessert in ›es‹

Vielleicht kann man aus dem Wort »Bedeutung« *a piori* die ganze betreffende Sprache konstruieren.

> *Bemerkung*: | Grundbegriffe, einfache Begriffe, zusammengesetzte Begriffe haben eine *psychologische* und eine logische Bedeutung (logisch = *psychologisch* im Verstand Gottes).
>
> *Frage*: Sind alle Begriffe *psychologisch* durch *Kombination* und *Iteration* einiger weniger erreichbar? Diese wenigen charakterisieren dann den Menschen, aber das Kombinieren ist nicht mechanisch, sondern das Resultat der Kombination (Kombination in verschiedener Weise möglich) »zu erkennen« ist die Hauptfähigkeit des Verstandes. Sie folgt daraus, dass die Grundbegriffe »Verstand« wurden.
>
> *Bemerkung*: Der »natürliche« Zustand des Menschen, nachdem er Sprache und einige Wissenschaften gelernt hat, besteht darin, dass er von gewissen Kombinationen ein dunkles Verständnis hat, soweit, dass er ihre Beziehung zu {einigen} anderen feststellen kann, ohne aber die *Definition* aus den wahren Grundbegriffen zu kennen.]

Bemerkung: Das Gefühl beim Koitus, »alles, was mir Kummer gemacht hat, ist gleichgültig«, ist ein (mit Rücksicht auf Lust) evidentes Werturteil, das aber falsch ist (und auch die »Rücksicht« ist unbegründet). [59] Ähnlich bei einem Rausch, obwohl das Gegenteil des evidenten Satzes abstrakt klar ist.

---

1 »Bedeutung«: Andere Lesart: bedeuten
4: | Das
26: ›.‹ von der Editorin verbessert in ›,‹

5 **Begriffe haben eine psychologische und eine logische Bedeutung**: Vgl. Frege, ›Über Begriff und Gegenstand‹, S. 192: »Das Wort »Begriff« wird verschieden gebraucht, teils in einem psychologischen, teils in einem logischen Sinne, teils vielleicht in einer unklaren Mischung von beiden.« Frege spricht hier allerdings lediglich von dem Wort ›Begriff‹, nicht von Begriffen.
24 **evidentes Werturteil**: Vgl. etwa Messer, ›Über Grundfragen der Philosophie der Gegenwart‹, S. 91: »Wenn ich mir selbst die Tatsache feststelle, dass ich einen Gegenstand [...] schlechthin schätze [...], so ist das für mich als bloss theoretischen Menschen [...] eine Tatsache, aber für mich als Wollenden und Handelnden ist es mehr: ein solches evidentes Werturteil ethischer Art enthält eben für mich ohne weiteres die Norm: So sollst du wollen oder wählen!« Siehe auch Lotze, ›Grundzüge der Logik und Encyklopädie der Philosophie‹, S. 117: »Seine Richtigkeit [= des wertbestimmenden Urteils] muß vielmehr unmittelbar durch ästhetisches Gefühl und Gewissen empfunden oder kann logisch nur durch Subsumption unter ein anderes, auf dieselbe Weise unmittelbar evidentes Werturteil abgeleitet werden [...].«

Problem: Ermöglicht die Fähigkeit der Selbstbeobachtung (der »innere Sinn«), auch solche *psych*ischen Geschehnisse zu erinnern, welche bei ihrem Ablauf nicht »bewusst« waren, das heißt, nicht von der Wahrnehmung ihres Geschehens begleitet waren? Sind überhaupt die *psych*ischen *Phän*omene im Allgemeinen bewusst oder unbewusst**?**

*Bem*er*kung*: *psycholog*ische Merkwürdigkeiten**:**
1. Man weiß nicht, ob man einer Sache sicher ist (sie weiß).
2. Man gibt auf eine Frage eine Antwort, die gar nicht der eigenen Meinung entspricht, obwohl die *Intention* auf »Ausdruck der eigenen Meinung« gerichtet war.
3. Man glaubt etwas ganz Bestimmtes, weiß aber nicht, was man glaubt.
? 4. Man weiß nicht, ob etwas angenehm oder unangenehm ist.
5. Man weiß nicht, ob man irgendetwas »getan« hat oder dabei passiv war, oder: ob man etwas wirklich beschlossen hat oder es bloß »besser geschienen« hat.
6. Man weiß nicht, was man die letzten 2 Minuten gedacht hat.
7. Man »versteht« einen Begriff, obwohl man seine *Definition* nicht kennt.

[60]
Problem: Bei »unmittelbarer« Wahrnehmung komplizierter Sachverhalte [z. B.: Hier kommt Herr *X*, Herr *A* sieht Herrn *B* ähnlich] sind daraus die »Schlüsse«, welche von den einfachen Empfindungen dahin führen, unbewusste (im Sinne der vorletzten Bemerkung) *psych*ische Vorgänge. Oder sind es bloß physische Vorgänge in den unteren Gehirn-*Sphären* (Gestaltproblem)?

---

1 der »innere Sinn«: Vgl. dazu die Ausführungen Brentanos zum ›inneren Sinn‹ (sensus communis) bei Thomas von Aquin: Brentano, ›Psychologie vom empirischen Standpunkte‹, S. 164. Der Begriff des inneren Sinns geht auf Aristoteles zurück (koinae aisthêsis) und bezeichnet die innere Wahrnehmung, welche sich auf die Wahrnehmungen der Sinnesorgane bezieht. Er bezeichnet mithin die Wahrnehmung der eigenen Wahrnehmungen eines Organismus.
27 physische Vorgänge in den unteren Gehirnsphären (Gestaltproblem): Vgl. Wolfgang Köhler, »Gestaltprobleme und die Anfänge einer Gestalttheorie« von 1925. Dort hat Köhler die Gestalttheorie auf physiologische Fragen bezogen. Das Gestaltproblem wurde 1890 von Christian von Ehrenfels beschrieben. Wahrnehmbare Ganzheiten wie Melodien oder geometrische Figuren haben demnach eine eigene Gestaltqualität, die sich nicht durch Synthese der Einzelelemente ergibt, sondern als ursprünglicher Wahrnehmungsgehalt gegeben ist. Ein Beispiel wäre die Wiedererkennung eines bekannten Gesichts in einer nur durch wenige Striche angedeuteten Karikatur.

4: ›.‹ von der Editorin verbessert in ›?‹
23 **Bei »unmittelbarer« Wahrnehmung komplizierter Sachverhalte [z. B.: Hier kommt Herr *X*, Herr *A* sieht Herrn *B* ähnlich] sind daraus die »Schlüsse«, welche von den einfachen Empfindungen dahin führen, unbewusste (im Sinne der vorletzten Bemerkung) psychische Vorgänge**: Andere Lesart: Bei »unmittelbarer« Wahrnehmung komplizierter Sachverhalte [z. B.: Hier kommt Herr *X*, Herr *A* sieht Herrn *B* ähnlich] sind daraus die »Schlüsse«, welche von den einfachen Empfindungen dahin führen, unbewusste (im Sinne der vorletzten Bemerkung) *psych*ische Vorgänge?

Bemerkung: Wesen der Bitte: Jemanden (Stärkeren) zu etwas dadurch veranlassen, dass man ihm die eigene Schwäche, Angst zeigt, und zeigt, dass man sie ihm widerstandslos zeigen will* (sich demütigt) (wenn ein Widerstand besteht, so wirkt die Bitte unecht und verfehlt ihre Wirkung). Auf welchem Charakterzug des Angeflehten beruht es aber eigentlich, dass dies Verhalten (die Bitte) »wirkt«?
Das zur Bitte gegenteilige Verhalten ist der Unwille über die eigene Machtlosigkeit, der Versuch, sie zu verbergen (vor sich und dem anderen), und der Hass gegen eine Macht. Die eigene Demütigung kann zugleich ein Ersatz (z. B. für eine berechtigte Strafe) sein. Das gegenteilige Verhalten ist, dem anderen den Triumph nicht »gönnen«.

* Und auch sich selbst widerstandslos eingesteht (ohne Unwillen), und auch das Recht (nicht nur die Macht) des anderen.

[61]
Bemerkung: Die »abstrakten« Begriffe (z. B. &, ⊃ etc.) werden, mit einem der Größenordnung nach verschiedenen Deutlichkeitsgrad verglichen, mit den »sinnlichen« erfasst. Sonst muss folgende Frage ebenso klar entscheidbar sein, als die Frage, ob a rechts von b liegt:
1.) Hat A & B denselben Sinn wie B & A? 2.) Hat A & A überhaupt einen Sinn, und wenn ja, denselben wie A?
Es scheint fast, als wäre der Deutlichkeitsgrad = 0 und als würden wir nur durch den blinden *Instinkt* (durch das »Sprachgefühl«) dazu veranlasst, gewisse Sätze als wahr anzunehmen und gewisse abzulehnen. Das Sprachgefühl wirkt nicht dadurch, dass wir etwas »sagen«, sondern dadurch, dass gewisse Wortkombinationen richtig »klingen« und andere falsch »klingen«. Aber dieses »Klingen« ist keine sinnliche Qualität (der Tonhöhe), es tritt nur ein, wenn wir die Aufmerksamkeit auf den Sinn richten. Also ist das Sinnesorgan, mit welchem wir die abstrakten Begriffe wahrnehmen, das Ohr? Diese Fähigkeit des »Sinn-Hörens« wird erreicht durch Einüben gewisser Wortkombinationen und »Abschleifen« des unpräzisen Sinns zu einem präzisen. Nur mit Hilfe der Sprache nehmen wir die abstrakten Begriffe wahr. Ist dagegen für sinnliche Begriffe die Sprache nicht nötig?

29 **Also ist das Sinnesorgan, mit welchem wir die abstrakten Begriffe wahrnehmen, das Ohr?**: Vgl. Erläuterung zu ›analogia proportionalitatis‹ und zu ›Gehör‹ in Bemerkung 2 auf Manuskriptseite 37 sowie Erläuterung zu Bemerkung 1 auf Manuskriptseite 77.
31 **Einüben**: Andere Lesart: ein Üben.

[62]
Bemerkung: Hat die folgende Frage einen präzisen Sinn?: Welchen Begriff habe ich wahrgenommen als ich zum ersten Mal den Sinn des Wortes 3 verstanden habe? War das ein sinnlicher oder abstrakter Begriff? Oder als ich zuerst den Sinn des Wortes »wahr« verstanden habe?
Wenn der Begriffsraum isolierte Punkte hat, so hat diese Frage einen präzisen Sinn (jeder mathematische Begriff ist ein isolierter Punkt?). Wie ist überhaupt der Vorgang des »Verstehens« in den primitiven Termen der Psychologie zu beschreiben?

Bemerkung Sinnes-*Psychologie*: Jeder Sinn hat gewisse einfache Empfindungen. Jede Wahrnehmung durch ein Sinnesorgan besteht in einem Nebeneinander und Nacheinander von diesen einfachen Qualitäten. [Das Prädikat »schön« kommt sowohl den einfachen Qualitäten als den zusammengesetzten Erscheinungen als solchen zu. Frage: Gibt es auch Geschmacks-»Landschaften«?] Der Raum der einfachen Qualitäten ist ungemein viel »einfacher« als der aller möglicher »Wahrnehmungen«.
Damit eine geordnete Wahrnehmung zustandekommt, ist es nötig, dass das augenblicklich gegebene »Sinnesobjekt« [welches von Augenblick zu Augenblick wechselt] in Beziehung gebracht wird mit irgendwelchen Begriffen [die Gesamtheit aller möglichen Begriffe, geordnet nach ihrer Verwandtschaft, bildet den Vertandesraum (oder Begriffsraum)]. Die Objekte des Begriffsraumes wechseln nicht, sondern nur die ihnen zugewandte Aufmerksamkeit wechselt. Es ist [63] anscheinend unmöglich, die Aufmerksamkeit auf irgendein Objekt des Begriffsraumes allein zu richten, ohne dass es gleichzeitig auf ein Objekt des Sinnesraumes gerichtet wird, »an dem« oder »durch das« der betreffende Begriff wahrgenommen wird (bei abstrakten Begriffen ist es das Wort↓?).

4 **ein sinnlicher oder abstrakter Begriff:** Vgl. Bemerkung 2 auf Manuskriptseite 77.
12 **Sinnespsychologie:** ›Sinnespsychologie‹ ist hier ein anderer Ausdruck für ›Wahrnehmungspsychologie‹. Vgl. etwa: Brentano, ›Untersuchungen zur Sinnespsychologie‹ von 1907.
29 **Sinnesraumes:** Brentano verwendet den Begriff des Sinnesraumes, nicht aber des Verstandes- oder Begriffsraumes. Vgl. Brentano, ›Untersuchungen zur Sinnespsychologie‹, S. 57, 60.

4: ›.‹ von der Editorin verbessert in ›?‹
6: ›.‹ von der Editorin verbessert in ›?‹
21 **»Sinnesobjekt«:** Andere Lesart: Sinnobjekt
21 **von Augenblick zu Augenblick:** Andere Lesart: von Ausblick zu Ausblick
31 ↓: Es geht ein Pfeil von ›Wort‹ zu ›Oder besser‹

Ein Beispiel für allereinfachste sinnliche Begriffe sind die Farben (Grundfarben). Oder besser, es ist irgendein Sachverhalt, der den betreffenden Begriff involviert. Bei sinnlichen ist es eine Wahrnehmung. Das heißt, obwohl wir die Begriffe selbst nicht sehen, verstehen wir, was es heißt, dass sie auf irgendetwas »Anwendung« finden [d. h., wann ein sie involvierender Sachverhalt wahr ist]. In diesem Sinn wird jeder Begriff durch den Begriff der »Wahrheit« wahrgenommen.

Bemerkung: Gutes Beispiel für *Herbart*sche »Mechanik der Vorstellungen«: Ich erinnere mich nicht, was noch zu erledigen ist, daher probiere ich alle Möglichkeiten, wo es zu erledigen ist. | In diesem Fall wirken 2 Kräfte auf Vorstellungen: die *Associationen* mit: heute zu erledigen, und mit: dieser oder jener Ort.

Bemerkung: Empirische Kriterien der *Immaterialität* und »Unteilbarkeit« der Seele könnten sein: [64]
1. Die Dimension des Begriffsraumes könnte größer sein als 3.
2. Durch schädliche Läsionen wird niemals ein Teil der Begriffe »hinausgeschossen« (das ist schon deshalb unwahrscheinlich, weil ganz wenige (vielleicht einer) genügen, um alle zu definieren). Einheitlichkeit des Verstandes könnte auch bedeuten: Es gibt einen Begriff, aus dem alle definierbar sind (und das ist auch der wirklich »*psychologische*« Grundbegriff).

Bemerkung: Hauptunterschied zwischen materialistischer und idealistischer (im platonischen Sinne) Weltanschauung: Nach der ersten ist die Welt vollkommen beschrieben, wenn die Lagen aller materieller Teilchen (bzw. die Verhältnisse aller Seelen) gegeben sind. Das impliziert, dass auch die Struktur des Erkenntnisorgans der Menschen (d. h. der Begriffsraum) als materielle oder immaterielle Struktur gegeben ist. Nach idealistischer Anschauung ist umge-

12: | Dann
12 **In diesem Fall wirken 2 Kräfte auf Vorstellungen: die Associationen mit: heute zu erledigen, und mit: dieser oder jener Ort**: Andere Lesart: In diesem Fall wirken 2 Kräfte auf Vorstellungen, die Associationen mit: heute zu erledigen und mit: dieser oder jener Ort

10 »**Mechanik der Vorstellungen**«: Aneignung und Verarbeitung von Vorstellungen erfolgen laut Herbart nach quasimechanischen Gesetzmäßigkeiten. Vorstellungen gehen nie verloren, vielmehr erweitern neu hinzukommende das vorhandene Reservoir. Die meisten Vorstellungen sind allerdings unbewusst, nur ein geringer Teil ist bewusst. Durch Assoziationen können die unbewussten Vorstellungen aktiviert werden. Vgl. Johann Friedrich Herbart, »Psychologie als Wissenschaft«, S. 396–514. Die Vorstellungsmechanik Herbarts wird auch in § 57 der ›Geschichte der Philosophie‹ von Karl Vorländer behandelt.

kehrt, wenn die Struktur des Begriffsraumes gegeben ist (welcher nicht eine materielle oder psychische Struktur ist), die Struktur der »wirklichen« Welt mitgegeben [Außersichsein der Ideen].
Die verschiedenen metaphysischen Auffassungen über das, was eigentlich wirklich [primär] ist, finden ihre Bestätigung in der Fruchtbarkeit hinsichtlich der tatsächlichen Entwicklung der Erkenntnis. Auch der materialistischste *Psychologe* kann die Existenz angeborener Struktur (Gestalt) im Gehirn nicht leugnen (*Nativismus*).

[65]
Bemerkung: Die Kantische Auffassung, dass die Erkenntnis in der Einordnung der sinnlichen Gegebenheiten in ein *apriori* gegebenes Schema von Ideen besteht, sollte wahrscheinlich auf alle Ideen ausgedehnt werden [es gibt keine Ideen, die durch »Abstraktion« aus den Sinnesdaten gewonnen werden].

Frage: Gibt es *psychische* Zustände, in denen nur Sinnesobjekte (gar keine Verstandesobjekte, d. h. Begriffe und Sachverhalte) wahrgenommen werden? Ist nicht schon die Wahrnehmung der roten Farbe zugleich Wahrnehmung des Sachverhaltes »da ist etwas rot«? [Wobei »Rot« den Begriff bedeutet, welcher alle Schattierungen umfasst.]

Bemerkung: Beweis, dass die Aufmerksamkeit bei der Wahrnehmung auf Verstandesobjekte, nicht auf die Sinnesobjekte gerichtet ist: farbige Schatten. Verschiedende Sinnesobjekte und gleiche Verstandesobjekte werden als gleich wahrgenommen.

Frage (*Philosophie*): Warum spielen die »*Substanzen*« in einer *spiritualen* Weltanschauung eine ganz andere Rolle als die Materie in einer materialistischen?

---

25 **farbige Schatten**: Vgl. Goethe, »Farbige Schatten«, in: ›Farbenlehre‹, 1. Abt., Abschn. VI, Nr. 62–80, S. 27–80. Goethe entwarf eine Reihe von Versuchen, mit denen er zeigte, dass man unter bestimmten Umständen farbige Schatten wahrnehmen kann, wenn man einen grauen Schatten mit einer zweiten Lichtquelle beleuchtet. Bei farbigen Schatten handelt es sich um Wahrnehmungstäuschungen.
28 **Substanzen**: Bei Thomas von Aquin enthalten die einfachen Substanzen (wie etwa die menschliche Seele, Engel, Dämonen und Gott als Ursubstanz) keine Materie, sind daher nicht zusammengesetzt, unzerstörbar und ewig. Für Leibniz ist jede Monade eine einfache Substanz, die unteilbar, unausgedehnt und ohne Gestalt ist.

12: ›ist‹ von der Editorin verbessert in ›in‹
19: ›)‹ von der Editorin versetzt; Gödel schließt die Klammer nach dem Fragezeichen

1.) Sie sind atomistisch,
2.) unzerstörbar.
[Es gibt kein Zusammenfließen und Auseinanderspalten.] Überhaupt: Analogisierung sämtlicher [66] Begriffe im *materialistischen* und *spiritualen* Weltbild.

* Wahrnehmungsablauf.

<u>Bemerkung</u>: Der Vorstellungsablauf* (d. h. das Auftauchen neuer Vorstellungen [= intensionale Objekte] und das Verschwinden anderer) wird nicht durch Vorstellungen selbst, sondern durch Akte der Seele bedingt (durch das »Interesse« im allgemeinen Sinn). Diese Akte sind teils solche der vernünftigen Seele (Entschlüsse, Zielsetzungen), teils solche der sinnlichen Seele (Begehrungen). Die Akte werden vorbereitet durch »Wertungen« (*Frage*: Gehören diese noch zu den Wahrnehmungen [Werturteile] oder schon zu den »Akten«? Ebenso bei Urteilen überhaupt oder bei »Gefühlen«.)

Der ganze psychische Ablauf zerfällt also in 2 Seiten: die wechselnden Objekte und das dem Subjekt Angehörige. Dies wird also nicht <u>wahrgenommen</u> (d. h. nur in Ausnahmefällen und nachträglich wahrgenommen). Es gehört zu den »unbewussten« Faktoren, welche Ursache fürs Bewusste sind. [*Frage*: Gibt es auch unbewusste Faktoren an der objektiven Seite des Vorstellungsablaufs? Also unbewusste Wahrnehmungen?]

[67] Das Entstehen des Interesses ist zweierlei Art: 1.) Konsistent (vernünftig), aus einem Interesse entsteht ein anderes aufgrund von Wahrnehmungen, solange, bis es befriedigt ist; 2.) sprunghaft [in Analogie zur »freien *Association*«]. Das heißt irgendein Teil des gerade Vorgestellten erweckt ein neues »Interesse« und vernichtet die konsequente Verfolgung des bisherigen Interesses. Ein Zustand ohne Interesse ist die »Langeweile«.

15: ›)‹ nach ›überhaupt‹ von der Editorin gelöscht

4 **Analogisierung:** Zu Analogiebildung äußert sich Gödel in mehreren Heften. So etwa in: ›Max III‹, Manuskriptseite 30f., 37; ›Max IV‹, Manuskriptseite 164–166, 177 f.; ›Max VIII‹, Manuskriptseite 472; ›Max IX ‹, Manuskriptseite 51, 65, 87; ›Max X‹, Manuskriptseite 2, 4, 16, 43, 78, 85 and ›Max XI‹, Manuskriptseite 70, 146f.

8 **intensionale Objekte:** Vgl. Erläuterung zu Bemerkung 3, Manuskriptseite 28.

12 **Begehrungen:** Vgl. Meinong, »Zur Begehrungs- und Werthpsychologie«, in: ›Ueber Annahmen‹, S. 212ff.

14 **Werturteile:** Eine Schmerzwahrnehmung kann Ablehnung hervorrufen, woraus sich eine Stellungnahme, ein Werturteil ergeben kann.

Bemerkung: Es gibt 2 Arten des »Verstehens« philosophischer Schriften: 1. Art (z. B. als ich Schopenhauer las) besteht darin, dass man mit jedem Satz als ganzem einen Sinn verbindet, was darin besteht, dass man das Gefühl des Verstehens hat und irgendeinen Sinn wahrnimmt. 2. Art (analysierendes Verstehen) besteht darin, dass man 1. die grammatische Struktur des Satzes übersieht, 2. jedes einzelne Wort versteht, das heißt entweder seine *Definition* kennt oder ein Verfahren kennt zur Entscheidung, ob ein Gegenstand darunter fällt oder nicht, oder wenigstens systematisch nach einer Entscheidung dieser Frage suchen kann.
Die 2te Art des Verstehens wird durch Beschäftigung mit Mathematik gelernt (Hahn). Es gibt Bücher, die sich nur für die erste Art eignen (die Sätze haben gar keine richtige grammatische Struktur und die Worte {(= Schaulust = Mystik = *Metaphysik*)} [68] haben keinen präzisen Sinn). Man kann aber Bücher der 2ten Art auch in der ersten Art verstehen und das ist vielleicht notwendig (zunächst).

Bemerkung: Auch innerhalb des Denkens (oder »Vorstellens«) kann man *Acte* und *Passiones* unterscheiden. 1.) Ein Akt des Denkens ist in erster Linie das Stellen der Frage [das heißt, es wird das Ziel gewählt aus einer Klasse von Sachverhalten, »wahrzunehmen« im einfachsten Fall aus dem Paar A, $\sim A$], das heißt, die möglichen elementaren Akte der Vernunft sind entsprechend den möglichen Klassen von Sachverhalten.
2.) Aber auch kann das Ziel gewählt werden hinsichtlich des Stellens der Frage ein gewisses Verfahren einzuhalten [z. B. Recht oder das Machen einer Annahme = sich so verhalten, als hätte man den Satz bereits als wahr erkannt]. Auch das anschauliche Vorstellen eines Gegenstandes (mittels Erinnerung oder Phantasieren) ist ein Akt des Erkenntnisvermögens. Das Erfassen von möglichen Sachverhalten (z. B. bei der Lektüre eines Romans) ist auch ein mögliches Ziel (Akt) des Verstandes. Aber das kann vielleicht unter die Frage subsumiert werden, nämlich die Frage: »Was bedeutet dieser Satz?«. Genauer: Wir verhalten uns so, als ob wir wüssten, dass alle Sätze des Buches »wahr« sind und das Ziel ist es, diejenigen Sachverhalte wahrzunehmen, welche in dem Buch (oder dem gerade gelesenen Satz) »dargestellt« sind.

5: ›2.‹ von der Editorin verbessert in ›2.‹
7: ›2.‹ von der Editorin verbessert in ›2.‹
21: ›können‹ nach ›Sachverhalten‹ von der Editorin gelöscht

19 **Acte**: Siehe Erläuterung zu ›actus‹ auf Manuskriptseite 26, Bemerkung 1.
19 **Passiones**: Siehe zu ›passiones animae‹ Manuskriptseite 26, Bemerkung 1.

[69] Bei der Lektüre eines Buches werden ebenso Sachverhalte wahrgenommen wie bei einem Schluß oder sinnlichem Wahrnehmen. Werden sie auch »als wahr« wahrgenommen? Das heißt, werden wirkliche oder nur mögliche Sachverhalte wahrgenommen? Das hängt damit zusammen, dass 2 × 2 = 4 und 8 × 8 = 64 beide als »wahr« wahrgenommen werden, obwohl nur das erste einsichtig ist.

Frage: Unterscheidet sich das Wissen (die Erinnerung, Vorstellung), die ich jetzt gerade im Bewusstsein habe, von denen, die ich nicht habe, nur dadurch, dass die Aufmerksamkeit darauf gerichtet ist? Das heißt: Ist das »Bewusstwerden« (Aktuellwerden) von Vorstellungen etwas anderes, als dass sie entweder in den Lichtkegel der Aufmerksamkeit oder in seiner Nachbarschaft zu liegen kommen?

Bemerkung: 12./VI. 41, abends: Ich bemerke (im Bett liegend): 1.) dass die Luft schlecht ist, 2.) dass das mittlere Fenster zu ist, 3.) dass das Aufmachen des mittleren Fensters manchmal schon sehr genützt hat. Trotzdem beschließe ich nicht sofort, aufzustehen und (vielleicht) beschließe ich, zum Schluss nicht aufzustehen oder nicht sofort aufzustehen. Dann kommt der Gedanke nicht mehr und ich schlafe ein.
Einige Tage vorher erinnere ich mich (im Bett liegend), dass Adele nicht gut zugedeckt ist und dass das sehr wichtig ist; andererseits (wahrscheinlich), dass das vielleicht nichts hilft, weil sie sich wieder aufdeckt [70] und dass sie mich wahrscheinlich anschreien wird. Ich beschließe, nicht aufzustehen* und wundere mich selbst darüber. In der darauffolgenden Nacht erwache ich mit folgenden Worten auf den Lippen (*ego autem sum homo peccator*). Öfter passiert es, dass ich in der Frühe (im Halbschlaf) das Gefühl habe, ich sollte aufstehen und auf das Klo gehen (eventuell mit Erinnerung, dass ich beschlossen habe, dies zu tun), aber ich bleibe wie gelähmt liegen. Oder während der Arbeit: Ich »träume« über das betreffende Problem (ohne

* Aber vielleicht später dann kommt mir der Gedanke noch einmal und ich beschließe wieder nicht aufzustehen.

9 die: ›die‹ bezieht sich auf Wissen, Erinnerung, Vorstellung

15 **12./VI. 41,:** Das Datum weist darauf hin, dass Gödel an diesem Notizbuch, welches er in Wien zu schreiben begonnen hat, in Princeton weitergeschrieben hat.
28 **ego autem sum homo peccator:** »Ich aber bin ein sündiger Mensch« ist ein an Augustinus' Satz »Ego autem non sum, quia peccator homo sum [...].« (›Confessiones‹, Buch X, Abs. 47) angelehntes Zitat. In ›Max III‹, Manuskriptseite 101 verweist Gödel in der Bemerkung Theologie auf Augustinus' ›Confessiones‹ X, 40. In deutscher Übersetzung (›Bekenntnisse‹) befindet sich das Werk in Gödels Privatbibliothek.

Bleistift, ohne bestimmtes Ziel). Ich erinnere mich, beschlossen zu haben, dass ich nicht träumen will, tue es aber trotzdem weiter.

Es kommt mir nach dem Müssen in den Sinn, dass ich schon lange nicht »Post und Praktisches« gemacht habe und es tun sollte (aufgrund meines Beschlusses oder zumindest des Werturteils, dass ich dies nicht vernachlässigen soll). Aber ich beschließe trotzdem Fries zu lesen. Das sind Beispiele für die Feinstruktur der Sünde. Eine Sünde im Großen:

1. Ich arbeite ohne Zeiteinteilung und ohne genaues Programm (insbesondere nicht, ob ich ins *Institut* gehen soll oder nicht).
2. Ich kümmere mich zu wenig um Adele und bin zu wenig nett zu ihr (*vgl. photographieren*).
3. Ich gehe zu wenig *spazieren*. [71]
4. Ich vernachlässige Post und praktische Angelegenheiten.
5. ? Ich treibe zu viel Außerberufliches.
6. ? Ich publiziere zu wenig.

Bemerkung: Können die Begriffe (welche sich an einem bestimmten sinnlichen Objekt »zeigen«) auch bei rein »passivem« Verhalten daran wahrgenommen werden oder ist dazu eine bestimmte Einstellung (Fragestellung), das heißt Richten der Aufmerksamkeit auf Farbe, Form, Helligkeit *etc.* nötig? Und besteht in dieser »Einstellung« vielleicht gerade das Wesen der Begriffe (jeder Begriff ist eine bestimmte »Aktivität« [Zielsetzung] des Verstandes)?

Ein Begriff in diesem Sinn ist eine berechenbare Funktion und die Werte der Funktion sind die möglichen »Antworten« auf diese Fragestellung. Also begriffliche Auffassung = analysierende Auffassung. Wenn insbesondere der Wertebereich der betreffenden Funktion endlich (oder diskret) ist, so kommt die unstetige (sprunghaft, Grenzziehung) Natur der Begriffe zur Geltung (der einfachste Fall »wahr« und »falsch«).

? Die erste analysierende Tat des Verstandes ist das Herausheben von Dingen (also *extensionale* Analyse) [die entsprechende Zielsetzung läuft: das mit diesem Punkt Zusammengehörige]. Die weitere Analyse ist *intensional*?

Das zwischen Fragezeichen Stehende ist vielleicht Teil der begrifflichen Einstellung (wenn nicht ein bestimmtes Ding [72] herausgehoben wird, ist die Antwort nicht eindeutig). Oder ist vielleicht die Aktivität bei der ganzen Sache nur etwas Zufälliges und wegen der Enge des Bewusstseins nötig (unwillkürliche Aufmerksamkeit)?

Jedenfalls ist die Scheidung zwischen den Empfindungen und Begriffen (Gestalt), welche beide Elemente des Wahrgenommenen sind, dadurch gegeben, dass a und b zu verschiedenen Klassen gehören (d. h. in dieser Hinsicht disparat sind), wenn die Aufmerksamkeit auf a und b zugleich gerichtet werden kann. Jeder Begriff hat also eine »aktive« Seite (die Einstellung) und eine »passive«, die mögliche Antwort.

Bemerkung: *Psychologisch* versteht man die Begriffe mittels der »Typen«. Das sind spezielle (vollkommen spezialisierte) Begriffe, welche gewissermaßen in der Mitte des Gebietes jedes Begriffs liegen. Die nicht typischen Exemplare sind gewissermaßen eine Mischung zwischen dem Typus und seinem Gegenteil (oder konträren Typ) – am deutlichsten bei einer Farbe. Die Erkenntnis mittels des Typus und dem Grad {der} Abweichung ist exakter (das ist vielleicht ein heuristisches mathematisches Prinzip. Die Aussage: »x ist typisch gelb« gibt gewissermaßen eine vollständige Information).

Bemerkung: Der Farb»eindruck« [Farbempfindung], den ein Objekt erzeugt, darf nicht verwechselt werden mit der [73] begrifflichen Einordnung, welche es ebenfalls erzeugt [d. h. zum Beispiel: Feststellung, dass Rot und Gelb darin ist]. Die Farbempfindung ist einfach, die begriffliche Einordnung möglicherweise zusammengesetzt [wenn es keine »typische« Farbe ist]. Die Farbempfindung ist »lebendig«, die begriffliche Unterordnung »*schematisch*«. Die möglichen Farbempfindungen bilden ein Kontinuum, die möglichen begrifflichen Unterordnungen sind unstetig.

12: ›.‹ von der Editorin verbessert in ›–‹

8 **Typen:** Diese Verwendung des Wortes ›Typen‹ erinnert an Ludwig Wittgensteins Begriff der Familienähnlichkeit. Die ›Philosophische Untersuchungen‹, in denen Wittgenstein diesen Begriff verwendet, sind allerdings erst 1953 erschienen. Noch verblüffender sind Parallelen zur Prototypensemantik, die ihren Ausgang in der Prototypentheorie der 1970er Jahre hat, welche Überlegungen aus Psychologie und Linguistik vereint. Für die Prototypensemantik waren Untersuchungen zu Grundfarbwörtern ein Ausgangspunkt.

10 **Gebietes jedes Begriffs:** Vgl. Carnaps Tagebucheintrag vom 14.12.1932: »Wir fahren im Auto zum Museum; unter Neiders Leitung tagt Neuraths Zirkel zur Physikalisierung der Psychoanalyse. Ich sage: Nicht einfach übersetzen, sondern Definitionen aufstellen, ferner Hypothesen mit hypothetischen Begriffen, mit Ableitungsregeln. Analog zu den Feldbegriffen. »Ich« und »es« nicht als Klasse von Vorgängen, sondern als Gebietsgröße. Neider sagt, dass sie sehr überrascht sind über die neue Auffassung, was mich wundert. Später sagt Gödel mir, dass ich diese Auffassung zum Teil auf seine frühere Anregung hin hätte [...].« Transkription von Brigitta Arden und Brigitte Parakenings.

Frage: Ist es auch bei den Gestaltwahrnehmungen so, dass es »Gestalteindrücke« → {analog den Sinneseindrücken} gibt? Anscheinend nicht, sondern der Gestalteindruck besteht einzig und allein in der begrifflichen Unterordnung. Die Gestalten haben nichts »Lebendiges« an sich,* sondern sind etwas »Schematisches« (aber hat nicht der *Rhythmus* etwas Lebendiges an sich?).

* Außerdem könnte der »Gestalteindruck« nichts Einfaches sein, sondern nur der Gestalttypus (d. h. Gestaltbegriff), weil eine Gestalt erst durch Umfahren mit dem Auge wahrgenommen wird.

Bemerkung: Die Grundfarben Rot, Gelb, Grün, Blau sind die natürlichen Begriffe (natürliche Grenze) des Farbkontinuums. Zu ihnen gehören Typen [in der Mitte jedes Gebietes], aber die Gebiete überschneiden sich. Anders bei Wärmeempfindungen: lau, warm, heiß überschneiden sich nicht und sind vielleicht ebenso scharf.

[74]
Frage: Gilt der Satz: »Alle Eigenschaften eines *intensionalen* Objektes sind auch wahrnehmbar«? {Oder wahrgenommen?} Es wäre doch auch möglich, dass man 2 verschiedene Teile des intensionalen Objektes zwar verschieden wahrnimmt, aber nicht wahrnimmt, dass sie verschieden sind, weil man den Begriff der Verschiedenheit nicht deutlich genug wahrnimmt.

Frage: Was wäre eine unklare Vorstellung oder ein unsicher erkannter Sachverhalt? Das scheint ein Selbstwiderspruch zu sein.

Bemerkung: Beispiel, wo ich will, dass ich etwas tue {(zu wählende Welt)} und es doch nicht tue {(Wahl)}. Ich nehme mir vor, die Aufmerksamkeit nicht erlahmen zu lassen (z. B. bei *psychologischen Experimenten*) und schlafe ein oder lasse mich ablenken.
Das »Aufhören-zu-sündigen« durch Unterricht in der Tugend besteht darin, dass man sich selbst nur in solche *Situationen* bringt, von denen man weiß, dass man sich in ihnen richtig verhalten wird. Aber auch in dieser höheren Ebene (Wahl der Situationen und der Mittel dazu) wird sich dieselbe Sünde wieder zeigen. Gibt es auch ein anderes Aufhören-zu-sündigen, in welchem sich mein Wesen ändert? In welchem Sinn findet man eigentlich auf der hö-

---

1 **Gestaltwahrnehmungen**: Siehe Erläuterung zu ›Gestaltproblem‹ auf Manuskriptseite 60; Prägung des Begriffs ›Gestalt‹ durch Ehrenfels.
10 **Typen**: Vgl. Erläuterung zu Bemerkung 1, Manuskriptseite 72.
15 **intensionalen Objektes**: Vgl. Erläuterung zu Bemerkung 3, Manuskriptseite 28.

6: ›Rythmus‹ von der Editorin verbessert in ›Rhythmus‹
20: ›genug deutlich‹ von der Editorin verbessert in ›deutlich genug‹

heren Ebene das falsche Verhalten »hässlich« oder »schlecht«, das heißt mit einem negativen Wert behaftet?

[75]
<u>Bemerkung</u>: Das Erkennen besteht darin, dass man irgendwie dem erkannten Objekt ähnlich (konform) wird oder dass ein Bild des erkannten Objekts in mir ist (nicht das erkannte Objekt selbst, denn wenn ich etwas tue und dann wahrnehme, dass ich es tat, so ist zuerst das Objekt in mir und dann ein Bild des Objekts).
Anderer Beweis für Verschiedenheit von inten*sionalem* Objekt und Objekt: 1. Sinnestäuschungen, 2. verschiedene »*Aspekte*« desselben äußeren Objekts. <u>Das, was ich wahrnehme, ist nicht das äußere Objekt</u>. Wie ist es aber mit Begriffen? Hier gibt es doch bei deutlichem Wahrnehmen keine Täuschungen?

<u>Frage</u>: Wieso beschreibt man den Wahrnehmungszustand dadurch, dass man sagt, es ist ein Objekt in mir,* welches ich anschaue? Zunächst bin ich doch nur in einem durch das Objekt bestimmten Zustand. Die verschiedenen möglichen Zustände werden aber eineindeutig verschiedenen *intensionalen* Zuständen, (inneren) Objekten zugeordnet.

<u>Bemerkung</u>: Der *psychische* Zustand in jedem Augenblick zerfällt in den »Wahrnehmungszustand« [76] (= eine Menge von Sachverhalten der Form »*A* nimmt *X* wahr«**) und den »Reaktionszustand« (=eine Menge von Sachverhalten der Form »*A* wählt das Ziel *X*« oder »A hält das Ziel *X* fest«***).

<u>Frage</u>: Besteht das »Festhalten« des Zieles in viel diskreter Wahl oder ist es ein *kontinuierlicher Prozess* (analog wie in der Physik)? Können mehrere Ziele gleichzeitig festgehalten werden? {Festhalten des Ziels, gleichzeitig *Innervation* der Mittel beweist schon, dass man zwei Dinge zugleich tun kann. Ebenso Wahrnehmung des Motivs.}

* Nämlich nicht bloß der Zustand (der wäre an mir), sondern ein Ding (*Substanz*). Oder nicht in mir, sondern vor mir?

** Außerdem aber »*A* hat *X*«. Anmerkung E.-M. E.: Andere Lesart: Außerdem aber »A ⊃ X«
*** Oder »*A innerviert X* «. Wenn *A X* »*kann*«. Anmerkung E.-M. E.: ›innerviert‹ ist hier im Sinne von ›regt an‹ zu verstehen.

23: ›Psychische‹ von der Editorin verbessert in ›psychische‹
25: ›dem‹ von der Editorin verbessert in ›den‹

10 **intensionalem Objekt:** Vgl. Erläuterung zu Bemerkung 3, Manuskriptseite 28.
11 **Aspekte:** Wittgensteins ›Philosophische Untersuchungen‹, in denen das Aspektsehen thematisiert wird, sind erst 1953 erschienen.

Bemerkung: Es gibt noch ein anderes Festhalten des Ziels, welches nicht ich mache, sondern welches *automatisch* von den unteren Seelenteilen gemacht wird. Zum Beispiel, wenn ich eine *Maxime* wähle und mir diese dann bei Gelegenheit »einfällt«.

Bemerkung: Ein *Impuls*, <u>insofern er wahrgenommen wird</u>, ist 1.) die sinnliche {das heißt nicht abstrakte} Wahrnehmung des Werturteils, wenn ich *A* tue, folgt etwas Schönes* (im Sinn einer Erwartung),
2.) die Wahrnehmung einer Erleichterung der *Innervation* (welche schließlich von selbst eintreten kann). Analog ist eine *Hemmung* zu beschreiben. [77]
Objektiv ist er eine Kraft, welche mich (meine Wahl) in eine bestimmte Richtung treibt [oder bloß der »Hebel«, welcher gewählt wird**?**]. Kann diese Kraft stark sein, ohne dass sie als stark wahrgenommen wird**?**

* Eventuell auch die Wahrnehmung des »Sinns«.

Bemerkung: Ist die Sinnlichkeit das Vermögen Empfindungen zu haben oder sie nach außen zu projizieren**?**

Gesicht	Gehör	Das sinnliche und abstrakte Wahrnehmungsvermögen. Im 2ten Fall gehört die *traditionelle* Mathematik zur Sinnlichkeit (Bild des νοῦς). Daher wäre νους = Form der nicht-sinnlichen Begriffe (vielleicht der *psychologischen***?**)
Tasten	sinnlicher Verstand	
Geruch	abstrakter Verstand	
Geschmack	Vernunft	

Bemerkung: Einen Satz verstehen heißt, die Bedeutung der in ihm vorkommenden Worte zu einer Einheit zusammenfassen. Das

19 **projizieren**: Im Manuskript verweist ein Pfeil von ›projizieren‹ auf ›gehört die traditionelle Mathematik zur Sinnlichkeit‹.
22 **abstrakte Wahrnehmungsvermögen**: Vgl. Bemerkung, Manuskriptseite 61.
23 **Tasten**: In aristotelischer Tradition gehört das Tasten zum Unterscheidungsvermögen, welches bereits ein basales Begriffsvermögen beinhaltet. Vgl. auch Aristoteles' Vergleich zwischen Sinneswahrnehmungen und Vernunfterkenntnis in ›De anima‹ III, 6–7.
23 **Im 2ten Fall gehört die traditionelle Mathematik zur Sinnlichkeit**: Vgl. Bemerkung 1, Manuskriptseite 62.
28 **psychologischen**: Vgl. Bemerkung 1, Manuskriptseite 58.

4: ›diese dann bei Gelegenheit mir‹ von der Editorin verbessert in ›mir diese dann bei Gelegenheit‹
8 **Schönes**: Andere Lesart: schon
13: ›einer‹ von der Editorin verbessert in ›eine‹

kann unmöglich in einem Schritt geschehen (bei längerem Satz). Es geschieht also in einer bestimmten »Aufklammerung«. [Gibt es unter den möglichen Aufklammerungen eine »richtige«? Ebenso wie es eine bestimmte Grammatik für jede Sprache gibt, welche die »richtige« ist. Das wäre eine richtige Semantik.] – Andererseits hört man die Worte als eine eindimensionale Folge in der Zeit. Geschieht also die Zusammenfassung vielleicht genau in dieser Reihenfolge, wobei aber die Zwischenstufe keine bestimmten Bedeutungen, sondern Bedeutungs-Matrizen sind? [Z. B. Karl liebt Wien {?}.]

2 verschiedene Zusammenfassungen in der *Logistik* $(\pi x)\varphi$ und $\pi(x\varphi)$. $x\varphi$ würde bedeuten: φ als Funktion von x betrachten.

[78]
Bemerkung: Das Verstehen eines Satzes vollzieht sich so, dass man in den Bedeutungsraum [bestehend aus Bildern von einzelnen Dingen, Begriffen und Sachverhalten und zwar sowohl wahrgenommenen als auch konstruierten] {blickt} und den *Fixationspunkt* entsprechend den gehörten Worten verschiebt. Das Verstehen einer Sprache ist also etwas Ähnliches wie irgendeine Fertigkeit, wo man auf Wahrnehmungen bestimmter Art gewisse »Hebel« dessen, was man »kann«, stellen muss (etwa Tennisspiel aufgrund der Wahrnehmung des Balls oder Klavierspiel), nur dass hier die Aktivität, welche erforderlich wird, sich nicht auf Muskel-*Innervation* bezieht, sondern auf ein Verschieben der geistigen Blickrichtung in einer gewissen Weise.

Das Feld, auf welches man blickt, besteht zum großen Teil aus bewusst und unbewusst (aufgrund einiger weniger wirklich gesehener Dinge des Begriffsraums [*Principien**]) konstruierten Objekten, aber auch aus in Übereinstimmung mit diesen *Principien* in uns vorgebildeten Vorstellungen (Sprachgefühl).

* Das ist der Schein des Himmelslichts, das uns vom Teufel gegeben wurde, um noch elender als jedes Tier zu sein, nämlich das Leben zu kennen [79] und zu wissen, dass wir sterben müssen.

5: ›.‹ von der Editorin verbessert in ›–‹
10 Wien: Andere Lesart: ›wen‹; im Sinne von ›jemanden‹

31 **Einen Satz verstehen heißt, die Bedeutung der in ihm vorkommenden Worte zu einer Einheit zusammenfassen**: Erinnert an das Kompositionalitätsprinzip von Frege, nach welchem die Bedeutung eines zusammengesetzten Ausdrucks (etwa eines Satzes) funktional abhängig ist von der Bedeutung seiner Teilausdrücke (etwa der Worte) und ihrer syntaktischen Anordnung.
18 **Fixationspunkt**: Fixationspunkt: Der Punkt, an dem sich die Blicklinien beider Augen kreuzen. Das Netzhautbild fällt in beiden Augen auf die Fovea centralis.
24 **Muskel-Innervation**: Im Sinne von Muskelanregung zu verstehen; Reizleitung durch die Nerven zu den Organen des Organismus.

Frage: Sind diese Vorstellungen in unserem Gehirn oder unserer Seele vorgebildet? Wenn die Seele etwas sehr Einfaches ist (d. h. nur ganz wenige, den leidenden und handelnden Zuständen entsprechende *Prädicate* $\varphi(S)$ existieren), so wäre sie etwas Körperliches. Das würde heißen, dass das, was wir gewöhnlich *intensionale Objekte* nennen [die anschaulichen Bilder der Dinge der Außenwelt zum Beispiel], nicht *intensionale Objekte* im eigentlichen Sinne sind, sondern »äußere Objekte«, die wir konstruieren.

---

5 **intensionale Objekte:** Vgl. Erläuterung zu Bemerkung 3, Manuskriptseite 28.

Addendum

Beschreibung
Loses Blatt, hellblau liniert, mit einem roten vertikalen Strich an der rechten Seite. Die Ecken des Papiers sind nach außen hin abgerundet. Das Blatt hat eine Höhe von 23 cm und eine Breite von 17,4 cm. Es entstammt einem Notizbuch mit Spiralbindung, die Löcher für die Spirale sind rund ausgestanzt. Es ist einmal in der Mitte quer gefaltet. Die Bezeichnung ›Addendum‹ ist nicht von Gödel, das Blatt ist nicht paginiert. Es stammt aus einem anderen Notizbuch als ›Philosophie I Max 0‹ und wurde hier von Gödel wohl eingefügt, weil auf ›Akt‹ und ›Wahrnehmung‹ rekurriert wird.

| 16./VI. 41
| Wahrnehmung: *Swing* wird vielleicht etwas Interessantes über Russland sagen.

[**?** Oder Frage: Wird wohl *Swing* heute etwas Interessantes sagen?] Nein.

Impuls: Ich sollte | Adele aufmerksam machen | mit Rücksicht auf ihr Interesse und den interessanten Inhalt.

{*Impuls*: | Nein, denn wir sind böse aufeinander.}

Wahrnehmung: Sie sagte einmal, dass *Swing* einen irgendwie glücklich machenden Einfluss auf sie hat.

Wahrnehmung: Aber sie wird mich wahrscheinlich anschnauzen.

Wahrnehmung: Du sollst versuchen, nachgiebig gegen sie zu sein. {Akt: Ich will es tun}

Akt: Ich sage Adele: »*Swing* wird wahrscheinlich heute etwas Interessantes ...«.

13: | Akt: Sage zu Adele: »Bin neugierig, was der *Swing* heute sagen wird.«
14: | *Einschub* vorausgehend:
20: | ich
20: | (*Swing* hat für sie
23: | Aber wir sind ja böse

14 **Swing** : Raymond Gram Swing war während des zweiten Weltkrieges einer der einflussreichsten Kommentatoren in Print- und Rundfunkmedien in den USA. Kurt und Adele Gödel haben offensichtlich gemeinsam die Rundfunkprogramme von Swing angehört und diskutiert.

Wahrnehmung: Auch über die Konsulatfrage und dies von mehr Interesse für Adele.

Akt: Das Wort Russland wird unterdrückt, »sagen«.

Wahrnehmung: Adele sagt: »Der kann doch auch nur sagen, was in der Zeitung steht«.

Wahrnehmung: Das stimmt vielleicht teilweise.

Akt: Aber ich lasse Adele lieber beim Glauben.

Akt: Ich sage: Er macht doch Bemerkungen dazu.

Frage: Hat Adele eigentlich Recht?

Wahrnehmung: Im Allgemeinen erfährt man doch nichts Interessantes und immer dasselbe durch ihn.

Frage: Gehört überhaupt die Schließung der deutschen Konsulate zu seinem *Ressort*?

Wahrnehmung: Wahrscheinlich |.

Frage: Aber vielleicht wird er es nicht erwähnen?

Wahrnehmung: Wahrscheinlich doch.

---

1 **Konsulatfrage:** Laut Webseite der Universität Wien teilte sein Bruder, der Röntgen-Facharzt Rudolf Gödel, dem Dekanat im Januar 1941 mit, dass Gödel nicht nach Europa zurückkehren werde, »da ihm das Deutsche Konsulat in New York eine Rückreise dringend abgeraten« habe; vgl. UA, PA, fol. 36, Rudolf Gödel an PHIL Dekanat, 30. 1. 1941. http://gedenkbuch.univie.ac.at/index.php?id=435&no_cache=1&person_single_id=33067, aufgerufen am 29.02.2016.

1: ›Konsultatfrage‹ von der Editorin verbessert in ›Konsulatfrage‹
1 **Konsulatfrage:** Andere Lesart: Auch über die Konsulate fragen
23: | aber vielleicht wird er es nicht erwähnen

Kurt Gödel
Philosophy I Maxims 0

Edited by Eva-Maria Engelen

Translated from German by Merlin Carl

Preface

Though Gödel put his philosophical notebooks first on a list he used to order and evaluate his unpublished records written between 1940 and 1970,[1] he did not intend them to be published. As they broaden and augment our knowledge of Gödel's philosophical and scientific thinking, however, the philosophical notebooks (which Gödel entitled *Maximen Philosophie*) are now edited for the first time. The remaining fifteen notebooks are planned for future publication, one or two at a time, annually. While from the point of view of edition philology, a complete edition of all the notebooks at once would certainly be preferable, sequential publication was chosen in the interest of giving all those interested in the notebooks access to them as soon as possible.

Gödel's *Maximen Philosophie* are of great significance both for general readers of philosophy, including metaphysics and the history of philosophy, logic and the theory of science, and for specialists in the respective fields. The edition thus aims at combining readability for a scientifically interested public with usability for specialists. Hence, the editorial decisions are noted in a way that causes minimal disruption to the flow of reading.

Like most of his notebooks, Gödel's *Maximen Philosophie* are written in the German shorthand Gabelsberger. Gödel learned this script in school and used it throughout his life, even after emigrating to the U.S.A. Explanations concerning the transcription of Gabelsberger and the necessary additions by the transcribers, as well as concerning the pecularities of Gödel's use of Gabelsberger, can be found up in Cheryl Dawson, "Gödel's Gabelsberger shorthand", in: Kurt Gödel, *Collected Works*, vol. III, p. 7–12. For the additions to transcriptions from the shorthand Gabelsberger, see also the section "Editorial Principles" in this volume. The spelling of Gödel's long hand was preserved in the German text and only corrected in particular cases. The transcription of the present notebook is by Eva-Maria Engelen.

---

[1] The list, which is written mostly in English and thus in long hand, is located in Gödel's *Nachlass* in the Firestone Library in Princeton, box 8c, series IV, folder 108 and carries the initial document number 040363. It is filed into a bundle containing hand-written bibliographies from 1967 but was presumably written later and subsequently filed into the bundle. See also Hao Wang, *A Logical Journey*, p. 94f.

Acknowledgements

The editing of Kurt Gödel's philosophical observations would not have been possible without the comprehensive and generous support of the Hamburg Foundation for the Advancement of Research and Culture, which therefore deserves first mention in the list of thanks for the realization of this project. I mention in particular Jan Philipp Reemtsma and Joachim Kersten, whose commitment to the project is extensive and can be considered an ideal example of research funding.

I would also like to thank the Dr. August and Annelies Karst Foundation for funding the translation.

Special thanks are due as well to the Berlin-Brandenburg Academy of Sciences and Humanities for the acceptance of the project. I mention in particular the past president, Günter Stock, and the current president, Martin Grötschel, as well as the academy members Eberhard Knobloch and Jürgen Mittelstraß.

For its cooperation on the evaluation of Gödel's annotations in his private books, I would like to thank the Archive of the Institute for Advanced Study in Princeton as well as the employees of the Rare Books and Manuscripts Division of the Firestone Library at the Princeton University, who made Gödel's original notebooks available to me for checking the transcriptions.

I have also greatly benefitted from my participation in the project "Kurt Gödel: Philosopher-Scientist", which was directed from 2009–2013 by Gabriella Crocco.

Special thanks are due finally to the following people for various forms of support and aid: Matthias Armgardt (Konstanz), Merlin Carl (Konstanz), Christian Damböck (Wien), John W. Dawson Jr. (York, Pennsylvania), Cheryl A. Dawson (York, Pennsylvania), Christian Fleischhack (Paderborn), Andre Fuhrmann (Frankfurt a. M.), Daniel Heller-Roazen (Princeton), Martin Lemke (Rostock), Christoph Limbeck-Lilienau (Wien), Glenn Most (Pisa), Brigitte Parakenings (Koblenz), Anne Siegetsleitner (Innsbruck), Friedrich Stadler (Wien), Richard Tieszen † (San Jose, Kalifornien), Mark van Atten (Paris).

Editorial Notes

The present transcription is a reconstruction of the text written in the German shorthand Gabelsberger. This requires grammatical and other additions, which are pointed out for the interested reader in a way that does not impede the reading experience.

The present volume contains an extensive bibliography of works that Gödel read and used for his notes. Details are provided in the bibliography, while brief information is given in the comments. As a rule, I refer to the first edition of the work in question, except when it is apparent which edition Gödel himself used, in which case that edition is given. The literature referenced in the introduction is given separately at the end of the introduction, but does not appear again in the references.

Detailed information on the persons to whom Gödel refers directly or indirectly can be found in the index of persons and occasionally in the comments.

In the translation, logical symbols are given in modern notation, whereas in the German original text, Gödel's notation is preserved for the benefit of research on the history of logical notation.

The English translation is typographically similar to the German text. The following are omitted, however: Uncertain readings/the distinction between longhand and shorthand/the optical highlighting of added words and parts of words/the marking of illegible text/the marking of insertions/all non-explanatory comments in the critical apparatus.

Editorial Principles for the Translation of Gödel's Notebooks
In contrast to the German version, multiple underscores are reproduced as single underscores throughout. Words and passages that were crossed out by Gödel are mostly omitted, as are the editorial comments from the German version concerning alternative readings of certain passages.

Gödel's pagination of the manuscript pages is reproduced in square brackets. When editorial reference is made to specific places in the notebook, this pagination is used.

Titles of essays, articles etc. are given in quotation marks, while titles of monographs are given in italics. Details are provided in the bibliography.

Gödel's footnotes, comments — In the present edition, Gödel's footnotes appear as marginalia. This was done in order to facilitate the flow of reading and to make it more apparent that they belong to the text corpus. References and explanations are given as footnotes under the columns.

Footnotes and footnote signs — Gödel's "footnotes" in the margin columns are labeled as follows: One asterisk, double asterisk, triple asterisk, dagger, double dagger, paragraph, alinea (*/**/***/†/‡/§/¶). These symbols appear in the text and at the beginning of the remarks. (†, ‡, § and ¶ are superscript in the main text and at the beginning of the remarks; this is not the case for † when it appears at the beginning of text in the margin columns.) The marginalia "footnotes" are placed at the height of the respective mark in the text whenever possible; otherwise, they start right after the preceding footnote.

Copyright Permissions
The editor is grateful to the following copyright holders, who have granted permission to transcribe, edit, publish and translate manuscripts of the *Maximen Philosophie* by Kurt Gödel found in his *Nachlass* as well as notes that Gödel took from lectures by Dietrich von Hildebrand and Alfred Kastil.

The Institute for Advanced Study, Princeton, literary executors of the estate of Kurt Gödel, for the so-called *Maximen Philosophie* found in his *Nachlass*.

Lindsay Russell, literary executor of the estate of Dietrich von Hildebrand, for the notes that Gödel took of one of Hildebrand's lectures.

Thomas Binder, Franz Brentano-Archiv Graz, literary executor of the estate of Alfred Kastil for a lecture that Alfred Kastil gave in Vienna and for which a manuscript exists in his *Nachlass* ("Brentanos Auffassung von Verhältnis der Psychologie zur Philosophie" (call number A.1.3.3)).

Introduction

I. Kurt Gödel's philosophical notebooks and the tradition of notebook writing

1 Notebook Writing

One will not be able to categorize and understand Gödel's philosophical notebooks unless one considers them in the context of the tradition of notebook writing. This tradition produced a type of text with specific characteristics. For an appropriate reading of the notes, one should keep in mind those characteristics as well as the function of notebooks for an author's thinking and for their creative process. This helps to avoid misinterpretations as well as rash (mis)judgments and (mis)readings.

A notebook allows the writer to develop his or her own tentative perspective by addressing the positions of other writers: In a notebook, it is easy to take up or discard other people's thoughts.[2] Hence, philosophical and scientific notebooks often have an exploratory character. Ideas are tried out and developed, repeated and observed from a different perspective, or simply crossed out and considered no further. In private, it becomes possible to develop ideas at length on and investigate new connections. The thoughts of other authors can be picked up or unscrupulously critiqued. One can drop one's own approaches or come up with counter-positions in a playful manner.

Clearly, this is not a method of writing that leads to a systematically argued work. Nevertheless, Gödel enumerated his philosophical notebooks, and arranged them subsequently in a well-thought order, which suggests that he based his philosophical notebooks on a conception that he considered to have a guiding and enduring significance. This last point is further supported by the

---

[2] Further literature on this topic: Christoph Hoffmann, "Wie lesen? Das Notizbuch als Bühne der Forschung"; Karin Krauthausen, "Vom Nutzen des Notierens"; Marianne Klemun, "Historismus/Historismen Geschichtliches und Naturkundliches: Identität – Episteme – Praktiken". The aspect of discarding, which is important for the development of a cognitive process, is emphasized by Marianne Klemun in her essay "Historismus/Historismen", p. 32. Unfortunately, she only refers briefly to the numerous notebooks in the *Nachlass* of Viennese researchers of the 18th and 19th century, without documenting her observation. Ann Blair, "Note Taking as an Art of Transmission".

fact that his philosophical remarks come first in a list by which he ordered his unpublished notes written between 1940 and 1970 (My notes 1940–70[3]) and thereby also evaluates them.[4]

1.1 *The tentative character of notebooks*
The repetitions that are typical of notebooks point further to the essentially tentative character of this medium of reflection. Of course, these are not mere repetitions by an author who is forgetful or given to insisting, but rather different facets and perspectives with respect to one and the same train of thoughts. The various perspectives that result from orbiting one's intended meaning open up new lines of thought and associations and can likewise lead to new problems and their formulation, as well as to new strategies for solving these or older questions.

It is hard to find a "through-line" in these cases. Only by putting the various topics together can one determine the author's positions and organize the different aspects into a thematic complex. The author circles around a subject as if there were many theories about it, each with a different standpoint. This practice is inherent to the notebook as medium, and it enables the writer to record philosophical thoughts for reflective consideration. Circling around philosophical questions and problems helps to sharpen the view on them and to prepare a fruitful way of dealing with them.

The entries in Gödel's philosophical notebooks should not, therefore, be read as if they represented his respective standpoint. Sometimes indeed they present the opposite of his aims. A reading based on the assumption that one is dealing with a systematically argumentative text would be rash and would only lead to a dead end. Gödel's remarks will appear merely self-contradictory if one fails to appreciate the tentative, meandering character of this form of writing and to trust in the fruitfulness of its characteristic approach. The goal is a slow and steady development of thoughts. A reading that insists on systematic closure and results that have

---

3   The list, written mostly in English and thus in longhand, is contained in Gödel's *Nachlass* in box 8c, series IV, folder 108 and carries the initial document number 040363. It is part of a hand-written set of documents with a bibliography, which was, however, conceivably written later and then integrated into that bundle.
4   Cf. Hao Wang, *A Logical Journey*, p. 94 f.

further theoretical use will be unable to appreciate an intellectual quest whose purpose is the manifold exploration of trains of thought.

1.2 *The notebook as a thinking space*

Notebooks offer an open space that invites us both to record a quick idea and to return to it over and over again, to approach it and to distance ourselves from it, to absorb it and to objectify it. By opposing contrasting points, the writer allows them to have an effect on his or her own thinking, and by evaluating them afterwards, it becomes clear that thinking takes time. The open space offered by a notebook thus fuses two different temporal forms of thinking, namely: the thought that appears suddenly, and the extensive quest for an adequate expression and a convincing solution. Hence a notebook can comprise aphorisms as well as dialogical thinking. Its use thus depends heavily on the personality of the thinker using it. The thinking space thereby offered is an open space.

It is thus by no means the only or primary goal of notebook writing to record one's thoughts. The focus often lies much more on a process of transmission aimed at the contemplation of citations and the development of one's own thinking. In this way, keeping a notebook – a scholarly technique for producing knowledge and strengthening one's intellect – can become a tool of philosophical and scientific research. Gödel opens up a thinking space with the help of his notebooks by opposing different systematic positions concerning a question and by taking up different disciplinary perspectives.

1.3 *The notebook as an archive*

Such a space can be shaped and reshaped. For the writing subject, it functions additionally as an archive, since keeping a notebook allows the writer to comprehend his or her own intellectual development in its genesis.[5] This is another sense in which taking notes is a cultural technique as well as a technique of self-fashioning that can be used to develop one's own thinking and personality as a researcher. Entries and references in Gödel's notebooks show that he indeed used them in this way.

---

5 Marianne Klemun, "Historismus/Historismen", p. 32.

As an example, at the beginning of notebook *Max IV*, dated May 1st 1941 – April 30th 1942, Gödel writes: "Maxim: When reading this notebook: 1.) always slowly (only a bit per day), 2.) under some aspect [importance, correctness, classification as practical, theoretical and scientific.]" This is followed by a table of contents subsequently inserted and the following remark: "Theology, philosophy, psychology in this notebook completely reviewed." In a slight variation, this maxim also appears at the beginning of the notebook *Max V*, which Gödel started in May 1942: "Maxim: When reading this notebook 1.) read slowly (only a bit per day), 2.) under some aspect (importance, correctness, classification into different sciences]. The first $\frac{3}{4}$ of this notebook without connection to a reading [independent]." In notebook *Max VI*, which Gödel wrote until July 15th, 1942, we read: "Underlined twice: Read December 1945 – January 1946". In notebook *Max IX*, which he wrote from November 18th, 1942 until March 11th, 1943, we read, similarly: "Underlined twice: Read November 1945"; in notebook *Max X*, which arose between March 12th, 1943 and January 27th, 1944: "October 1945, underlined twice: read through"; in notebook *Max XI*, written between January 28th, 1944 and November 14th, 1944: "September 45 underlined twice: read"; in *Max XII*, which Gödel wrote between November 15th, 1944 and June 5th, 1945, it says: "underlined twice: looked through September 45".

These entries show that Gödel worked with his notebooks and committed himself to their focused re-reading. In particular during the time from September until December 1945, he retrospectively read the notebooks with varying intensity, starting with *Max XII* and ending with *Max VI*. All the more regrettable is the note in notebook *Phil XIV*, which says: "Notebook Phil XIII (=Max XIII) (VI. 45-IV. 46) was lost in April 1946".

Problems and topics in the notebook *Phil XIII* apparently inspired Gödel to re-read the preceding notebook, the result of which we would probably find in notebook *Phil XIII*, had it been preserved. As the entry in the notebook *Max IV* shows, this re-reading in the last months of the year 1945 was not the only instance of this. It seems that the re-reading took place according to the respective interest aimed at a certain topic.

1.4 *Development of the thinking process*

Similarly illuminating is the reference, in the notebook *Max V*, to independent thinking without recourse to what one has read. Here, Gödel explicitly distinguishes the engagement with other authors from his ideas that arose without such a stimulation and that thus exclusively reflect his own thinking. Nevertheless, considerations issuing from the occupation with and depending upon the thinking of others are highly relevant for his thinking. The remark points out, however, an important goal of notebook writing, namely, that of developing and organizing one's own philosophical thinking.

2 The tradition of writing notebooks

Taking a look at the tradition of notebook writing, it becomes clear that numerous characteristics of the form have remained the same over centuries. The notebooks of the 20th century show patterns of memory, note-taking and collecting with the same frequency that is known from the older tradition of notebooks, such as the antique hypomnemata or the modern commonplace books. These patterns also occur in Gödel's notebooks, even though no continuous line of tradition from antiquity to the 20th century is known to exist. This suggests that keeping a notebook is a form of writing that advances processes and reflection processes in a specific way.

Hence notebooks are a means of orientation for thinking. They offer this possibility spatially, as one can take them up over and over again and use dates and headings to find the pages dedicated to a specific question. This also holds true temporally, as one can find aspects with equal or similar topics at different times of writing.

This orientation role in thinking may well have been the reason why the writing of notebooks emerged in the first place. One takes notes concerning one's reading, sets down personal memoranda, and inscribes one's duties and obligations. An antique notebook, for example is called 'hypomnema', which means record, memory, but also admonition.[6] In a hypomnema, citations and material from the work of other authors are written down as a memory

---

6 Manfred Fuhrmann, "Hypomnema", column 1282. Markus Dubischar, "Typology of Philological Writings" explains 'hypomnema' as 'explanation', 'comment' on p. 554 ff. On p. 122 of his article "Hypomnema", Hermann Eichele specifies it as: note, record, comment, aspect, example.

aid, as well as thoughts, and ideas and duties, so that these may be referred back to in carrying out self-imposed obligations. It includes the habit – already widespread in antiquity – of making lists: of tasks, but also of names or of books. It is well-known that Pierre Hadot referred to the hypomnemata as spiritual notebooks because they keep the notes present for the thinking of the writer.[7] This also aptly describes what Gödel notes for himself in a maxim in the notebook *Time Management (Max) I*: "Whatever one thinks about, be it a mathematical problem or what one should do the next day, it is always better to think 'with the help of something', either a book or something that one wrote or thought about it at an earlier time. Particularly when one is dealing with an enumeration, as this supports one's own memory (and ideas) significantly".

Gödel's first philosophical notebook (*Philosophie I Max 0*), moreover, contains lists of books and authors as well as other considerations for a program of philosophical studies; not atypical for scientific and philosophical notebooks, *Time Management (Max) I* and *Time Management (Max) II* contain lists of errands and tasks (for scientific work as well as practical affairs), work schedules and, again, lists of readings as well as concrete time-tables for work, breaks, walks. Gödel's reading is then reflected in excerpts and systematized aphorisms, which leads to original philosophical remarks on various subjects. Lists, programs and maxims are less present in notebook *Max III*, and from there on Gödel is increasingly and, at some point, exclusively concerned with philosophical remarks and foundational considerations.

In antique hypomnemata, the ethical conception of the Stoa is frequently put into in practice. Notebooks are used to develop a personal set of guidelines for one's own conduct of life. This ethical self-assessment needs to be distinguished from justified, normative, moral imperatives. In notebooks, commandments are often directed towards oneself in the form of admonitions or prescriptions rather than being stated as generally valid for everyone. Thus, notebooks are often a place of self-formation, where one seeks to cultivate an ethical access to oneself and a guiding

---

7 Pierre Hadot, "Reflections", p. 229. In contrast to Michel Foucault's reading of 'hypomnemata', they do not primarily serve the constitution of a self for Hadot. However, several ancient notebooks certainly exhibit the function to serve the care of the self along with the sketching of thoughts.

principle for the personal conduct of life. This program of self-admonition, self-commitment and self-perfection follows the Socratic maxim not to live an 'unexamined', i.e. unreflected life.[8] Such an ethically oriented form of notebook writing is also to be found in Gödel,[9] particularly in the notebooks *Time Management (Max) I and II*, where he struggles for a guiding principle for his conduct of life as well as for self-admonition and self-perfection.[10]

In contrast, the title of Gödel's *Philosophy I Max 0* already indicates what kinds of entries are to be expected here: No maxims or admonitions directed at himself, for to these the following notebooks (in particular *Time Management (Max) I* and *Time Management Max II*, and partly also *Max III*) are dedicated. That Gödel purposely integrated this facet of notebook writing into his philosophical notebooks is demonstrated by the concluding remarks from *Time Management (Max) II* which were inserted subsequently and then crossed out: "Time Management (Max) II =(Phil II) This originally was the first maxim-notebook in addition to philosophy-notebook. Later on combined maxims and philosophy."

Though the time of writing shows that *Time Management (Max) II* was not the first notebook about the conduct of life (see below). This is probably why Gödel has erased the addition. It is likely that the first notebook was *Time Management (Max) I*. The remark still shows that Gödel simultaneously worked on the notebooks about the conduct of life and on the philosophical notebooks that do not emphasize the aspect of ethical self-perfection. The decision to combine them makes apparent Gödel's approach to a point of view in which ethics in the form of self-perfection and self-admonition are regarded as parts of a comprehensive concept of philosophy that have to be integrated accordingly.

---

8   Plato, *Apology*, 38a.
9   The decisive influence that made Gödel pursue such a form of ethics is likely to be due to his teacher Heinrich Gomperz. Cf. Heinrich Gomperz, *Die Lebensauffassungen der griechischen Philosophen*, p. 19, p. 222 ff. and p. 232 ff., where Gomperz indirectly suggests a fundamental separation between ethical (demands that the individual addresses to itself) and moral (demands the individuals adress to each other) demands and judgments. The rejection of generally valid moral norms is common to all members of the Vienna Circle and the individuals close to it. Cf. for example Anne Siegetsleitner, *Ethik und Moral im Wiener Kreis*.
10 Gödel's teacher Heinrich Gomperz presents the ethical concept of a 'duty for self-perfection' for example on page 222 of *Die Lebensauffassungen der griechischen Philosophen*.

Nevertheless, the autobiographical aspect frequently encountered in antique notebooks, only plays a minor role in Gödel's notebooks. Gödel's writings are not an autobiography.[11] Otherwise, all characteristics of antique notebooks are also present in Gödel's notebooks.

3 The addressee of a notebook

In approaching Gödel's notebooks, not only is a comparison between notebooks from antiquity and the 20th century illuminating, but also specific questions in the research about this genre. For example, whether a writer produces notebooks for him- or herself or for others allows a differentiated classification of their function for the writer.[12] Writing the notebooks for oneself grants the writer a tentative, playful treatment of his or her own thoughts and ideas. If one writes them to further develop an ethical access to oneself and a guiding principle for one's personal conduct of life, one's quest takes the form of a self-formation. If, on the other hand, one writes for some more general public, this tentative, self-shaping aspect is usually lost. The development of thoughts and self-formation can then become directed at public effect, thus no longer granting an immediate insight into the intellectual laboratory or workshop of the writer. Gödel clearly wrote his philosophical notebooks for himself, but through the excerpts of other author's works and positions, combined with his own remarks, Gödel's notes assume a dialogical structure. There are many reasons to believe that the notebooks were for him a continuation of conversations and discussions with the members of the Vienna Circle and other interlocutors of his time in Vienna as well as with the thinkers of the philosophical tradition who mattered to him.

---

11 Hermann Eichele, "Hypomnema", p. 122–123 and 125. Eichele notes that ancient hypomnemata can e.g. be simple comments, but also autobiographies and memoirs. Autobiographical aspects are for example contained in the last page of *Philosophy I Max 0* that was inserted subsequently.

12 A question that was introduced into the debate about the reading of Marcus Aurelius's self-reflections by van Ackeren. Van Ackeren restricts the question in the context he deals with to the reading of memoirs and autobiographies, but it can be extended to notebooks in general. Marcel van Ackeren, *Die Philosophie Marc Aurels*, p. 345.

4 Fragmented and systematic writing style in notebooks

The observation that the notebooks of Antiquity left room for independent thought in a spatial respect[13] should also be taken into consideration with regard to philosophical and scientific notebooks of the 20th century. These allow an open-ended, preliminary, indeterminate form of writing. Even though they are usually associated with a fragmentation of the thoughts being pursued, they are also less burdened by terminology, philosophical systematics or doctrines of scientific method. This occasionally fosters creativity, but there is another side to it: The disentanglement from terminology and traditional methods makes it more difficult to design and to complete one's own system. This can certainly be said in the case of Gödel's notebooks.

We also want to point out here a similarity between writing notebooks and writing diaries, a similarity that arose in the 20th century. The diary also served to practice self-cognition and as a tool for a conscious personality formation.[14] Due to the traumatic experiences of World War I and the general feeling of homelessness and exile, however, the idea of educating oneself into a successful, exemplary personality becomes fragile during this time. Modern diaries become fragmentary, which makes them formally similar to notebooks. The reading process is complicated by the fragmented, aphoristical style. But while, in the case of diaries, the context is formed primarily by the writer and his or her thoughts and experiences, in the case of notebooks this is due in the first place to the recurrence of topics and questions. The writer only plays a secondary role in this respect.

---

13 Markus Dubischar, "Hypomnemata", in: idem, "Typology of Philological Writings", p. 555 ff.
14 This is e.g. pointed out by Peter Boerner: idem, *Tagebuch*, p. 52 and 22. "Der stärkste Anstoß zur Ausbreitung des Tagebuchschreibens ergab sich [...] daraus, daß seit der Jahrhundertwende in die Lesebücher für Oberklassen der Gymnasien zahlreiche Auszüge aus älteren Journaux intimes aufgenommen wurden und beflissene Lehrer sich [...] bereit fanden, diese Texte als Muster des delphischen Erkenne-dich-selbst zu preisen." Ibid., p. 52.

II. Kurt Gödel's philosophical notebooks (Max Phil)

The form of Gödel's philosophizing already tells us much about what a reader of his philosophical notebooks can expect. The so-called *Maximen Philosophie* allow us to reconstruct Gödel's philosophy and to trace and reveal important connections to the philosophy of the Vienna Circle and other philosophical movements. As for Gödel himself, the formation of an independent philosophy (*'weltanschauung'*)[15] was a part of his self-conception as a thinker and a scientist. For him, the purpose of his life is to produce scientific works and lectures that are useful for others, and to work out a philosophy or *weltanschauung* connected to this. But even though he mentions the occupation with philosophy after the occupation with science, he expects his philosophical work to create new impulses for the progress of science.[16]

For a comprehensive understanding of Gödel as a thinker and scientist, it is thus necessary also to consider his philosophical views. For this reason, the edition of the corpus of texts from the so-called *Maximen Philosophie* was already planned for his *Collected Works*,[17] but could not be realized due to time constraints. The same happened to the French project "Kurt Gödel Philosopher. From Logic to Cosmology" which also conducted research on the contents of the *Maximen Philosophie*.[18] The significance of Gödel's philosophical notebooks is now widely recognized among the Gödel scholars, even though these do not exhibit a form of systematically argued philosophy; rather, thoughts are tried out, discarded, recorded and repeated, while the positions of other authors are presented and engaged.

---

15 Gödel himself frequently uses the notion of *weltanschauung* instead of philosophy. This use of terms is rather widespread in the Vienna of the 20s and 30s. Cf. the literature references concerning the use of terms in *Philosophy I Max 0*, manuscript page 1.

16 *Time Management (Max) I*, p. 57: "Remark: It is necessary to give a meaning to one's life besides making a living: 0. One may be able to make a living from this [meaning]. In my case, this meaning could only be: 1. To write good papers and give good talks, where good is defined as having to be useful for someone; 2. to arrive at a *weltanschauung*." *Time Management (Max) II*, p. 140: "Remark: On the basis of the theoretical worldview, it certainly makes sense to strive for scientific progress, even without an immediate prospect of success, as every honest effort must eventually have success."

17 Dawson and Dawson 2005, p. 150 and 152; also Dawson and Dawson 2010, p. 21 and 23.

18 ANR-09-BLA-0313 "Kurt Gödel Philosopher. From Logic to Cosmology", directed by Gabriella Crocco.

The philosophical notebooks that Gödel wrote between 1934 and 1955 are usually called *Maximen Philosophie*, since Gödel entitled them "Max" and "Phil", sometimes also "Phil Max". It becomes clear from a remark at the beginning of notebook XIV that Gödel used these titles interchangeably.[19]

The fifteen surviving notebooks can be classified into four groups. Only three of the fifteen contain a larger number of maxims, namely the notebooks I, II and III. In spite of this, Gödel designated ten of the surviving notebooks merely as *Max*.

Gödel thereby already indicates that these notebooks are connected formally. With respect to content, they are connected by the concepts of perfection and happiness as follows:

Self-perfection and therapy:
The two notebooks entitled *Time Management (Max) I and II* contain Gödel's individual ethics. Their purpose for Gödel lies in the ethics of self-perfection, which comprises both his professional and his private life.[20] He assembled the maxims (admonitions) for this purpose deliberately and, as was typical for the Stoic tradition, he intended to read them over and over again.

Gödel himself describes the therapeutic effect he hoped to achieve by these exercises and by the habituation of a conduct of life. They serve as a means of self-reflection and are thus philosophically motivated. Furthermore, by following the chosen maxims and admonitions, Gödel intends to bring about an improvement of his scientific work. However, the significance of this approach reaches much further, to encompasses the entire corpus of the *Maximen Philosophie*.

Perfection of reason through scientia generalis:
Leibniz's *scientia generalis* is intended to serve the renewal and augmentation of the sciences as well as to foster the perfection of the intellect and to promote universal happiness.[21] The concepts

---

19 There, we can read: "Notebook Phil XIII (=Max XIII) (VI. 45–IV. 46) was lost in April 46".
20 These connections are explained in detail in the next volume, which contains the notebooks *Time Management (Max) I and II*.
21 E.g. in the title of one of the fragments about *scientia generalis* in the academy edition of the philosophical writings, A VI, 4, p. 527. For a detailed analysis of *scientia generalis*, see: Hans Poser, Leibniz und die Einheit der Wissenschaften, in: *Vision als Aufgabe*, p. 17–31.

of perfection and happiness are fundamental for Gödel's approach to individual ethics. With reference to the *scientia generalis*, however, they have a different meaning. The purpose of the *scientia generalis* is to structure the multiplicity of the individual sciences (*specimina*) by making explicit the fundamental principles common to them all (*initia*), thus enabling interdisciplinary cooperation. All natural sciences, mathematics and the value-oriented sciences (as for example jurisprudence and theology) belong to the *specimena*, while *grammatica rationalis* and logic belong to the *initia*. *Scientia generalis* would have to succeed in carving out first principles, which are the fundamental concepts of thinking. However, it was already clear to Leibniz that this is not a goal that human beings can completely achieve.

Among the posthumously published philosophical writings by Leibniz is a fragment which appears with in the academy edition under the title *De vera hominis perfectione*. It is furnished with a note by the editors suggesting that it could be an introduction to Leibniz's *scientia generalis*.[22] Leibniz's *scientia generalis* was intended to be an encyclopedic universal or unified science integrating all the sciences and serving the happiness of mankind through the perfection of reason.[23] Through reason, reason is to be perfected to the extent that it recognizes the good and then also realizes it.[24] In the *Initia scientiae generalis*, Leibniz states that it is the purpose and goal of human faculties to contribute to obtaining happiness,[25] and that wisdom is nothing else but the science of happiness. Thus, if one assumes a concept of happiness based on general happiness rather than on individual wellbeing, then, according to Leibniz, one has to strive for a perfection of reason, viz. the perfection of the sciences within in the scope of a *scientia generalis*.

The way in which Gödel relates the remarks concerning various disciplines to each other, e.g. by analogy, leads one to suppose that he also envisaged a *scientia generalis* for the perfection of the sciences. The concepts connecting individual ethics and *scientia*

---

22 Gödel knew this fragment in the edition by Gerhardt. He read the sections about Leibniz's *scientia generalis* with the exception of chapter VI and chapter IX in volume VII of the edition by Gerhardt. Cf. the notes and excerpts in Gödel's *Nachlass*, box 10a, series V, folder 35.
23 Schepers, *Leibniz*, p. 90
24 Schepers, *Leibniz*, p. 93
25 Cf. Poser, *Leibniz' Philosophie*, p. 299: "Scopus autem omnium nostrarum faculatatum est felicitas.", in: *Initia scientia generalis*, A VI. vol. 4, p. 364.

generalis are those of happiness and of perfection, although 'happiness' and 'perfection' have somewhat different meanings in the two cases. The perfection of a single human being concerns his or her predispositions or inherent faculties, while the perfection of thinking concerns the renewal of the sciences by bringing out a common foundation for all disciplines.

It is plausible to assume that the *scientia generalis* was also for Gödel a model of how to bring the diverse disciplines together. In this case, the idea of perfection refers to the perfection of thinking. The success of the individual-ethical approach is independent of the question whether the unity of the sciences is achieved or not. The success in the perfection of thinking, by contrast, depends upon the success of founding a *scientia generalis*.

The edition of the forthcoming notebooks will help to show the extent to which Leibniz's *scientia generalis* served as a model for Gödel's *Maximen Philosophie*. Here, we should point out a connection to the thinking of the Vienna Circle which is also present with respect to the *scientia generalis*. A publication series of the Vienna Circle from 1933 to 1939 is entitled *Einheitswissenschaft* and later *Library of Unified Science*.[26] In addition, there was the *International Encyclopedia of Unified Science*.[27] And like Leibniz's *scientia generalis*, the unified science of the Vienna Circle was conceived as having an encyclopedical character. The idea of self-perfection played no role for the Vienna Circle, but the idea of progress and the happiness of all certainly did.

Though Gödel's notebooks share the fragmentary character of many notebooks, and although Gödel also used the space for thinking they opened up as an experimental ground, the remarks therein are not randomly arranged, but pursue the guiding idea of perfectionism in all aspects that the history of Western philosophy has to offer. For Gödel, they are not only a tool of self-perfection, but also one of establishing the unity of the sciences.

1 Max 0 – Max XV

Philosophy I Max 0 – Time Management (Max) II

The first group consists of the three notebooks *Philosophy I Max 0*, *Time Management (Max) I* and *Time Management (Max) II*. The pages of *Philosophy I Max 0* have been paginated by Gödel from page 1 to

---

26 The editors were Otto Neurath, Rudolf Carnap, Philipp Frank, Jørgen Jørgensen and Charles W. Morris. See also the next volume on this topic.
27 Here, the editors were Otto Neurath, Rudolf Carnap and Charles W. Morris.

page 78 and, in addition, a loose sheet of paper has been inserted. The two notebooks *Time Management (Max) I and II* are then paginated continuously: *Time Management (Max) I* from page 1 to page 78 and *Time Management (Max) II* from page 79 to page 156 or 158, respectively. 43 additional pages with differing formats were further inserted by Gödel in *Time Management (Max) II*. As the page numbering in *Max III* starts over with page 1 and is then continued up to page 681 in notebook *Max VIII*, it becomes clear that Gödel did not consider *Max III* to be part of the first group, despite the numerous maxims contained in it. A further distinction concerns the disciplinary classification of various individual remarks which is almost completely missing in the notebooks *Philosophy I Max 0* until *Time Management (Max) II*, and is only gradually introduced in the notebook *Max III*. Furthermore, the addition "Time Management" is missing in the title of the notebook *Max III*.

Philosophy I Max 0 starts by working out a program for philosophical studies using bibliographic lists; it can be shown that at various points later on Gödel indeed read most of the works listed there. *Time Management (Max) I and II* contain Gödel's ethical program for self-improvement according to the philosophy of the Stoics philosophy via maxims for the conduct of life and for his own work.

The notebook *Philosophy I Max 0* was written between 1934 and 1941; in this notebook, the following dates are explicitly given: winter term 1934/35, October 6th [1937]; October 19th [1937]; January 1st, 1940; June 12th, 1941; and June 16th 1941. One addendum was apparently written after May 1st, 1942. Pagination: 1 – 78, with an additional page.

Time Management (Max) I was written between 1937–1938. In this notebook, the following dates are explicitly given: August 14th, 1937; August 25th, [1937]; July 25th, 1937; September 2nd [1937]; December 6th, 1937; December 11th, 1937; December 27th [1937]; January 1st, 1938. Pagination: 1–78.

Time Management (Max) II was written between 1938–1940; in this notebook the following dates are explicitly given: March 29th, 1938; September 13th, 1938; July 14th, 1940; July 17th, 1940; separate notes from January 10th, 1940 and from 1941. Pagination: 79–158 with an additional 43 inserted pages that are only partly paginated.

From the period of origin of the various notebooks, it is clear that Gödel wrote at the same time on notebook *Philosophy I Max 0* and on further notebooks of the Max-Phil-series, namely *Time Management (Max) I*, *Time Management (Max) II*, *Max III* and *Max IV*.

	Philosophy I	Time Management	Time Management
	Max 0	(Max) I	(Max) II[28]
Axioms			1
Remark	71	83[29]	166
Remark working conditions		1	
Remark foundations			1
Remark, maxim	1		
Remark pedagogical		2	
Remark parapsychology	1		
Remark philosophy	1		1
Remark psychology	1		1
Remark psychology of the senses	1		
Remark theology	1		1
Affairs/To do			4
Definition			1
Question	25	31	10
Question psychology			1
Maxim	1	88	133
Lecture notes	3		
Mail		1	
Principles (general)		3	
Problem	2	2	
Program	3	11	29
Program for the week		2	
Reading program		2	
Program psychology			1
Activities/classification		4	
Thesis	3		
Time Management		9[30]	1
			Pages inserted in Max II 1941: Maxims Mathematics No. 1–45; Maxims general No 1–59; Mathematics method No 1–10; Extra page program from January 10th 1940

28 Some remarks and maxims in *Time Management (Max) II* are concerned with work processes and time management without being explicitly marked as such.
29 "Remarks" are in part remarks on time management or on different activities.
30 "Urgent issues", "reasons for schedule lines" or "time use" are also subsumed under this point.

Max III – Max VIII

The second group consists of those notebooks that Gödel paginated from 1 to 680. A new pagination is only started in *Max IX*.

Max III was written between 1940–1941; the following dates are explicitly given in this notebook: September 4th, 1940, beginning of October 1940; January 1st, 1941; January 18th, 1941; January 21th, 1941; February 5th, 1941; February 12th, 1941; April 20th, 1941. Pagination: p. 1–150, with an additional four pages.

Max IV was written from May 1941 until April 1942; the following dates are explicitly given in this notebook: July 1st, 1941; end of March 1942. Pagination p. 153–285, with some additional unpaginated pages.

Max V was written from May 1st 1942 until June 1942; no further dates are explicitly given in this notebook. Pagination p. 286–379, with an additional unpaginated page.

Max VI was presumably written from the end of June 1942 until July 15th, 1942; the following dates are given explicitly in this notebook: June 16th, 1942; July 1st, 1942; July 15th, 1942. Pagination p. 380–469.

Max VII was written from July 15th 1942 until September 10th 1942; the following dates are given explicitly in this notebook: August 1st 1942. Pagination p. 470–562, with an additional page.

Max VIII was written from September 15th, 1942, until November 18th, 1942; the following dates are given explicitly in this notebook: October 7th 1942; October 18th, 1942. Pagination p. 563–665, with an additional 15 unpaginated pages containing remarks and one further page.

The specification with respect to disciplines is obviously strongest in the second group, namely that of *Max III* to *Max VIII*. It appears gradually in *Max III* and increases in notebook *Max IV*. In *Max III*, a large number of remarks are not specified as belonging to a certain discipline, but are simply called "remark". The second largest group of remarks is the one concerning psychology, while the third largest group concerns foundations. Here one has to decide for the first time whether the abbreviation "Bem Gr" refers to remarks about grammar or about foundations.[31] One reason in favour of the grammar reading is that at least this notebook also contains remarks explicitly labeled as foundations. Further-

---

31 In German: 'Grundlagen', M.C.

more, the protocol notebook[32] contains a note concerning a conversation with Friedrich Waismann dated September 12th, 1937, in which point 12 reads: "Concerning the task of philosophy (finding the appropriate grammar), he takes a position agreeing with Carnap's". This note shows that Gödel was well acquainted with the philosophical concept of grammar as it was debated during his time.

On the other hand, there is a remark on manuscript page 6 of *Max III* abbreviated "Bem Gr", which says: "Bem Gr: One should also take notes for foundational results of the failure of ideas along with the reasons." It is plausible to read "Bem Gr" as foundational remarks here. In addition, the grammar notebook from 1962, box 12, series IV, folder 39, refers on manuscript page 13 to the examples concerning grammar in notebook *Max XIV*. In notebook *Max XIV*, both "Bem Gr" and "Bem Gram" appear, those labeled "Bem Gram" being concerned with grammatical topics and those labeled "Bem Gr" with the foundations of logic and mathematics. Moreover, on the last page of *Max XIV*, Gödel listed those manuscript pages on which he is concerned with grammar. If one observes what kind of remarks appear on which of the listed pages, the following picture emerges:

page 17: One remark "Bem Philol"
page 23–36: One remark "Bem Gram" that extends over seven
    pages, five remarks "Bem Philol" and one further "Bem Gram"
page 55: One remark "Bem Philol"
page 100: One remark labeled "Gr", which reads: "The meaning of
    a sentence is its truth criterium."

In conclusion, most of the evidence speaks in favour of reading the abbreviation "Bem Gr" as foundational remarks, since the remark "Gr" on page 100 can also be understood to concern a foundational question in philosophy.

Finally, it should be noted that some of the remarks labeled "Bem Phil" should not, like the majority of these remarks, be read as remarks about philosophy, but rather as remarks about philology.

---

[32] In Gödel's *Nachlass* in box 6c, series III, folder 81, initial document number 030114.

	Max III	Max IV	Max V	Max VI	Max VII	Max VIII
Axioms	3					
Remark	162	2	25	1		6
Remark Descartes	1					
Remark F*oundations*	2	24	38	20	32	34
Remark foundations	52	76				
Remark foundations psychology	1		1			
Historiography	1					
Remark hygiene		1				
Remark/Question jurisprudence		1				1
Remark mathematics	3		1	1		2
Remark m(axim)	5	6				
(Remark) maxim work	4	1				
Remark or maxim philology	4	1				1
Remark philosophy	6	65	58	103	62	104
Remark philosophy and psychology			1			
Remark physics	1	1				
Remark Plato					1	
Remark psychology	63	10	20	30	15	9
Remark psychology source of mistakes			1			
Remark psychology, ethics	2					
Remark theology	18	7	13	4	8	2
Definition		1				
Question	12	2	7		1	5
Question f*oundations*		2				
Question legal science		1				
Question philosophy		4				
Question psychology	1		1			
Question theology	1					
Maxim	40	11	4	1	2	
(Remark) maxim mathematics	2					
Maxim philosophy		1		1		
Problem		2				2
Program philosophy		1		1		
Program psychology	1					
Psychology	1					
Linguistical inconsistency						1
Activity/classification	1					

Max IX – Max XII

The third group consists of the notebooks *Max IX* to *Max XII* which were written between 1942 and 1945. This group is formally distinguished from the second group by the fact that the pagination from notebook *Max IX* on starts with page one. With respect to content, the number of remarks about psychology decreases while the number of remarks about physics increases slightly.

Max IX was written from November 18th, 1942 until March 11th, 1943; the following dates are given explicitly in this notebook: November 18th, 1942, November 24th, 1942, March 19th, 1943. Pagination: p. 1–96.

Max X was written from March 12th, 1943 until January 27th, 1944; no further dates are given explicitly in this notebook. Pagination p. 1–93

Max XI was written from January 28th, 1944 until November 14th, 1944; only the following date is given explicitly in this notebook: August 16th–31st, 1944. Pagination p. 1–155

Max XII was written from November 15th, 1944; until June 5th, 1945; no further dates are given explicitly in this notebook. Pagination p. 1–119.

Max Phil XIII was written from June 1945 until April 1946; however, the notebook was lost in April 1946.

	Max IX	Max X	Max XI	Max XII
Remark	11	6	7	2
Remark F*oundations*	47	51	31	9
Remark grammar			1	
Remark jurisprudence				2
Remark mathematics	1		1	
Remark moral			1	
Remark philology			4	14
Remark philosophy	77	36	124	159
Remark (philosophy) Carnap			1	
Remark (philosophy) Leibniz		6	1	
Remark physics		3	9	2
Remark psychology	1	5	8	8
Remark theology	5	5	16	6
Question	1	1	5	3
Remark philosophy				1
Remark psychology				1
Frege			1	
maxim			1	
Physics problem		1		
Pleonasm		1		
Problem			1	

Phil XIV – Max Phil XV

Phil XIV was written fom July 1946 until May 1955. The only further date explicitly given in this notebook is: Ashbury Park, 1954. Pagination p. 1–130.

Max Phil XV was written from March 1955 until ?; no particular dates are given in this notebook. Pagination is missing, 33 written manuscript pages.

The entry in *Phil XIV*: "The notebook Phil XIII (=Max XIII) (VI.45 – IV.46) was lost in April 1946" is remarkable as the notebooks are now again entitled "Max" and "Phil". Gödel apparently started working on notebook XIV shortly after notebook XIII was lost in July 1946. The last notebook is entitled "Max XV" on the cover, but only called "Phil" inside the notebook, and the Roman enumeration is missing.

At the beginning and the end of the collection of notebooks that Gödel himself regarded as related, the notebooks are hence called "Phil" and "Max", but in between only "Max" and after notebook XIII, they are again called "Phil" and "Max".

The notebook *Phil XIV* starts with a small sub-chapter which extends over six pages. It is entitled "The passing of time". The specifications that go along with "remark" are introduced again only afterwards, until the addition "remark" is mostly abandoned and the specifications stand for themselves. Finally, in notebook *Max Phil XV*, the addition "remark" ceases to appear altogether.

	Phil XIV	Max Phil XV
Answer		1
Remark	4	
Remark foundations	2	
Remark grammar	5	
Remark logic	1	
Remark philosophy	31	
Remark physics	2	
Remark psychology	4	
Question	2	
Remark philosophy		1
Foundations	1	
Foundations	4	7
Foundations of philosophy	1	
Mathematics	2	
Maxim	3	
Philology	8	
Philosophy	57	44
Psychology		1
Passing of time	1	

2 Philosophy I Max 0 – a short overview

Gödel deliberately put this notebook in front of the others. His reasons can be found in the content of the notebook itself. First, the programmatic introduction provides reasons in favour of this decision. The start of *Philosophy I Max 0* contains an extensive program for reading and studies. This as well as other parts of the notebook were influenced by the philosophical orientation of the Vienna Circle as well as by that of Gödel's teacher, Heinrich Gomperz. Moreover, this selection is also partly influenced by the so-called Austrian state philosophy that is associated with Bernard Bolzano, Robert Zimmermann[33] and the Herbart school. On the other hand, it also reflects the dismissal of this form of philosophical and scientific thinking by Franz Brentano and his school[34] and downright opposes this tradition by incorporating Hegel's logic into its program.

Also revealing are the following lecture notes from the lectures of Moritz Schlick, Dietrich von Hildebrand and Alfred Kastil. The notes from Schlick's lecture on logic are essentially restricted to the theory of knowledge, and represent a position of the Vienna Circle. The notes from the lecture by Dietrich von Hildebrand and Alfred Kastil represent an antithesis. Von Hildebrand, as a student of Edmund Husserl, was probably chosen as being close to phenomenology, while Alfred Kastil, being a student of Brentano, was chosen as representing a philosophy that had a great influence on Husserl.[35]

---

33 It was Zimmermann's concern to combine the approaches of Bernard Bolzano and Johann Friedrich Herbart to an anti-subjectivist philosophy serving the state. Zimmermann had a considerable influence on the philosophy classes in Austria through his school book *Philosophische Propädeutik für Obergymnasien*. It should be emphasized here that the philosophy of Leibniz was present in Austria via the reception of his monadology by Bolzano and Herbart. Cf. Feichtinger, *Wissenschaft als reflexives Projekt*, p. 121. We owe the reference to Robert Zimmermann to Christian Damböck.

34 Cf. Feichtinger, *Wissenschaft als reflexives Projekt*, p. 114. For the period from 1848–1938, for which the cornerstones are the anti-subjectivist philosophy propagated by the Austrian state and the Vienna Circle, Feichtinger also carves out the role of Theodor Gomperz (the father of Heinrich Gomperz) and Franz Brentano. For Theodor and Heinrich Gomperz, Zimmermann's approach to philosophy already belonged to the past. Cf. Feichtinger, *Wissenschaft als reflexives Projekt*, p. 198 n. 380. Concerning the ties between Brentano, the Vienna Circle and both of the Gomperz's see also: Christoph Limbeck-Lilienau and Friedrich Stadler, *Der Wiener Kreis*, p. 52f and p. 14f.

35 In the protocol of a conversation with Else Frenkel from November 15th 1937, Gödel talks about attending the lectures of Hildebrand and Kastil after asking Frenkel whether there are further phenomenologists besides the students of Husserl. Frenkel calls the phenomenologists desk-psychologists and further

In his lecture, Schlick refers explicitly and negatively to several philosophers who are positively emphasized as being important in the lectures of von Hildebrand and Kastil and whose ideas are taken up by Gödel in *Philosophy I Max 0*. While philosophy and psychology have nothing to do with each other according to Schlick, psychology and philosophy are closely connected for Brentano (and hence for Kastil). Gödel frequently reflects on topics in psychology in his philosophical remarks. Furthermore, although Schlick claims that it is misleading to ask what a concept is, this becomes an important question for Gödel. While Schlick does not consider intuition to be a form of cognition, Gödel attempts in *Philosophy I Max 0* among other things to obtain a conceptually more precise grasp of this form of cognition. While Schlick dismisses "intuitionist philosophers" and metaphysicians, Gödel considers precisely those in *Philosophy I Max 0*.

One could conclude now that Schlick's lecture serves as a kind of negative foil for Gödel's occupation with philosophical problems and questions in *Philosophy I Max 0*. But this is not always the case. For example, Schlick takes a partially positive position about the philosophies of Leibniz and Bolzano,[36] and his understanding of knowledge as a picture of reality leaves demonstrable traces in Gödel's thinking. It would hence be an over-simplification to regard Schlick's lecture as a mere "foil" for Gödel's occupation with philosophical issues.

Kastil's claim that descriptive psychology or phenomenology are of fundamental significance for metaphysics gives a first glimpse of an explanation for Gödel's intense occupation with Brentano's descriptive psychology, since Brentano's task is to describe consciousness from the perspective of the first person. This makes it all the more remarkable, however, that in the literature list following the lecture notes Brentano's name is first marked with a question mark and then, in a further list, even crossed out.

This programmatic part of *Philosophy I Max 0* (the reading program and the lecture notes) is followed by various considerations concerning the right way to approach philosophy and the history of

---

calls Kastil a boring Brentanist who gets lost in the subtleties of Brentano's philosophy, while Gödel talks positively about Kastil's lecture. The protocol is contained in the Gödel *Nachlass* in box 6c, series III, folder 81, initial document number 030114. Cf. page 54ff. on von Hildebrand and Kastil.

36 It is well known that Leibniz and Bolzano are mentioned in the manifesto of the Vienna Circle as forerunners of the Circle.

philosophy and to circumscribe the leading philosophical schools. Afterwards, Gödel starts with philosophical remarks. These show that the occupation with Brentano is significant for Gödel in *Philosophy I Max 0*, due to Brentano's considerations on internal and external perception. Internal perception is the consciousness of the fact that one sees, hears, smells etc. something. The perception of facts hence does not merely consist of external perception, but also in what he calls introspective evidence, by which he means the internal perception as formation of judgment.[37]

The various forms of perception are a dominant topic in Gödel's *Philosophy I Max 0*. The perceptivity of the sense organs, emotions as perceptions and the understanding as the ability to perceive concepts and ideas: these questions keep him occupied throughout. Further topics are the perception of means and goals and one's own existence as well as the relation of reality and perception and the question of what we perceive immediately. All of these he deals with in his remarks.

One further topic of great importance in *Philosophy I Max 0* deals with concepts. Gödel reads Leibniz concerning his quest for simple concepts and ideas. The relation of facts and concepts, external objects and concepts, perceptions and concepts, of concepts and understanding as well as the faculty of understanding also belong to this area of study, as does the relation between simple sensations or qualities and concepts and the relation between understanding propositions and the function of symbols and pictures for understanding.

Literature

Ann Blair, Note Taking as an Art of Transmission, in: *Critical Inquiry* 31 (2004), p. 85–107.

Peter Boerner, *Tagebuch*, Stuttgart (Metzler) 1969.

Gabriella Crocco and Eva-Maria Engelen, Kurt Gödel's Philosophical Remarks (Max Phil), in: *Kurt Gödel: Philosopher-Scientist*, edited by Gabriella Crocco and Eva-Maria Engelen, Aix en Provence (Presses Universitaires de Provence) 2016, p. 33–54.

---

37 However, in *Time Management (Max) II* (manuscript page 102) Gödel calls such concept formations by Brentano in *Truth and Evidence* unappealing because Brentano does not explain his concepts.

John W. Dawson jr, and Cheryl A. Dawson (2005), Future Tasks For Gödel Scholars. First printed in: *Bulletin of Symbolic Logic*, vol. 11.2, p. 150–171. Reprinted in: S. Feferman, Ch. Parsons, T. G. Simpson (Eds.) (2010), *Kurt Gödel, Essays for his Centennial*, Cambridge (Cambridge University Press), p. 21–42.

Markus Dubischar, Typology of Philological Writings, in: *Brill's Companion to Ancient Greek Scholarship*, vol. 1, edited by Franco Montanari, Stephanos Matthaios and Antonios Rengakos, Leiden/Boston (Brill) 2015, p. 545–599.

Hermann Eichele, Hypomnema, in: *Historisches Wörterbuch der Rhetorik*, vol. 4, edited by Gert Ueding, Tübingen (Niemeyer) 1998, column 112–128.

Johann Feichtinger, *Wissenschaft als reflexives Projekt: Von Bolzano über Freud zu Kelsen. Österreichische Wissenschaftsgeschichte 1848–1938*, Bielefeld (Transcript) 2010.

Michel Foucault, *The Use of Pleasure: The History of Sexuality*, vol. II, London (Viking) 1986.

Michel Foucault, Self Writing, in: *Ethics: Subjectivity and Truth*, New York (The New Press) 1997, p. 207–221.

Manfred Fuhrmann, Hypomnema, in: *Der kleine Pauly*, vol. 2, Dicta Catonis, edited by Konrad Ziegler and Walther Sontheimer, Stuttgart (Druckenmüller) 1967, column 1282–183.

Heinrich Gomperz, *Die Lebensauffassung der griechischen Philosophen und das Ideal der inneren Freiheit. Zwölf Vorlesungen*, Jena (Eugen Diederichs) 1927.

Pierre Hadot, Reflections on the notion of 'cultivation of the self', in: *Michel Foucault, Philosopher: Essays*, edited by Timothy Armstrong, New York (Harvester Wheatsheaf) 1992, p. 225–232.

Pierre Hadot, Postscript. An interview with Pierre Hadot, in: *Philosophy as a way of life. Spiritual exercises from Sokrates to Foucault*, Oxford (Wiley) 1955, p. 277–286.

Christoph Hoffmann, Wie lesen? Das Notizbuch als Bühne der Forschung, in: *Werkstätten des Möglichen 1930–1936: L. Fleck, E. Husserl, R. Musil, L. Wittgenstein*, edited by Birgit Griesecke, Würzburg (Königshausen & Neumann) 2008, p. 45–57.

Marianne Klemun, Historismus/Historismen – Geschichtliches und Naturkundliches: Identität – Episteme – Praktiken, in: *Wissenschaftliche Forschung in Österreich 1800–1900. Spezialisierung, Organisation, Praxis*, edited by Christine Otter, Gehrard Holzer,

Petra Svatek, Göttingen (Vienna University Press bei V&R unipress) 2015, p. 17–44.

Karin Krauthausen, Vom Nutzen des Notierens, in: *Notieren, Skizzieren. Schreiben und Zeichnen als Verfahren des Entwurfs*, edited by Karin Krauthausen, Zürich/Berlin (Diaphanes) 2010, p. 7–26.

Platon, *Apology*.

Hans Poser, *Leibniz' Philosophie. Über die Einheit von Metaphysik und Wissenschaft*, edited by Wenchao Li, Hamburg (Meiner) 2016.

Hans Poser, Leibniz und die Einheit der Wissenschaften, in: *Vision als Aufgabe. Das Leibniz-Universum im 21. Jahrhundert*, edited by Martin Grötschel and others, Berlin (Berlin-Brandenburgische Akademie der Wissenschaften) 2016, S. 17 – 31.

Heinrich Schepers, *Leibniz. Wege zu seiner reifen Metaphysik*, Berlin (Akademie Verlag) 2014.

Gottfried Wilhelm Leibniz, *Die philosophischen Schriften von Gottfried Wilhelm Leibniz*, edited by Carl Immanuel Gerhardt, vol. VII, Berlin (Weidmannsche Buchhandlung) 1890.

Gottfried Wilhelm Leibniz, *Sämtliche Schriften und Briefe, vol. VI, 4, Philosophische Schriften*, edited by Heinrich Schepers, Martin Schneider, Gerhard Biller, Ursula Franke, Herma Kliege-Biller, Berlin (De Gruyter) 1999.

Christoph Limbeck-Lilienau and Friedrich Stadler, *Der Wiener Kreis. Texte und Bilder zum Logischen Empirismus*, Wien (LIT Verlag) 2015.

Anne Siegetsleitner, *Ethik und Moral im Wiener Kreis. Zur Geschichte eines engagierten Humanismus*, Wien/Köln/Weimar (Böhlau) 2014.

Marcel van Ackeren, *Die Philosophie Marc Aurels, vol. 1, Textform – Stilmerkmale – Selbstdialog*, Berlin (De Gruyter) 2011.

Hao Wang, *A Logical Journey. From Gödel to Philosophy*, Cambridge Mass. (MIT Press) 1996.

Robert Zimmermann, *Philosophische Propädeutik. Prolegomena – Logik – Empirische Psychologie. Zur Einleitung in die Philosophie*, Wien (Braumüller) 1860, 2nd edition.

Philosophy I
(=~~Max I~~)
Form should read Max 0

[1]
Content: Taxonomy (Classification of the various *Weltanschauungen*)[38]

History and contemporary history (in particular, who are (were) the eminent representatives of the various main *Weltanschauungen*) of philosophy.

Psychology (psychiatry, psychoanalysis), → self-experimenting, experimental psychology, psychometrics, pedagogy).

Theory of Science (highest notions and theorems of the individual sciences)

Philosophy decomposes into: [logic, epistemology (semantics), theory of sciences, metaphysics, ethics]

Objective, or rather "What is true?":
epistemology (semantics)   What is true?
metaphysics, philosophy of history, ethics, aesthetics   objective

Program:
1. Bühler, language psychology[39] (Brentano)
2. Gomperz, *Weltanschauungslehre*[40] and Überweg,[41] and *Wissenschaft und Tat*[42]

---

38 For the concept of *weltanschauung* in the work of Gödel's teacher Heinrich Gomperz, cf.: Heinrich Gomperz: "Die Weltanschauungslehre ist eine Wissenschaft, d.h. – im objektiven Sinne – ein Zusammenhang von Gedanken (Begriffen, Sätzen, Beweisen usw.), die sich auf Tatsachen in solcher Weise beziehen, daß sie als deren Nachbildung erscheinen; im subjektiven Sinn aber ein Inbegriff von menschlichen, auf die Herstellung solcher Gedankenzusammenhänge gerichteten Tätigkeiten." in: idem, *Weltanschauungslehre*, vol. I, p. 5. Cf. also for the concept of *weltanschauung* or world view in the Vienna Circle, Thomas Mormann, Wiener wissenschaftliche Weltanschauungen, in: *Die europäische Wissenschaftsphilosophie und das Wiener Erbe*, p. 105–125.
39 Assuming that the title of a work by Bühler should appear here, possible candidates are for example "Forschungen zur Sprachtheorie", which appeared in the *Archiv für die gesamte Psychologie*, or the two volumes *Sprachtheorie. Die Darstellungsfunktion der Sprache* and *Tatsachen und Probleme zu einer Psychologie der Denkvorgänge*.
40 This is a work in two volumes by Heinrich Gomperz that appeared under the title *Weltanschauungslehre. Ein Versuch die Hauptprobleme der allgemeinen Theoretischen Philosophie geschichtlich zu entwickeln und sachlich zu bearbeiten*.
41 The entry concerning Heinrich Gomperz appears in Überweg, *Grundriss der Geschichte der Philosophie*, 12th edition, on the pages p. 397–98.

3. read Hegel (*Wissenschaftslehre* Bolzano?)[43]
4. Aristotle[44] in excerpts and Plato, in particular *Timaios*

> Question: What does one need to know to obtain an historical understanding of modern philosophy?:
> Plato, (neoplatonism), Aristotle, medieval theology (Thomas and the nominalists), (Locke, Hume, Mill), Kant, Hegel, Mach

[Question: Who is a leading figure in psychologism?] [2]

> Taxonomy of *Weltanschauungen*:
> positivism
> Kantianism
> materialism
> pychologism
> idealism
> theology

statistics in different p opulation strata[45]

Question

Question: How can one find out the main representatives of the various present directions? – Excerpt from *Minerva*[46] the chairs at the major universities (Question: How does one determine the importance of a university?) together with their holders, then look up their works in a book catalogue sorted by names (or in a *Zentralblatt* of the respective field) and read some of his writings. [Question: Do all eminent present philosophers hold a chair? (How significant are chairs?)]

---

42 *Die Wissenschaft und die Tat* is the title of a book by Heinrich Gomperz.
43 *Wissenschaftslehre. Versuch einer ausführlichen und grösstentheils neuen Darstellung der Logik mit steter Rücksicht auf deren bisherige Bearbeiter* is the title of a book by Bolzano.
44 On April 2nd 1937 and July 5th 1938, Gödel filled in a request form for the third volume of the Bekker-edition which appeared in Berlin with Georg Reimer in 1831. This volume contains Latin translations of Greek texts from the Renaissance, including: the *Organon*, *De anima*, *De animalium*, *De interpretatione*, *De memoria et reminiscentia*, *Metaphysica*, *De sensu et sensili* and *De spiritu*. Furthermore, on July 5th and 12th 1938, Gödel ordered the *Organon* by Aristotle in the translation by Hermann von Kirchmann, which appeared with the publishing house Georg Weiss in Heidelberg 1883, through a request form.
45 This remark could be due to Carnap's noncognitivism.
46 *Minerva* is an academical calender. Cf. for example: *Minerva. Jahrbuch der gelehrten Welt*, ed. by Lüdtke 1926.

Continuation of agenda:
5. Schjelderup, *Geschichte der Philosophie – 1900*[47] and further in book catalogues sorted by topic
6. psychology: Bühler, *Die Krise*[48] and phenomenologists: Stumpf (Husserl, Scheler) Brentano

<u>Maxim</u>: In general: Use the presentations from secondary literature: Taxonomies, history, including self-presentations, to get to know names and schools of thought roughly,* then read the authors themselves (if only in excerpts). In order to get to know everything that there is, several presentations from secondary literature are to be read in a cursory manner (brief presentations)

* What is there in the first place?

[3]

7. positivist philosophy (Carnap, Whitehead, Russell, Morris[49] (pragmatist philosophy) Schlick, Wittgenstein, Waismann)
8. carry out experiments in psychology yourself
9. theory of science (true taxonomy of sciences) independently
10. psychotechnics (vocational aptitude test, intelligence test) in Vienna Prof. Hackl.[50]

> *Schlick*, Lecture on *Logic and Theory of Knowledge*, Winter Semester 1934/35[51]

1. In philosophy, one cannot point to certain doctrines as firmly accepted.[52]

---

47 The work by Schjelderup from 1924 is entitled *Geschichte der philosophischen Ideen von der Renaissance bis zur Gegenwart*.
48 The work by Bühler from 1927 is entitled *Die Krise der Psychologie*.
49 Charles W. Morris is associated with American pragmatism.
50 The psychologist Karl Hackl directed an institute for psycho-mechanics before taking over the direction of the psychotechnical institute of the employment office in Vienna, which carried out aptitude tests for the unemployed and also accompanied their re-education and psychological support. Cf. *Deutschsprachige Psychologinnen und Psychologen 1933–1945*, edited by Wolfradt u. a., p. 158–160.
51 Schlick's lecture "Logik und Erkenntnistheorie" is published by Martin Lemke in the Moritz Schlick edition, Schlick, MSGA, sect. II, vol. 1.3. The bibliographical references to this volume refer to the galley proofs, which Martin Lemke kindly made available to us for the present edition in November 2018.
52 "Es verhält sich bei philosophischen Betrachtungen immer so, dass es schwer ist, irgendwo zu beginnen und dass man erst am Schluss weiss, was man getan hat und warum man es getan hat. [...] Das eigentümliche Schwanken, die Unsicherheit bei den philo[opischen] Bemühungen ergibt sich schon äusserlich, da man nicht auf bestimmte Lehrmeinungen als fest anerkannte Inhalte (wie

2. In philosophical investigations, one only knows at the end what one has done (no specific aim can be stated in advance).[53]
3. Logic and psychology fit together as well as painting and sailplane.[54]
4. Psychology has nothing whatsoever to do with philosophy.[55]
5. Philosophy is indivisible[56] (it cannot be disassembled into disciplines).
6. Our intellectual life is aimed at clearing away the rubble of tradition and bringing itself to clarity, to the right standpoint.[57] [4]
7. Aristotelean logic (=logic of names) is only a very small and uninteresting part of logic (but Kant could make no progress at all in the *Critique*).[58]
8. It is often rightfully held against the old traditional logic that it is superfluous and fruitless.[59]

---

z.B. in der Physik, der Mathematik) hinweisen kann, [...]." Schlick, MSGA, sect. II, vol 1.3, p. 354

53 Cf. the preceeding remark.
54 "Logik und Psychologie passen überhaupt nicht zusammen, dürfen nicht systematisch zusammengefasst werden; man kann sie nur zusammenstellen wie jedes menschliche Bemühen überhaupt (wenn man Logik und Psychologie als propädeutische Disziplinen zusammenstellt, so ist das so, wie wenn man Malerei und Segelflug zusammenstellen würde); [...]" Schlick, MSGA, sect. II, vol. 1.3, p. 354 ff.
55 "Dass die Psychologie, die doch Einzelforschung betreibt, überhaupt noch zur Philosophie gerechnet wird, hat nur einen historischen, keinen sachlichen Grund." Schlick, MSGA, sect. II, vol. 1.3, p. 355.
56 "Wir lehnen auch alle Bemühungen ab, Logik und Erkenntnistheorie zu vereinigen, deshalb, weil die Philosophie sich nicht in einzelne Fächer zerlegen lässt; sie ist nicht eine Wissenschaft von der Art, dass man sie in einzelne Abteilungen zerlegen kann. Logik und Erkenntnistheorie stehen zur Philosophie in einem ganz anderem Verhältnis als dem eines Teiles zum Ganzen; sie sind auch nicht Vorbereitungen für etwas anderes, das sich dann anschliesst und Philosophie heisst. Die Philosophie ist etwas Unteilbares, [...]." Schlick, MSGA, sect. II, vol. 1.3, p. 355.
57 "Unser ganzes Geistesleben ist darauf eingestellt, den traditionellen Schutt wegzuräumen, sich zur Klarheit, zum richtigen Standpunkt durchzuringen." Schlick, MSGA, sect. II, vol. 1.3, p. 356.
58 "[...] ; "wir betrachten von vornherein die Aristotelische oder Namenlogik als einen ganz kleinen, in sich abgeschlossenen Bezirk, den eigentlich uninteressanteren Teil des in Wirklichkeit viel weiteren Reiches der Logik." [...] Als Kant diese Worte schrieb, gab es in der kurfürstl[ichen] Bibliothek zu Hannover seit über 100 Jahren Aufzeichnungen zu einer neuen Logik von Leibniz und aus diesen Aufzeichnungen hat sich in der neueren Zeit die Ausweitung der Logik vollzogen, die die Logik zu einem wichtigen und vollkommenen Faktor in der Philosophie gemacht hat, sie aus ihrer Starre erlöst hat. Heute sind gerade von der Logik her die grundlegenden Einsichten der neueren Philosophie entstanden." Schlick, MSGA, sect. II, vol. 1.3, p. 357.

9. Through the study of contemporary logic, we learn something philosophical and not merely formulas.[60]
10. The accusation of fruitlessness is refuted with the fact that every theoretical science is pursued for its own sake, not because of its practical success.[61]
11. In the lecture, logic shall be pursued philosophically.[62]
12. When pursued in the right way, the accusations of fruitlessness by Bacon and Goethe are not justified.[63]
13. Through Leibniz, logic was transfered from speculative philosophy to mathematics.[64]
14. Sigwart, Erdmann, Wundt regress compared to Aristotle, Mill (and others). Intermingling with an empricial aspect not belonging there, further with the methodology of particular sciences as well. This commingling is overcome today.[65]

---

59 "Schon im Altertum wurde gegen die Logik, so wie sie von Aristoteles geschaffen wurde, der Vorwurf erhoben, dass sie eigentlich etwas Überflüssiges sei, keine praktische Anwendungsmöglichkeit habe, oder doch nur eine sehr künstliche. [...] Der grössere Vorwurf, der der traditionellen Logik zu Beginn der neueren Philosophie gemacht wurde, ist der, dass sie unfruchtbar sei, [...]." Schlick, MSGA, sect. II, vol. 1.3, p. 358.
60 "[...]; wir können hoffen, dass wir heute beim Studium der Logik etwas wirklich Philosophisches und nicht bloss Formeln lernen." Schlick, MSGA, sect. II, vol. 1.3, p. 359.
61 "Dem Vorwurf, dass die Logik unfruchtbar ist, lässt sich am einfachsten dadurch entgehen, dass man sagt, dass die Logik gar nicht den Zweck verfolgt, Erkenntnisse zu gewinnen. Wir verfolgen zunächst rein theoretische Ziele, wenn wir uns in der Logik mit den Gesetzen des richtigen Denkens beschäftigen." Schlick, MSGA, sect. II, vol. 1.3, p. 359.
62 "Hier wird die Logik in erster Linie philosophisch betrieben, also im Hinblick auf philosophische Vorteile, die man von der Beschäftigung mit ihr hat." Schlick, MSGA, sect. II, vol. 1.3, p. 360.
63 "Speziell Bacon hat der ganzen Scholastik Unfruchtbarkeit vorgeworfen (eine Anspielung darauf findet sich auch in Goethes Faust, 'collegium logicum') und dieser Vorwurf war in gewissen Grenzen berechtigt, trifft aber nur die Logik, wie sie damals bekannt war und gewisse Gebiete der neueren Logik. Die Logik kann ganz weittragende Konsequenzen haben – es kommt nur darauf an, wie man sich mit ihr beschäftigt." Schlick, MSGA, sect. II, vol. 1.3, p. 360.
64 "Erst durch Leibniz ging die Logik aus den Händen der bloss spekulativen Philosophen über in die Hände der Mathematiker[...]." Schlick, MSGA, sect. II, vol. 1.3, p. 360.
65 "Schon in der langen Zeit, in der die Logik eigentlich schlummerte [...], wurden Lehrbücher der Logik geschrieben, [...] die keinen Fortschritt über Aristoteles hinaus bedeuten, eher als ein Rückschritt bezeichnet werden müssen (z. B. Sigwart, B. Erdmann, Wundt); diese Werke sind in gewisser prinzipieller Hinsicht unvollkommener, weniger geschlossen, verworren und rein logisch weniger befriedigend als die einfache Darstellung von Aristoteles. Da die blosse Darstellung dieser logischen Schlussregeln, der verschiedenen Arten von Urteilen etz. nicht weit führt [...], hat man in die Logik allerhand hineingebracht, das wir heute als Verunreinigung der Logik empfinden müssen; z.B.

15. The true definition of logic consists in its being 'formal', that is, it doesn't consider particular objects, but objects of any kind.[66] [5]
16. The content is considered by epistemology.[67]
17. Through dealing with the forms, the essence of philosophical problems becomes clear to us.[68]
18. Contrast to formal logic: 1. Logic metaphysics (Hegel) Hegel,[69]
    2. theory of knowledge.[70]
19. Wundt: Great methodology of scientific research.[71]
20. In contrast to this, it is claimed that logic should and must be treated formally.[72]

---

die allgem[eine] Methodenlehre; [...]. Es wurde also in der Logik mit der induktiven Methode gearbeitet und der aristotel[ischen] Logik die sog[nannte] induktive Logik gegenübergestellt (am berühmtesten die von J[ohn] S[tuart] Mill.) [...] Diese Vermengung und Verderbnis der Logik ist heute gänzlich überwunden; [...]." Schlick, MSGA, sect. II, vol. 1.3, p. 361–363.

66 "[...] die Logik, die dem reinen Begriff der Logik entspricht, wird am besten charakterisiert durch das zugefügte Adjektivum der formalen Logik. Damit ist gesagt, dass die Logik es in irgendeinem Sinne mit den sog[enannten] "Formen des Denkens" zu tun hat, im Gegensatz zum Inhalt, mit welchem das Denken sich beschäftigt. [...] in der Formel selbst ist keine Rede von besonderen Gegenständen, sondern von irgendwelchen Gegenständen – das und nichts anderes soll es heissen, wenn wir sagen, dass sich die Logik mit den 'Formen' und nicht mit dem Inhalt des Denkens befasst. Die reine Logik befasst sich also mit den formalen Aussagen, damit, wie unsere Aussagen beschaffen sein müssen, damit die Gültigkeit unseres Denkens erhalten bleibt." Schlick, MSGA, sect. II, vol. 1.3, p. 363 ff.

67 "Die Logik beschäftigt sich also mit den Formen des Denkens, die Erkenntnistheorie mit dem Inhalt des Denkens." Schlick, MSGA, Abt II, vol. 1.3, p. 364.

68 "Durch diese Beschäftigung mit den Formen aber wird uns das Wesen der philos[ophischen] Probleme klar, über die wir mittels Urteilen sprechen." Schlick, MSGA, sect. II, vol. 1.3, p. 364.

69 "[...] die Metaphysik (so ist es speziell bei Hegel: Logik-Metaphysik; diese beschäftigte sich mit dem "wahren Wesen", etz.)." Schlick, MSGA, sect. II, vol. 1.3, p. 365.

70 "Hingegen ist es manchmal noch gebräuchlich, der formalen Logik eine erkenntnistheoretische Logik gegenüberzustellen, weil die Logik sonst zu unnütz erscheint, man will, dass die Beschäftigung mit der Logik auf etwas anderes hinweist, sich von etwas anderem ableitet, so wird die Logik im Zusammenhang mit der Erkenntnistheorie behandelt, [...] ." Schlick, MSGA, sect. II, vol. 1.3, p. 366.

71 "Das wird dann so formuliert, dass es heisst, dass das, womit die Logik sich beschäftigt, einer erkenntnistheoretischen Grundlage bedürfe (das ist die Ansicht von Wundt in seiner grossen Methodologie der wissenschaftlichen Forschung.)" Schlick, MSGA, sect. II, vol. 1.3, p. 366.

72 "Wir halten daran fest, dass man die Logik auch rein formal betreiben kann und werden zeigen, dass man das auch tun muss." Schlick, MSGA, sect. II, vol. 1.3, p. 367.

21. Refutation of psychologism – comparison: A chess player is not interested in the mechanical laws of moving figures, but in the rules of correct playing – likewise, the logician is not interested in the laws of actual thinking.[73]
22. Logic is not concerned with laws of nature, but with "norms", yet has nothing to do with ethics or aesthetics because of this, since it doesn't give prescription, but describes something – hence the manner of speaking of a norm is not quite wrong, but misleading.[74]
23. Likewise, epistemology has nothing to do with psychology, but considers the material conditions of correct thinking (like logic considers the formal conditions).[75]
24. Question whether there is a general scientific theory of knowledge at all? In any case, the border to the particular sciences is blurred. It consists of "side notes"* and is no science in its own right. [6][76]

* This is typical for the spirit of positivism.

---

73 "Anders in der Logik: sie stellt die Regeln für das richtige Denken auf; es sind keine Naturgesetze des tatsächlichen Denkverlaufes, sondern Regeln, nach denen ein Denkverlauf als richtig oder falsch beurteilt wird. Wir nehmen als Beispiel das Schachspiel: [...] Es wird [...] nicht die Bewegung des Hin- und Herziehens gelehrt, die schon ein Kind von selbst kann, sondern die Regeln, nach denen es geschehen soll. Genau so ist es mit dem Denken: die Psychologie beschäftigt sich mit dem Denken in der Weise, in der sich jemand mit dem Schachspiel beschäftigt, der die Mechanik der Bewegung untersucht oder die Materialien. Der Logiker aber interessiert sich nur für die Regeln, nach denen gedacht werden soll, wenn man richtig denken will." Schlick, MSGA, sect. II, vol. 1.3, p. 368 ff.

74 "Man hat die Logik eine "normative" Wissenschaft genannt: dieser Ausdruck ist nicht ganz glücklich gewählt; der Begriff der Norm ist etwas schwierig und die Verwendung dieses Wortes hat für die Logik oft zu bösen Missverständnissen geführt: man hat dann die Logik auf eine Stufe gestellt mit der Ethik (der Lehre vom richtigen Handeln) und auch mit der Ästhetik. Es lässt sich da aber keine Analogie aufstellen, weil die logischen Fragen ganz anders behandelt werden müssen. Die Logik will nicht den Charakter von Vorschreibungen haben, sondern ist etwas, das beschreibt. Wir vermeiden das Wort 'Norm' auch in der Wissenschaft; sie kann uns nichts vorschreiben oder befehlen, sie kann uns nur etwas sagen." Schlick, MSGA, sect. II, vol. 1.3, p. 369 ff.

75 "[...] auch die Theorie des Erkennens [ist] keine psychologische Disziplin [...]; [...] Es wird gesagt, dass es sich in der Logik um die formalen Regeln, bei der Erkenntnislehre um die inhaltlichen oder materialen Voraussetzungen des richtigen Denkens handelt." Schlick, MSGA, sect. II, vol. 1.3, p. 371.

76 "Tatsache ist, dass man keine genaue Grenze ziehen kann zwischen der Methode der einzelnen Wissenschaften und den philosophischen Bemühungen um die Gültigkeit der Erkenntnis. [...]: die Erkenntnistheorie wird aus den Nebenbemerkungen bestehen, die wir zu den Problemen der Logik machen werden. Sie wird keine besondere Wissenschaft bilden, [...]." Schlick, MSGA, sect. II, vol. 1.3, p. 372.

25. Locke was the first to claim: One first has to pursue epistemology before one can pursue metaphysics. Later on, epistemology was even presented as the only legitimate philosophy. The utmost antithesis: <u>Hegel and certain modern ones</u>?[77]

Content so far:
1. Logic and psychology have nothing to do with each other.
2. Epistemology consists of "side notes" and is no science.
3. Mathematical logic (since Leibniz) is fruitful and philosophically interesting.* Aristotle is purely formal and fruitless.
   *Notable trick: Theoretical science considers things for their own sake, hence one should not pay attention to practical advantage.

<u>What is knowledge?</u>[78]

1. Any knowledge is expressed in a sentence.[79]
2. Knowledge is explained by its purpose:[80] To determine behaviour via prediction.* (Via signs that represent the objects). This is itself a very important insight. It is the function of knowledge to find order in the world and to prepare us for it.[81] To find this order is the task of pure science. (The sen-

* This is possible because there is order in the world. Reference: "Solche Voraussagen sind dadurch möglich, dass in der Welt eine gewisse Ordnung herrscht." Schlick, MSGA, section II, vol. 1.3, p. 379.

---

[77] "[...] erstmals von <u>John Locke</u> [...] [d]er Gedanke [...], dass, was man über erk[enntnis]theor[etische] Fragen sagen kann, alles sei, was man über philosophische Fragen überhaupt sagen kann, [...]. Es waren auch Rückschläge zu verzeichnen; Hegel z. B. hat die Erkenntnistheorie überhaupt geleugnet; in der Gegenwart sind solche Spekulationen wieder modern, welche auf die Erkenntnistheorie überhaupt verzichten und gleich mit Metaphysik beginnen." Schlick, MSGA, sect. II, vol. 1.3, p. 373.
[78] "Was heisst 'erkennen'?", Schlick, MSGA, sect. II, vol. 1.3, p. 374.
[79] "<u>Erkenntnis ist immer in Worten formuliert</u>." Schlick, MSGA, sect. II, vol. 1.3, p. 375.
[80] "Also ist der <u>ursprüngliche Zweck der Erkenntnis, unser Verhalten so einzurichten, dass wir auf Gefahren vorbereitet sind</u>, bez[iehungsweise] Hilfsmittel der Natur richtig ausnützen." Schlick, MSGA, sect. II, vol. 1.3, p. 377 ff. "<u>Das Wichtige der Erkenntnis ist, dass der Mensch durch sie vorbereitet ist, dass er durch sie Voraussagen machen kann</u>." Schlick, MSGA, sect. II, vol. 1.3, p. 379.
[81] "Solche Voraussagen sind dadurch möglich, dass in der Welt eine gewisse Ordnung <u>herrscht</u>." Schlick, MSGA, sect. II, vol. 1.3, p. 379. "[...], <u>sondern diese Ordnung lässt sich an Vertretern, an Zeichen feststellen</u>." Schlick, MSGA, sect. II, vol. 1.3, p. 381. "Dass die Erkenntnis also dadurch charakterisiert wird, dass sie ein Mittel ist, um Voraussagen zu machen, ist selbst Erkenntnis und zwar eine sehr wichtige in der Theorie dieser Fragen. [...] Erkenntnis dient also dazu, die in der Welt vorliegenden Ordnungen aufzudecken [...]." Schlick,

tence* does not contain a weltanschauung yet (existence of a world, etc.), but holds independently of every weltanschauung, viz. it has to fit in any.) [7]

3. Knowledge is a picture of reality, since it is only by "pictures" that we can prepare ourselves. Turn the encounter with the unknown into an encounter with the known. Overcome unfamiliarity or moderate it.[82]

4. The substance of signs is irrelevant.[83] From this it follows that [there must be something different from the signs to perform the function of indicating, and this has been called the 'concept' (Plato's 'idea') – now the question arises what such a concept is? It can't be the mere word, the sound, the notch – hence one assumes that it is a kind of something behind it, something not sensually perceivable (as Plato has especially emphasized). Thus Plato came to create a 'realm of concepts'. More contemporary logicians have accepted this realm of concepts (though in a less mystical way), and so one talks of a 'realm of ideal being', 'realm of consciousness' etc., i.e. the view is held that, besides reality, there is a realm of concepts.][84]

5. Platonic problem[85]* (realism, idealism).

For example, Bolzano speaks of the "sentence in itself".[86]

Schlick says: There must be something besides the signs to carry out the function of "indicating".[87]

* = Mode of existence of concepts and their relation to reality.

MSGA, sect. II, vol. 1.3, p. 380. "Das Wichtige der Erkenntnis ist, dass der Mensch durch sie vorbereitet ist, [...]." Schlick, MSGA, sect. II, vol. 1.3, p. 379.

82 "Will man aber Ereignisse voraussagen, so muss man sich Vertreter denken, eine Skizze davon entwerfen, ein Bild davon machen. [...] Durch die Vertretung der Wirklichkeit durch Zeichen wird es dem Menschen möglich, die Welt zu beherrschen und das kann man dann als ein Abbild der Wirklichkeit bezeichnen; in diesem Sinne ist Erkenntnis ein Abbild der Wirklichkeit. [...] Dort, wo es sich um praktische Anwendung handelt, kommt es darauf an, das Unbekannte oder zunächst noch Unverstandene zum Bekannten zu machen, die Fremdheit der stattfindenden Begegnung aufzuheben oder zu mildern." Schlick, MSGA, sect. II, vol. 1.3, p. 381 ff.

83 "[...] wir können also dieselben Sätze auf verschiedene Weise ausdrücken, d.h. wir können das Material, aus denen die Sätze hergestellt sind, beliebig wählen." Schlick, MSGA, sect. II, vol. 1.3, p. 382.

84 Schlick, MSGA, sect. II, vol. 1.3, p. 383.

85 "Das so entstehende Problem, die Frage nach der Seinsart der Begriffe, ihr logisches Verhältnis zur Wirklichkeit, bezeichnet man als das "Platonische Problem" und dieses hat in der Erkenntnistheorie aller Zeiten eine grosse Rolle gespielt." Schlick, MSGA, sect. II, vol. 1.3, p. 385.

86 "Bolzano spricht von dem "Satz-an-sich" [...]." Schlick, MSGA, sect. II, vol. 1.3, S. 383.

6. Recently, a certain answer was given to this question, the psychologistic answer (the other signs are arbitrary, but "thoughts" are distinguished) – for example: B. Erdmann develops the theory of "abstraction", this means the formation of "general ideas".[88]
7. The refutation of psychologism consists in the fact that one can only imagine a horse either as being black or brown.[89]
8. Solution of the Platonic problem: The question of what a concept is is misleading, and the problem arises through the belief that every noun must correspond to an object.[90] This is a purely linguistic mistake (one doesn't believe that this might perhaps correspond to an object).[91] [8] It suffices to state which purpose the sign serves (conceptual purpose). It is often impossible to (explicitly) define a word, but it suffices to state the rules for it use. Bolzano is to thank for the overcoming of psychologism; this caused the regress to Platonism.[92]
9. Getting to know something new with the old words of language is possible by combining the words in ever new contexts. The means for describing something new is a new combination of signs.[93]
10. The essential point in the knowledge of singular facts is classification.[94]

---

87 Instead, Schlick says: "'Man hat also angenommen, dass noch etwas von den Zeichen verschiedenes da sein müsse, um die Funktion des Hinweisens auszuüben und hat das dann den "Begriff" genannt (bei Platon die "Idee") […]." Schlick, MSGA, sect. II, Bd. 1.3, p. 383.
88 "(Bei dem Psychologisten Benno Erdmann finden sich viele Kapitel über die sog[enannte] "Abstraktion", wodurch das Wesen des Begriffes erläutert werden soll; es heisst da, dass es im Wesen des Begriffes liege, Vorstellungen hervorzurufen und diese geläuterten Vorstellungen seien dann der Begriff.)" Schlick, MSGA, sect. II, Bd. 1.3, p. 387.
89 "Man kann z. B. ein Pferd nur stehend oder liegend, weiss oder schwarz oder braun, etz. vorstellen, aber nicht alles das auf einmal; daher kann schon aus diesem einfachen Grunde die Vorstellung "Pferd" nicht der Begriff "Pferd" sein, […]". Schlick, MSGA, sect. II, Bd. 1.3, p. 386 ff.
90 "Die Frage "Was ist ein Begriff?" ist irreführend. Der Fehler des Platonismus ist der, dass man meint, es müsse jedem Substantivum ein aufweisbarer Gegenstand entsprechen." Schlick, MSGA, sect. II, vol. 1.3, p. 389.
91 "Die Erklärung, dass die Zeichen diese und diese Funktion haben, ersetzt den Begriff." Schlick, MSGA, sect. II, vol. 1.3, p. 388.
92 "Der spätere Psychologismus bedeutet gegen den Platonismus direkt noch einen Rückschritt. Durch seine Überwindung, die Bolzano zu danken ist, geriet man wieder in den Platonismus hinein; dieser neuere Platonismus aber ist nicht so gefährlich wie der ursprüngliche." Schlick, MSGA, sect. II, vol. 1.3, p. 389.
93 "Das Mittel der Beschreibung des Neuen ist die neue Reihenfolge und Zusammensetzung der Zeichen." Schlick, MSGA, sect. II, vol. 1.3, p. 391.

11. One cannot name anything without knowing the conventions concerning the denotations of signs.[95] This implies the impossibility of apriorism. Signs do not belong to certain objects by themselves (by nature), but the correspondence is arbitrary.[96]
12. Even for the most primitive descriptive cognition ("this is an ink pot"),[97] an act of recognition[98] and an arbitrary convention are necessary[99] (this means determining something by experience).
13. To explain something means to express something that we usually express using certain words with the help of other words in such a way that the description becomes perfect (for example: Replacing warmth by kinetic energy). The main point of knowledge by description as well as knowledge via explanation is to describe something new with something known. The new is reduced to the known.[100] [9]

---

94 "Bei der Erkenntnis kommt also jedesfalls eine Benennung vor; es muss aus dem Ausdruck bereits hervorgehen, welche Tatsache es ist, die da festgestellt wird; dabei handelt es sich deshalb um Erkenntnis, weil das, was festgestellt wird, irgendwie eingeordnet scheint." Schlick, MSGA, sect. II, vol. 1.3, p. 391.

95 "Ohne jede Konvention ist Beschreibung offenbar nicht möglich; es muss irgendeine Festsetzung (Namengebung) getroffen sein. Wie eine solche Beschreibung aussieht, richtet sich nach der zufälligen Einrichtung der Sprache, in der man die Beschreibung ausführt [...]." Schlick, MSGA, sect. II, vol. 1.3, p. 392.

96 "Aus dieser trivial klingenden Tatsache folgt etwas philosophisch sehr Weittragendes: die Unmöglichkeit gewisser philos[ophischer] Richtungen wie der des Apriorismus (unmöglich, denn Zeichen können nicht von selbst, von Natur aus zu den Gegenständen gehören. Die Verbindung der Zeichen mit den Gegenständen ist etwas willkürlich Festgesetztes, das man gelernt haben muss." Schlick, MSGA, sect. II, vol. 1.3, p. 393.

97 "Wenn ich feststelle: "Dies ist ein Tintenfass", so findet eine Benennung statt, [...]" Schlick, MSGA, sect. II, vol. 1.3, p. 392.

98 "Also ist selbst für die einfachste beschreibende Erkenntnis ein Wiedererkennungsakt notwendig." Schlick, MSGA, sect. II, vol. 1.3, p. 392.

99 "Die Verbindung der Zeichen mit den Gegenständen ist etwas willkürlich Festgesetztes, das man gelernt haben muss. Daraus erfolgt schon die Grundlage der empiristischen Philosophie." Schlick, MSGA, sect. II, vol. 1.3, p. 393.

100 "Was heisst etwas erklären? Es heisst, etwas, das wir sonst mit ganz bestimmten Worten zu bezeichnen pflegen, mit Hilfe anderer Worte so auszudrücken, dass die Beschreibung eigentlich noch vollkommener ist. Z. B. das Wesen der "Wärme" erklären, heisst, alles, was wir sonst mit "Wärme" beschreiben, nun mit anderen Worten beschreiben, näml[ich] mit "Chinetische Energie der kleinsten Teilchen". Damit wird noch mehr gesagt und gezeigt, dass sich alle Aussagen über "Wärme" in dieser Sprache ausdrücken lassen. Sowohl bei der beschreibenden, wie auch bei der erklärenden Erkenntnis kommt es darauf an, dass man einen neuen Gegenstand mit alten Worten bezeichnet, dass das Neue durch alte Zeichen beschrieben wird; das ist das Gemeinsame beider Arten der Erkenntnis. Das Neue wird auf das Alte zurückgeführt." Schlick, MSGA, sect. II, vol. 1.3, p. 394 ff.

14. Reducing the particular to the general means: One can describe ever more facts with ever fewer signs.[101]
15. The difference between explanation and description is blurry. Each explanation is also a kind of description (Kant).[102] In contrast, Kirchhoff opposes description and explanation in his famous preface to his *Mechanik* and claims that science can merely describe and not explain.[103] Explanation is a description in a new way with old signs.[104]
16. Examples for explanations: 1.) (Greek) philosophy of nature, reduction to a single element.[105]

    2.) "*A* is the initiator of a revolution" allows a new description of *A* with old signs.[106]
17. A key aspect regarding knowledge is the relation of that which is recognized to that for which it is recognized. Thus every judgment is composite. In old traditional logic, this [is] expressed as every judgment having the subject-predicate-form. In the new logic, more general relations [are] admitted.[107]

---

101 "Die Erklärung besteht in der Zurückführung des Besonderen auf das Allgemeine; man kann immer mehr Tatsachen mit immer weniger Zeichen beschreiben." Schlick, MSGA, sect. II, vol. 1.3, p. 396.
102 "Das hat Kant richtig gesehen; er sagte, die Wissenschaft könne von den Vorgängen der Welt nichts anderes geben als eine Beschreibung." Schlick, MSGA, sect. II, vol. 1.3, p. 397.
103 "In gewissem Sinne sind beide diese Erkenntnisse Beschreibungen. Die Entdeckung, dass man jede Erkenntnis unter den allgemeinen Begriff des Beschreibens unterordnen kann, ist nicht neu; sie wurde nur zuerst falsch formuliert. Die berühmteste derartige Erläuterung stammt von dem Physiker und Mathematiker Kirchhoff (berühmte Vorrede zur "Mechanik")." Schlick, MSGA, sect. II, vol. 1.3, p. 396.
104 "Erklärung ist eine Beschreibung auf neue Weise mit alten Zeichen." Schlick, MSGA, sect. II, vol. 1.3, p. 397.
105 "Das Streben zu einer einfachen Beschreibung der Welt zurückzugehen, äussert sich schon in den Bemühungen der alten Philosophen und Forscher, die immer den Grundstoff der Welt suchten, kam in ihrem Wunsche zum Ausdruck, die Mannigfaltigkeit der Erscheinungen, der Stoffe, die man in der Welt vorfindet, mit Hilfe ganz weniger Grundstoffe zu erklären [...]. 'Elemente der Welt': Bei Thales nur das Wasser; bei Empedokles: Feuer, Wasser, Luft, Erde (plus Kombinationsworte). Aristoteles nimmt zu diesen vier Elemengen noch den Äther hinzu." Schlick, MSGA, sect. II, vol. 1.3, p. 397 ff.
106 "Prinzipiell derselbe Vorgang ist auch in der Geschichte vorhanden: wenn z.B. von einer bestimmten Person gesagt wird, dass sie der Urheber einer Revolution war, so besteht der Erkenntnisakt darin, dass an Stelle dieser Person ein neuer Komplex von Zeichen tritt; sie wird unter den Begriff 'Urheber der Revolution' subsumiert." Schlick, MSGA, sect. II, vol. 1.3, p. 398.
107 "Sehr wichtig ist dabei, die Verbindung der verschiedenen Glieder miteinander einzusehen; dessen, was da erkannt wird, mit dem, als was es erkannt wird. Das drückt sich in der Logik darin aus, dass jeder Ausdruck, jedes Urteil, jeder Satz ein zusammengesetztes Gebilde ist; Erkenntnis kann also nie

18. The relation between signs and that which is signified (sentence and state of affairs) is not due to some kind of similarity, but to convention.[108]
19. Depending on whether just one kind or various kinds of signs are assumed, one has monism, dualism, pluralism.[109] [10]
20. Mathematical and logical knowledge is essentially different from knowing reality. Only the latter is real knowledge, in which philosophy is primarily interested.[110]
21. Epistemology is the crucial point where opinions differ.[111]
22. According to Schlick, the essential point in knowledge is the relation between sentence and reality (the linguistic formulation, the perception of the order in the world),[112] according to the intuitionist philosophers, the essential point is the relation between cognitive subject and object, so that perception and intuition are the essential point.[113] According to Schlick,

---

durch ein einzelnes Wort ausgesprochen werden, nur durch eine Verbindung zwischen zwei verschiedenen Gliedern und diese wird in symbolischer Weise durch den Satz hergestellt. In der älteren Logik (Aristoteles) wird das so dargestellt, dass jedes Urteil aus Subjekt und Prädikat zusammengesetzt ist [...]." Schlick, MSGA, sect. II, vol. 1.3, p. 398.

108 "Sowohl die Erkenntnis (als ein geschriebener oder gesprochener Satz, etc.) als auch das, was erkannt wird, muss in der Wirklichkeit vorhanden sein. Zwischen beiden besteht eine eigentümliche Beziehung, die nicht vielleicht schon von Natur aus vorhanden ist, sondern nur vermöge der vorher getroffenen Konvention; also keine Beziehung vermöge innerer Verwandtschaft, sondern vermöge der Festsetzungen über Worte und Wortbedeutungen, die man vorher getroffen hat." Schlick, MSGA, sect. II, vol. 1.3, p. 399 ff.

109 "Wir haben gesagt, dass das Ziel des Forschers ist, die gesamte Welt mit einem Minimum an Zeichen zu beschreiben. Da kann man nun verschiedene Ansichten unterscheiden: 1) alle Zeichen gehören einer Art an: Monismus. 2) Wir haben zwei Arten von Zeichen: Dualismus. 3) Wir verwenden zur Beschreibung der Welt mehrere Zeichenarten: Pluralismus." Schlick, MSGA, sect. II, vol. 1.3, p. 400.

110 "Bei mathematischen und logischen Erkenntnissen aber hat dieses Wort einen prinzipiell anderen Gebrauch, weil es sich in diesen Fällen nicht um Wirklichkeitserkenntnis handelt, sondern um den Gebrauch von Zeichen [...]. Wir [...] fragen nur nach Wirklichkeitserkenntnis. Durch diese Einschränkung begehen wir keinen Fehler, denn wir werden dazu gelangen, nur von dieser Wirklichkeitserkenntnis als von der eigentlichen Erkenntnis zu sprechen." Schlick, MSGA, sect. II, vol. 1.3, p. 400 ff.

111 "Wir betrachten noch andere Auffassungen des Erkenntnisprozesses, wie sie uns in der Gegenwart oft entgegentreten (es ist dies der Punkt, an dem sich die Geister gewöhnlich scheiden und die gänzlich verschiedenen Auffassungen und Richtungen gehen eben hier in der Erkenntnistheorie auseinander)." Schlick, MSGA, sect. II, vol. 1.3, p. 401.

112 "Wir haben das Hauptgewicht auf die Beziehung zwischen Satz und Wirklichkeit gelegt, von der in der Welt bestehenden Ordnung gesprochen." Schlick, MSGA, sect. II, vol. 1.3, p. 401.

perception is merely the first act, the actual cognition only begins afterwards.[114]

23. Almost all metaphysicians are intuitionist philosophers, such as Bergson. The most famous metaphysician distinguishes intuitive and discursive knowledge. The philosophical (=intuitive) knowledge wants to put itself in the position of the object[115] by mobilizing intuition.

    Schopenhauer compares discursive knowledge with walking around a [11] house, intuitive knowledge with entering the house.[116]

24. Schlick replies:

    1.) Using the word knowledge for intuition is a misuse, since the intuition of fire does not help in lightening a fire. The discursive knowledge is the fruitful one.[117]

---

[113] "Nun pflegt man sich aber vorzustellen, dass hier etwas zu kurz kommen könnte: jene auch logische Beziehung zwischen dem Erkennenden und dem, was erkannt wird: es scheint, dass es doch in erster Linie auf die Beziehung zwischen der erkennenden Person und dem zu erkennenden Objekt ankomme. Man spricht hier gewöhnlich von einem erkennenden Subjekt, einem Ich, einem Bewusstsein, in dem sich die Erkenntnis abspielt und meint damit beginnen zu müssen, dass man sich mit dieser Beziehung beschäftigt, die zwischen dem Erkennenden und dem Erkannten stattfindet." Schlick, MSGA, sect. II, vol. 1.3, p. 401 ff.

[114] "Man kann nun leicht darauf verfallen, zu meinen, dass diese sinnlichen Eindrücke die Hauptsache seien, dass man also mit der Wahrnehmung das Wesentliche der Erkenntnis geleistet hat. Man vergisst dabei, dass die Erkenntnis erst nach dem allen kommt, in der Beschreibung, der Erklärung liegt [...]." Schlick, MSGA, sect. II, vol. 1.3, p. 403.

[115] "Das Ziel des Intuitionsphilosophen ist also, sich mit den Gegenständen vollkommen vertraut zu machen, selbst in sie einzudringen. Fast alle Metaphysiker gehören zu den Bekennern des Intuitionismus. Der berühmteste Metaphysiker der Gegenwart, Henri Bergson, stellt sogar die discursive Erkenntnis als die wissenschaftliche der philosophisch-intuitiven gegenüber. Bergson sagt, die philosophische Erkenntnis will sich durch Aufbietung der Intuition in das Objekt selbst versetzen." Schlick, MSGA, sect. II, vol. 1.3, p. 406.

[116] "Auch Schopenhauer sagt, dass die Erkenntnis im gewöhnl[ichen] Sinne um die Dinge aussen herumgehe, so wie man um ein Haus herumgeht und vergleicht die philosophische Erkenntnis mit dem Hineingehen in das Haus." Schlick, MSGA, sect. II, vol. 1.3, p. 408.

[117] "Da man seine Worte definieren kann wie man will, so ist gegen die Verwendung des Wortes "Erkenntnis" für das, was die Intuition umfasst, nichts zu sagen. Wir können und müssen aber darauf aufmerksam machen, dass das Wort "Erkenntnis" dann in ganz anderer Weise verwendet wird als in der Wissenschaft und auch ganz anders, als man dieses Wort im tägl[ichen] Leben gebraucht; in beiden letzteren Fällen würde es auch gar nichts nützen, wenn man mit dem Gegenstande identisch würde; wenn der Wilde sich auch in das Feuer hineinversetzen könnte, so wüsste er doch nicht, wie er Feuer herstellen soll." Schlick, MSGA, sect. II, vol. 1.3, p. 407.

2.) The word 'perceiving' (watching) is very complicated. The primitive state of affairs is "There is a tree", and not "I see a tree here".[118]

3.) Is it wrong to pretend that discursive cognition is a continuation of intuitive knowledge? (In fact, it is something completely different.)[119]

25. Knowledge is a kind of picture.[120] The purpose of representation in everyday life is to replace reality.[121] In contrast, pure knowledge and art are presentations for their own sake, namely in a special way.[122]

p. 30

[12]

19 audience members in total

Hildebrand 6./X 1937 18–20 o'clock[123]

---

118 "Das Wort "wahrnehmen" aber ist schon ein kompliziertes Wort, das in der Sprache des tägl[ichen] Lebens nicht vorkommt. Man gebraucht eigentlich nur die einzelnen Unterabteilungen dieses Wortes, z.B. sehen, hören etc. – Auch diese Ausdrucksweise aber ist relativ kompliziert und der primitive Mensch sagt sicher nicht: "Ich sehe einen Baum", sondern "Das ist ein Baum"." Schlick, MSGA, sect. II, vol. 1.3, p. 405.
119 "Bei der Intuition handelt es sich um etwas völlig Verschiedenes, um etwas, das bei der Erkenntnis im allgemeinen und wissenschaftlichen Sinne nicht beitragen kann und umgekehrt, die discursive Erkenntnis kann nicht beitragen zum philosophischen 'Einswerden' mit den Dingen." Schlick, MSGA, sect. II, vol. 1.3, p. 407.
120 "Hat man aber schon eingesehen, dass es sich bei Erkenntnis in irgendeinem Sinne um Abbildung handelt, so weiss man, dass der Gegenstand ersetzt wird, man operiert mit Symbolen; ist das geschehen und kennt man die Naturgesetze, so kann man Zukünftiges voraussagen." Schlick, MSGA, sect. II, vol. 1.3, p. 408.
121 "Dienen diese von der Wirklichkeit entworfenen Bilder im tägl[ichen] Leben und in der Technik der praktischen Verwertung, so lesen wir aus ihnen ab, wie die Wirklichkeit sich verhalten wird und das ist eben das Wesen der Voraussagen, dass in ihnen Erkenntnisse stecken." Schlick, MSGA, sect. II, vol. 1.3, p. 409. "Im tägl[ichen] Leben hat das Bild die Aufgabe, die Wirklichkeit zu ersetzen […]" Schlick, MSGA, sect. II, vol. 1.3, p. 410.
122 "Die reine Erkenntnis und die Darstellung in der Kunst sind beides Darstellungen um ihrer selbst willen. Die Forscher, Künstler, sind zufrieden, wenn es ihnen gelingt, die Wirklichkeit auf eine ganz bestimmte Weise darzustellen. Hier hat das Bild eine ganz andere Funktion als die Aufgabe, die Wirklichkeit zu ersetzen." Schlick, MSGA, sect. II, vol. 1.3, p. 410. At this point, Gödel's transcript ends. It merely comprises the introduction and the first section. Schlick's lecture, however, consisted of eight sections. The sections of the lessons that Gödel did not take notes on and possibly also did not attend are mainly devoted to logic.
123 Dietrich von Hildebrand's *Nachlass* at the Bavarian state library, signature 544, contains no such manuscript, nor other documents concerning lectures of Dietrich von Hildebrand in Vienna. From the course catalogue for the

3 friars
12+7 3 sisters
5 students $\frac{1}{2}$ h — $\frac{3}{4}$ h late
1 student leaves $\frac{1}{2}$ h early

Ladies and gentlemen, – stands during the lecture
1. Physical [matter].
2. Person, personal relations, obligations, historical events.
3. The realm that possesses itself,*[124] in which the Ego cognizes, wants, loves.[125]
4. Realm of values, of objects that evoke an emotional response.

    And many more are accessible to the cognizing mind, partly given in intuition. But even if all those realms were known, there would remain the question of the ultimate ground, the light, through which everything else receives its meaning and value – the absolute being, which rests on itself and on which everything else rests. This primal ground is not accessible by experience, but it is the highest dignity of the mind that it can ascend to this primal ground through essential relations.

    Getting to know the personal God is the ultimate meaning and goal of the *prima philosophia*. Only the second half of the 19th century has struggled against this,[126] metaphysics was to be rejected

* According to the scholastic diction.

---

winter semester 1937/38 of the University of Vienna follows that Hildebrand gave a five hours lecture on Metaphysics. On Mondays and Tuesdays from 6 p.m. to 8 p.m. and on Fridays from 7 p.m. to 8 p.m. There also exists a protocol of a conversation between Else Frenkel and Gödel on November 15th 1937. According to this protocol, Frenkel and Gödel talked on this day about the lectures of Dietrich von Hildebrand and Alfred Kastil. See also below for the dating of Kastil's lecture. The protocol is contained in the Gödel-*Nachlass*, box 6c, series III, folder 81, initial document number 030114.

124 "In diesem Sinn können wir sagen, dass Plato [...] das personale Seiende vorausgesetzt hat [...] in seinem Begriff der Seele [...]. Das Hauptgewicht liegt in seiner Erkenntnis der Seele auf ihrer Geistigkeit und nicht auf der ganz neuen individuellen Realität des personal Seienden, das – wie die Scholastik sagt – sein Sein selbst besitzt, oder wie wir sagen würden, das allein ein erwachtes Sein ist, dem gegenüber alles apersonale Sein gleichsam schläft." Hildebrand, Selbstdarstellungen, p. 90. "Der Mensch ist eine Person. Er ist ein bewußtes, ein Ich besitzendes, in sich zusammengehaltenes, sich selbst besitzendes Wesen. Eine Besinnung auf diese seine Eigenart zeigt uns das völlig Neue, ungleich Tiefere der Seinsregion [...]." Hildebrand, *Metaphysik der Gemeinschaft*, p. 19.

125 "All unser Wollen und Streben, unser Lieben und Hassen, unsere Freude und Trauer setzt Erkenntnis voraus, [...]. [...] das Sein der Person könne nicht ohne ihre Erkennnisfähigkeit gedacht werden, so kann andererseits auch das Erkennen nicht gedacht werden ohne die geistige Person, [...]." Hildebrand, *Was ist Philosophie?*, p. 19 ff.

as unscientific by relativists, positivists, materialists.[127] [13] The reason is that this time is the ultimate lowpoint (psychologism etc.). Exception: Brentano and Bolzano. Mental and physical are identified or taken for a mere physiological function. One has completely forgotten how to deal with the essence, one has circumvented things. Essence is being identified with development.

(Furthermore, metaphysics is being identified with vague matters (theosophy, spiritualism). A famous French doctor says he never found a soul.[128] No distinction between act of judgment and content of jugdment is made.[129] It is intriguing how entirely the earlier philosophy has vanished (read Kant's comments on scholasticism).

Rails against psychologism.

Subject of metaphysics – it aims at getting through to the <u>actual essence</u> of things.[130] It aims at getting to know the essence of life, not particular forms of life: Essence of personhood, of acts, the relationship between body and soul. And to get to know in a different way the penetrating and grasping of objects.

[14] It wants to get to know something deeper and it wants to get to know more deeply than science.[131] It has a totally different topic than science, but nevertheless, its crumbs fall onto other

---

126 "So macht man aus der Sphäre der Sittlichkeit einen Gegenstand der Anthropologie und Soziologie. Dabei werden beide als Forschungsgebiete angesehen, die nach den Forschungsmethoden der Naturwissenschaften zu behandeln sind. Erkenntnistheorie und Ästhetik werden Teile der experimentellen Psychologie, und natürlich hält man die ganze Metaphysik für kein seriöses Forschungsgebiet." Hildebrand, *Was ist Philosophie?*, p. 9.

127 "Fragen wir, warum die meisten heutigen positivistischen Relativisten einen grenzenlosen Respekt vor jeder Wissenschaft mit der Leugnung objektiver Wahrheit verbinden so kann uns folgendes nicht entgehen: [...] Logischer Positivismus, Semantik und andere Formen des modernen Positivismus sowie der Behaviourismus stellen keine falsche Philosophie dar, sondern sind überhaupt keine Philosophie mehr." Hildebrand, *Was ist Philosophie?*, p. 10.

128 The pathologist Rudolf Virchov allegedly uttered the following sentence during a conversation with the theologist Franz Hettinger: "I dissected so many corpses and never found a soul." Why von Hildebrand should have called Virchow French is unclear.

129 "Die Urteilsakte sind selbstverständlich Seiende, die eine volle, individuelle Realität beanspruchen. Urteilssätze müssen jedoch scharf von den Urteilsakten unterschieden werden." Hildebrand, *Was ist Philosophie?*, p. 110.

130 "Die Logik handelt von den formalen Grundlagen aller Wahrheit, die Metaphysik vom Wesen und von den Grundformen des Seienden [...]." Hildebrand, *Was ist Philosophie?*, p. 212.

131 "In Wahrheit ist die Philosophie in mannigfacher Hinsicht viel lebensnäher als alle übrigen Wissenschaften: Erstens sind ihre Fragen großteils von viel universalerer und tieferer Bedeutung für den Menschen und das Leben als die der übrigen Wissenschaften. [...]." Hildebrand, *Was ist Philosophie?*, p. 211.

sciences. But one also can't answer scientific questions deductively on the basis of philosophy (this is an indication of decadence, Hegel). The greater distancing from objects leads to a deeper penetration.[132] This distancing consists in a fully matured astonishement.

Ontology {by far the most extensive}, cosmology, natural theology according to Chr. Wolff.

All in all, this is a pretentious babble, many words without explanations of the concepts.

Essence of values in general,[133] not singular kinds of values.

We first need to treat the methodology of metaphysics, but only now, not in the Middle Ages, which was an advantage. Especially necessary at the University of Vienna due to a long positivist tradition. Having to start with theory of knowledge is a consequence of decadence.

Plato was the first to point out the difference between apriori and aposteriori knowledge.[134] [15] Difference between necessary and coincidental state of affairs marks the beginning of the overcoming of the nominalist, psychologist, positivist, idealist tradition. These, though useful in particular cases, constitute a poison, a radical aberration. Ideal: Getting to know = creating (this contradicts itself).

A grasping by comprehending of passive activity is a higher spiritual existence (contemplation).[135]

Difference between apriori and aposteriori:

---

132 "Im Gegensatz dazu schließt philosophisches Erkennen immer eine gewisse geistige Distanz von den konkreten existentiellen Gegenständen der Erfahrung ein. Es richtet sich stets auf das Generelle und Prinzpielle und ist bestrebt, in die Tiefe des Gegenstandes vorzudringen." Hildebrand, *Was ist Philosophie?*, p. 50 ff.
133 "[…] da gerade das Wesen sittlicher Werte ein personales Seiendes als einzigen möglichen Träger erfordert -, ist das Urteil: "Sittliche Werte setzen notwendig ein personales Seiendes voraus" in keiner Weise analytisch." Hildebrand, *Was ist Philosophie?*, p. 77. This citation makes it clear why Hildebrand later turns to the question of necessicty and aprioricity.
134 "Platon, der den Unterschied zwischen apriorischer und empirischer Erkenntnis entdeckte […]." Hildebrand, *Was ist Philosophie?*, p. 105.
135 "Um einen apriorischen Sachverhalt zu erfassen, genügt es, sich in das Wesen des Seienden zu versenken, auf das sich das Subjekt bezieht, und aus ihm den in Frage stehenden Sachverhalt gleichsam zu schöpfen. […] Dagegen [= im Vergleich mit einem analytischen Urteil] ist das in apriorischen Urteilen Gewonnene im Vergleich zum Subjektbegriff völlig neu. Es wurde im Komtemplieren des Wesens des Seienden, auf das der Subjektbegriff sich bezieht, gefunden." Hildebrand, *Was ist Philosophie?*, p. 79 ff. It becomes clear from this quote that the bracketed comment 'This contradicts itself' is due to Gödel and not to von Hildebrand.

Not difference in knowledge, but in the object.[136] But only repeated over and over again: necessary and coincidental, factual, substitution of words by words.[137]

The difference between necessary and coincidental is not synonymous with concrete and general.[138] Strict application of generality [is] only possible in the case of necessary propositions.[139] There are two kinds of necessity, one of which can be disrupted by a miracle. The necessity of the laws of nature is contingent.[140] The apriori judgments constitute a context penetrated by light, saturated with meaning, knowledge, to which [16] we relate in a particularly advantageous way.[141] A rationality, habit of meaning as such.

About one thing we can obtain absolute certainty, about the other only highest probability. Even the singular case cannot be determined with absolute certainty. 1. since it could be a hallucination.[142]

| The audiences faces all look devoted. |

---

136 "Der Unterschied zwischen apriorischer und empirischer Erkenntnis hängt von der inneren Natur einer Wesenheit, eines Soseins, ab, sei es nun eine Art, eine Gattung oder eine Transzendentale, nicht aber vom Grad der Allgemeinheit oder Abstraktion." Hildebrand, *Was ist Philosophie?*, p. 120.

137 "Notwendigkeit als solche übersteigt das Zufällige, bloß Faktische." Hildebrand, *Was ist Philosophie?*, p. 64

138 "Der Unterschied zwischen apriorischer und empirischer Erkenntnis hängt [...] nicht [...] [ab] vom Grad der Allgemeinheit oder Abstraktion." Hildebrand, *Was ist Philosophie?*, p. 120.

139 "Notwendigkeit als solche [...] besitzt eine Art von Allgemeinheit, ohne mit dieser identisch zu sein." Hildebrand, *Was ist Philosophie?*, p. 64.

140 "[...] die in Wesenheiten gründende, innere strikte Notwendigkeit [...]. Wir werden sehen, wie bedeutsam die Unterschiede zwischen dieser Notwendigkeit und jener sind, die man 'Naturgesetze' nennen kann. [...] Die kausale Verknüpfung [...] ist erstens nicht absolut und zweitens nicht intelligibel im Wesen des betreffenden Gegenstandes gegründet. So wäre es z. B. nicht unsinnig, zu denken, sie könnte durch einen Akt Gottes aufgehoben und wirksam werden – wie es in der Tat bei einem Wunder geschieht. [...] Die Wesensnotwendigkeit ist absolut. [...] Die Naturnotwendigkeit dagegen ist in gewisser Weise relativ auf die Kontingenz der Welt." Hildebrand, *Was ist Philosophie?*, p. 68.

141 "Im Gegensatz zur inneren Sinnfülle und zum lichtvollen Charakter wesensnotwendiger Sachverhalte besitzen Naturgesetze etwas von der Stumpfheit der bloß kontingenten, zufälligen Sachverhalte." Hildebrand, *Was ist Philosophie?*, S. 69.

142 "Ein drittes Merkmal der apriorischen Erkenntis ist ihre absolute Gewißheit. [...] Es ist prinzipiell möglich, obwohl im höchsten Grad unwahrscheinlich, daß man eines Tages entdeckt, der Kausalzusammenhang zwischen Wärme und Ausdehnung bestehe in Wahrheit doch nicht. [...] In Urteilen, die ein Naturgesetz einschließen, besteht also keine absolute, unbezweifelbare Gewißheit." Hildebrand, *Was ist Philosophie?*, p. 69 ff. Cf. also the following explanation.

2. since every reduction contains gaps.[143]

The apriori sentences "<u>are apparent</u>", emphasized. Also, the objection of dream and hallucination does not hold here.[144]

Kastil 19./X 1937 ————— 17–18 o'clock[145]

---

20 audience members, 6 of them female

Comes from behind and says: "Please excuse me for coming from the wrong side. I asked who lectures here and they told me it was Bühler. So, if anyone wants to go to Bühler, I am not putting obstacles in his way."

History of science can be pursued in two ways:
1.) With respect to effect (history of ideas, cultural history, without regards to truth),

[143] "Unser Schluß aus noch so vielen Einzelbeobachtungen kann im besten Fall nur zu einer höchsten Wahrscheinlichkeit führen. Einer Erkenntnis dieser empirischen allgemeinen Sachverhalte [...] fehlt die absolute Stringenz; die Erkenntnis ist nicht lückenlos, da sie durch Induktion erreicht wird. Die Erkenntnis einfacher individueller Tatsachen [...] ist nicht durch Induktion gewonnen. Daher ist sie von der unvermeidlichen Lückenhaftigkeit frei. [...] Wenn eine individuelle Tatsache isoliert von den übrigen Erfahrungen erfaßt wird, können wir immer einer Halluzination zum Opfer fallen oder träumen." Hildebrand, *Was ist Philosophie?*, p. 71.

[144] "Die Frage, ob wir halluzinieren, träumen, phantasieren oder wahrnehmen, kann dem Bestand eines notwendigen Sachverhaltes nichts anhaben. Nehmen wir etwa an, daß wir die Farbe Orange an der gleichnamigen Frucht wahrnehmen. Wir sehen anläßlich dieser Wahrnehmung ein, daß diese Farbe der Ähnlichkeitsanordnung nach in der Mitte zwischen Rot und Gelb liegt. Der Bestand dieses Sachverhaltes wird in keiner Weise gefährdet, wenn wir nachher konstatieren, daß es sich nicht um eine Wahrnehmung, sondern um eine Halluzination handelte." Hildebrand, *Was ist Philosophie?*, p. 73.

[145] In Kastil's *Nachlass*, which is located in Austria in the Franz Brentano archive of the Karl-Franzen-University Graz, a talk by Kastil with the title "Brentanos Auffassung von Verhältnis der Psychologie zur Philosophie" (signature A.1.3.3) is retained. This talk mostly corresponds to the talk Gödel took down here and which he claims was given on an October 19th between 17.00 and 18.00. However, Kastil himself noted the following on his lecture manuscript: "Guest lecture in Prof. Bühler's seminar, summer term 1935, 1 hour long, once a week, Tuesday 12–1". Neither the time of the year nor the time agree with that of Gödel. It was only in 1937 that October 19th was a Tuesday, which also corresponds to the data in the course catalogue of the University of Vienna for the winter semester 1937/38. Kastil gave, according to this catalogue, a lecture with the title "Die Philosophie Franz Brentanos (1838–1917). Zur Jahrhundertfeier" on Thursdays from 5 p.m. to 6 p.m. In addition, Gödel took notes about a conversation with Else Frenkel, during which they talked about the lectures of Dietrich von Hildebrand and Alfred Kastil, among other topics. (The protocol is contained in Gödel's *Nachlass*, box 6c, series III, folder 81, initial document number 030114).

2.) As a path to truth. This is not cultural history, but history of problems in support of objective research.

Comparisons with medicine. With 2.), many highly significant names will be entirely omitted. For example mystics, Fichte, Hegel, Nietzsche. On the other hand, names like [17] Helmholtz, K. E. v. Baer, Hering, who are not even regarded as philosophers, will be mentioned. Brentano shall be treated in the second sense. Brentano is not a constructor and poetic inventor of systems, but a researcher.

Metaphysics and psychology = two theoretical disciplines
logic, ethics, aesthetics = three practical disciplines.

In all five areas, Brentano has made significant contributions.

Speaks of the Brentano family in a familial way.

Students: Stumpf, Anton Marty philosopher of language, held in high esteem as talented (Würzburg);[146]

Vienna: Masaryk, Meinong, Husserl, Hillebrand (psychologist in Innsbruck)[147]

His teachers: Aristotle, Thomas, Locke, Descartes, Comte.[148]
1. With Aristotle, he retains an absolute distinction between true and false, good and evil (natural rightness).[149]
2. With Locke, he shares the conviction that there are no notions a priori. Everything comes from inner and outer perception. Proof for this [is] psychological, thus psychology [has] a <u>central position</u>.[150]

---

146 "Unter seinen Schülern von Würzburg her zu besonderer Stellung gelangt, ist der noch lebende Psychologe Karl Stumpf und der 1914 verstorbene Sprachphilosoph Anton Marty, [...]." Vorlesungsmanuskript Kastil, A.1.3.3 (abbreviated as Kastil, A.1.3.3 in the following), p. 1.

147 "In Wien zählte zu seinen Schülern u. a. Masaryk, Meinong, Husserl, Twardowski, Hillebrand." Kastil, A.1.3.3, p. 1.

148 "Sein Lehrer war Aristoteles und Thomas, dann die englischen Empiristen, Locke und Hume, und die Franzosen Descartes und Comte." Kastil, A.1.3.3, p. 1.

149 "[...] mit Aristoteles hielt er an der Anerkennung eines natürlichen, jeder Willkür und Subjektivität entzogenen Unterschiedes einerseits von Wahr und Falsch, anderseits von Gut und Böse fest," Kastil, A.1.3.3, p. 1.

150 "[...] mit den Engländern teilte er die Ueberzeugung, daß es keine Begriffe a priori gebe. Alle gehen in ihren letzten Elementen und elementaren Verbindungsweisen auf die Anschauung zurück. Keiner hat ein Daseinsrecht in der Philosophie, der nicht durch den Nachweis seines Ursprunges aus innerer

The common despiser of metaphysics does not know at all what this name means. [18] Metaphysics captures what is common to all objects. Not what underlies things, unless this is about the ultimate cause. Causal[151] laws are metaphysics, as they hold for the mental as well as for the physical area. He calls the prolegomena of metaphysics phenomenology[152]. Later on, he chooses the name descriptive psychology[153] in contrast to genetic psychology.[154]

The latter is concerned with the laws of the stream of conscious states, cause: "Why".

The former is concerned with laws of structure, the ultimate components: "What"

= microscopical anatomy of consciousness is necessary, according to Brentano, in order to be able to tackle the more interesting genetic psychology.[155]

---

und äußerer Anschauung legitimiert ist. 2. Dieser Nachweis ist Aufgabe der psychologischen Analyse. Damit wird der Psychologie ihre zentrale Stellung in der Philosophie wiedergegeben." Kastil, A.1.3.3, p. 2.

151 "[...] wiederholte Erfahrung lehrte mich, dass die Verächter der Metaphysik gar nicht recht wissen, was dieser Name bedeutet. Sie meinen, der Metaphysiker sei ein Phantast, der etwas suche, was hinter den Dingen steckt, weil er das, was die Naturwissenschaften lehren, nicht für eigentlich wahr, zum mindesten nicht für das eigentliche Wesen der Dinge erachte. Der Kenner der Geschichte der Philosophie aber weiß, dass darunter etwas durchaus nicht Phantastisches zu verstehen ist, nämlich jene Wissenschaft, die feststellt, was allen Dingen gemeinsam ist, die Bestimmungen und Gesetze, die Physischem und Psychischem in gleicher Weise zukommen." Kastil, A.1.3.3, p. 2–3.

152 "Brentano hat nun schon in seinen Würzburger Vorlesungen über Metaphysik den Beginn mit grundlegenden psychologischen Analysen gemacht und diesen einleitenden Teil Phänomenologie genannt. ... ließ Brentano ihn später wieder fallen und wählte dafür den Namen deskriptive Psychologie. 3. Deskriptive Psychologie im Gegensatz zur genetischen. Diese hat es mit den Gesetzen des Ablaufes der Bewußtseinszustände, jene mit der Feststellung ihrer letzten Elemente zu tun. Jene mit dem Was, diese mit dem Warum." Kastil, A.1.3.3, p. 3.

153 This term goes back to Franz Brentano, who distinguished it from empirical psychology. "Descriptive psychology" describes psychological phenomena and elements of human consciousness independently from the stimuli that generate them. Cf. Franz Brentano, *Descriptive Psychology*.

154 In contrast to descriptive psychology, genetic psychology considers the physical foundations of psychological phenomena and of consciousness.

155 "Die genetische Psychologie ist komplizierter und abhängiger. Denn sie setzt sowohl Physiologie (insbesondere des Gehirns und der Sinnesorgane) als auch Kenntnis des deskriptiven Teiles voraus. Die Kenntnis des Was muss der des Warum vorausgehen. Da diese Untersuchung des Was hier sehr fein sich gestalten muss, indem sie auf die letzten Elemente des Bewusstseins abzielt, ist die deskriptive Psychologie so zu sagen eine mikroskopische Anatomie des Bewußtseins." Kastil, A.1.3.3, p. 4. "The microscopical anatomy of consciousness" is another expression for the "analytical description of ex-

One obtains the fundamental notions of a practical discipline by psychological analysis (for example the notion of truth and of value).[156]

A logician who wants to foster the art of thinking in us (and what else could logic be) needs to know the laws of thinking, feeling and volition – ethics as well.[157]

Descriptive psychology is fundamental for metaphysics. To bring the metaphysical [19] notions to clarity, one needs to approach them through psychological analysis.[158]

Refutation of pychologism:
It is a matter of norms, values, the ought, and not the being.[159]

His student Husserl turns against psychologism and toward idealism, a direction which Brentano regards as the utmost deterioration.[160] According to Brentano, only the relativistic psychologism is objectionable – in the sense of Protagoras' "man is the measure of all things".[161]

---

perience", which is seen as the task of descriptive psychology in order to determine the elements of the psychological. Descriptive psychology determines the psychological phenomena the physiological foundations of which are studied by genetic psychology. Thus, for Brentano, descriptive psychology is preliminary to genetic psychology insofar as it determines its field of research.

156 "Die drei praktischen Disziplinen Aesthetik, Logik, Ethik schöpfen aus beiden Teilen der Psychologie. Ihre Grundbegriffe ergeben sich aus psychologischer Analyse. Insbesondere der Begriffe Wahrheit und Wert." Kastil, A.1.3.3, p. 4.

157 "Ein Ethiker, der sittlicher Führer sein will – und das ist ja seine eigentliche Aufgabe -, ein Logiker, der uns in der Kunst richtig zu denken fördern will – und was sonst wäre sein Beruf? – muss die empirischen Gesetze der Begriffs- und Urteilsbildung beherrschen." Kastil, A.1.3.3, p. 4.

158 "Nicht von gleichem Belange sind solche [Begriffe der genetischen Psychologie] für die Metaphysik, umsomehr aber die der deskriptiven Psychologie. Denn die metaphysischen Begriffe sind zwar die allerallgemeinsten, aber darum stammen sie nicht weniger aus der Anschauung." Kastil, A.1.3.3, p. 5.

159 "Warum soll Logik und Ethik nicht auf Psychologie sich stützen? Weil, antwortet man, Gesetze im Sinne von Normen nicht mit Naturgesetzen verwechselt werden dürfen. Das aber tue der Psychologismus. Er verwechsle Sein und Sollen." Kastil, A.1.3.3, p. 5.

160 "Diese Opposition kam aus der Schule Brentanos selbst. Es war einer seiner ältesten Schüler, Edmund Husserl, der sich zum Wortführer derselben machte und die eingeschlagene Richtung verließ, um die Tendenzen des deutschen Idealismus wieder aufzunehmen, worin Brentano selbst das äußerste Stadium des Verfalls der Philosophie gesehen hatte." Kastil, A.1.3.3, p. 7.

161 "Ein Psychologismus in verdammenswertem Sinne wäre die Rückkehr zum panton ton onton metron anthropos des Protagoras. In diesem Sinne verstanden ist B. nicht nur kein Psychologist, sondern hat einen solchen absur-

Brentano's absolutism[162] uses "natural interests" to define knowledge in contrast to blank belief.[163] One needs to experience the difference between natural and non-natural judgments for oneself, and in this way the notions 'value' and 'truth' are formed (that is psychologically immanent definitions of 'truth' and 'the right').[164]

Next time: His position among various epistemological systems, in particular Kant's, which was dominant at his time.[165]

[20]
Lotse, Mill, Spencer, Vries[166]

Remark: Not mentioned: Modern philosophers: Dingler, Trendelenburg, Bauch, Cassirer. Materialists: Vogt, Büchner, Moleschott.
Goal: Orientation concerning epistemological positions and positions about the method of philosophy. 1. and 2. order.

Program: Books to browse:
  I. Reports on: *Sammlung Göschen*:

---

den Subjektivismus vielmehr allezeit aufs entschiedenste verworfen und bekämpft." Kastil, A.1.3.3, p. 7.
162 This refers to Brentano's absolutism of values. Also part of this doctrine is what he called descriptive psychology.
163 "Und analog muss auf dem Gebiete der Interessensphänomene unterschieden werden zwischen als richtig charakterisierten und blinden, triebartigen Akten." Kastil, A.1.3.3, p. 9.
164 "Wenn ich etwas einsehe, so bin ich der Wahrheit unmittelbar sicher, d. h. ich erkenne, das, was ich erkenne, nicht in Reflexion auf irgendwelche biologischen Vorbedingungen meines Erkenntnisaktes, sondern in sich selbst. Was aber Erkenntnis ist im Unterschiede von einem blinden Glauben, was eine als richtig charakterisierte Gemütstätigkeit ist im Unterschiede von einer bloß triebhaften – das muss man erlebt haben, d. h. es muss Gegenstand psychologischer Erfahrung sein. Wem diese fehlen würde, für den müssten Worte wie Wahrheit und Wert sinnlos bleiben und niemand vermöchte ihm klar zu machen, was es mit Logik und Ethik für eine Bewandnis habe. Wir alle erleben aber diese Phänomene und haben damit die anschaulichen Grundlagen gegeben für die Bildung der Begriffe des wahren Urteils und wertefassenden Interesses." Kastil, A.1.3.3, p. 9–10.
165 "Ich möchte in den folgenden Stunden dieses kurzen Semesters versuchen, Ihnen in einige der Ergebnisse dieses langen und reichen Forscherlebens Einblick zu verschaffen." Kastil, A.1.3.3, p. 14.
166 This probably refers to the evolutionary biologist Hugo de Vries, as all three authors mentioned before de Vries are known for theories about evolutionary biology. Cf. also Brentano, *Vom Dasein Gottes*, where Brentano quotes Hugo de Vries. The work was published by Alfed Kastil.

Hauptprobleme[167] vol. 500, *Einführung*[168] vol. 281,
Psychologie und Logik,[169]*Erkenntnistheorie* vol. 807,[170] 808[171]
History: vols. 394,[172] 571,[173] 709[174]

Aus Natur und Geisteswelt: *Philosophie Grundprobleme* vols. 186,[175] (155),[176]
Philosophie der Gegenwart ~~vol. 41~~.[177]

History: ~~Überweg[178] VI very big book/Schjelderup[179], Vorländer[180]~~
Falckenberg,[181]*Selbstdarstellungen*[182]/~~Höffding~~[183]

---

167 This refers to the volume *Die Hauptprobleme der Philosophie* by Georg Simmel, which appeared as volume 500 in the *Sammlung Göschen* in 1910. Gödel filled in a request form for this volume on November 16th 1937.

168 *Einführung in die Philosophie* by Max Wentscher appeared as volume 281 of the *Sammlung Göschen* in 1906. Gödel filled in a request form for this volume on November 16th 1937.

169 *Psychologie und Logik zur Einführung in die Philosophie* by Theodor Elsenhans is vol. 14 (1898) of the *Sammlung Göschen*. Gödel filled in a request form for this volume on November 16th 1937.

170 *Erkenntnistheorie, vol. 1: Wahrnehmung und Erfahrung* by Max Wentscher is vol. 807 (1920) of the *Sammlung Göschen*. Gödel filled in a request form for this volume on November 16th 1937.

171 Max Wentscher, *Erkenntnistheorie, vol. 2: Theorie und Kritik des Erkennens* (*Sammlung Göschen*, vol. 808 (1920)). Gödel filled in a request form for this volume on November 16th 1937.

172 *Geschichte der Philosophie. Neuere Philosophie bis Kant* by Bruno Bauch et alii is volume 394 from 1919 of the *Sammlung Göschen*.

173 *Die Philosophie im ersten Drittel des 19. Jahrhunderts* by Arthur Drews is volume 571 from 1912 of the *Sammlung Göschen*.

174 *Die Philosophie im zweiten Drittel des 19. Jahrhunderts* by Arthur Drews is volume 709 from 1913 of the *Sammlung Göschen*.

175 *Philosophie. Ihr Wesen, ihre Grundprobleme, ihre Literatur* by Hans Richert is volume 186 from 1907 of the series *Aus Natur und Geisteswelt*. Gödel filled in a request form for this volume on November 16th 1937.

176 *Einführung in die Philosophie. Sechs Vorträge* by Raoul Richter is volume 155 from 1907 of *Aus Natur und Geisteswelt*.

177 *Die Philosophie der Gegenwart in Deutschland. Eine Charakteristik ihrer Hauptrichtungen nach Vorträgen* from 1902 by Oswald Külpe is volume 41 of *Aus Natur und Geisteswelt*.

178 *Die deutsche Philosophie des neunzehnten Jahrhunderts und der Gegenwart* from 1923 by Überweg.

179 *Geschichte der philosophischen Ideen* from 1929 by Schjelderup.

180 *Geschichte der Philosophie* from 1903 by Vorländer.

181 This refers to the book *Geschichte der neueren Philosophie von Nikolaus von Kues bis zur Gegenwart. Im Grundriss dargestellt* by Richard Falckenberg from 1886.

182 This refers to the work *Die deutsche Philosophie in Selbstdarstellungen* in eight volumes from 1921 by Raymund Schmidt.

183 *Geschichte der neueren Philosophie* from 1895–1896 by Höffding and his *Lehrbuch* from 1907.

Scholz,[184] Prantl,[185] Schlick, *Erkenntnislehre*,[186] Aster (*Geschichte der neueren Erkenntnistheorie*)[187]
6 !nominalists! Külpe, *Einleitung in die Philosophie*[188]
Stoics

II Original works:
Thomas, *Summa*,[189] *Opuscula*[190] (*Questiones*?[191])
Aristotle, Thomas' comment,[192] ~~Kant~~
Plato, Timaios and works according to Deussen[193]
Hegel, *Wissenschaft der Logik*,[194] Sigwart (*Logik*)[195]
Brentano? B. Erdmann?
Husserl (*Philosophie der Arithmetik*,[196] *Logische Untersuchungen*[197])
[21]
Theodor Lipps, *Grundzüge der Logik*[198]
E.v. Hartmann, *Das Grundproblem der Erkenntnistheorie*[199]

---

184 *Geschichte der Logik* from 1931 by Scholz. Gödel filled in a request form for this volume on July 5th 1938.
185 *Geschichte der Logik im Abendlande* from 1855–1870 by Prantl. Menger filled in a request form for this volume on December 3rd 1932 that was found among Gödel's.
186 *Allgemeine Erkenntnislehre* from 1918 by Schlick.
187 *Geschichte der neueren Erkenntnistheorie* is a book from 1921 by Aster.
188 *Einleitung in die Philosophie* is a book from 1895 by Külpe.
189 Thomas of Aquinas, *Opera omnia*, vol. 4 (=*Summa theologiae*, q 1–49), 1888. Gödel filled in a request form for this volume on May 20th 1937.
190 Thomas of Aquinas, *Opuscula philosophica: De ente essentia, De principiis naturae, De unitate intellectus, De aeternitate mundi, De substantiis separatis*.
191 Thomas of Aquinas, *Untersuchungen über die Wahrheit (Questiones disputatae de veritate)*, translation by Edith Stein with a preface by Martin Grabmann, vol. 1, Questio 1–13, 1931. Gödel filled in a request form for this volume on March 5th 1937.
192 Thomas of Aquinas, *Commentaria philosophica in Aristotelem: Expositio Perihermeneias, Expositio Posteriorum, In libros Metaphysicorum, In libros Physicorum, In libros de caelo et mundo, In librum de generatione, In libros Meteorologicorum, De anima, De sensu, Sentntia libri Ethicorum, Tabula libri Ethicorum, Sententia libri Politicorum*.
193 Paul Deussen, *Die Philosophie der Griechen* from 1911.
194 Georg Wilhelm Friedrich Hegel, *Wissenschaft der Logik*, two volumes. Gödel filled in a request form for both volumes on July 20th 1939.
195 Christoph Sigwart, *Logik, vol. 1: Die Lehre vom Urtheil, vom Begriff und vom Schluss*, 1873; *Logik, vol. 2: Die Methodenlehre*, 1878. Gödel filled in a request form for both volumes on July 12th 1938.
196 Edmund Husserl, *Philosophie der Arithmetik: Psychologische und logische Untersuchungen*, Halle (Pfeffer) 1891
197 Edmund Husserl, *Logische Untersuchungen, vol. 2: Untersuchungen zur Phänomenologie und Theorie der Erkenntnis*, 1901.
198 Theodor Lipps, *Grundzüge der Logik*, 1893.
199 Eduard von Hartmann, *Das Grundproblem der Erkenntnistheorie. Eine phänomenologische Durchwanderung der möglichen erkenntnistheoretischen Standpunkte*, 1889.

W. Wundt, *Logik*[200]

W. Schuppe, *Erkenntnistheoretische Logik*,[201] *Grundriss der Erkenntnistheorie und Logik*[202]

Mill, *Logik*;[203] Avenarius, *Kritik der reinen Erfahrung*[204] (with prolegomena)

Cohen, *Logik der reinen Erkenntnis*[205]

Natorp, *Logische Grundlagen der exakten Wissenschaften*[206]

Höfler, *Grundlehren der Logik*[207]

Meinong, *Gesammelte Abhandlungen 1913*[208]

Lotze, *Logik*[209]

Program *desiderata*

1. ~~New edition Göschen~~ omitted
2. Philosophical dictionary[210]
3. Introductions to philosophy (list) also foreign ones; also *Ich hab's*
4. History of modern philosophy (list) also foreign ones; also *Ich hab's*[211]
5. List of philosophical journals
6. Medieval logic
7. ~~Brentano~~ [22]
8. Schopenhauer, epistemological or logical investigations[212]

---

200 Wilhelm Wundt, Logik. *Eine Untersuchung der Prinzipien der Erkenntnis und der Methoden wissenschaftlicher Forschung*, vol. 1: *Erkenntnislehre*, 1880; vol. 2: *Methodenlehre*, 1883.
201 Wilhelm Schuppe, *Erkenntnistheoretische Logik*, Bonn (Weber) 1878.
202 Wilhelm Schuppe, *Grundriss der Erkenntnistheorie und Logik*, 1894.
203 John Stuart Mill, *System der deductiven und inductiven Logik*, translated by Theodor Gomperz, vol. 1–3, 1872–1873.
204 Richard Avenarius, *Kritik der reinen Erfahrung*, vol. 1 and 2, 1888/1890.
205 Hermann Cohen, *Logik der reinen Erkenntnis*, 1902.
206 Paul Gerhard Natorp, *Die logischen Grundlagen der exakten Wissenschaften*, 1910.
207 Alois Höfler, *Grundlehren der Logik*, 1890.
208 Alexius Meinong, *Abhandlungen zur Erkenntnistheorie*, 1913.
209 Hermann Lotze, *Logik*, 1843; idem, *Logik. Drei Bücher vom Denken, vom Untersuchen und vom Erkennen*, 1874.
210 This could refer to the volume by Thormeyer, which appeared in the series *Aus Natur und Geisteswelt* which Gödel cites several times. It could also be Friedrich Kirchner's *Kirchners Wörterbuch der philosophischen Grundbegriffe*, to which Gödel refers several times at the end of the volume.
211 *Ich hab's* is a keyword list and an index of authors by Friedrich Winkler.
212 *Über die vierfache Wurzel des Satzes vom zureichenden Grunde* by Schopenhauer contains his thoughts about logic and the theory of knowledge.

9. Last encyclica of the popes[213]
10. Book indices Heyting, browse *Erkenntnis* for philosophy[214]

Remark: Mentioned in *Überweg*:

Humboldt	Strauss, Feuerbach
Krause	Marx, Stirner
Schleiermacher	Weisse, Fechner, Lotze
Fries, Nelson	
— Bolzano	Laas, Liebmann, Riehl
Beneke	— Cassirer
	Scheler
— Hobbes	Rehmke
1588–1679	— Troeltsch
	— Dingler
	— Bauch
	— Nelson

Scholz *Geschichte der Philosophie im Längsschnitt* issue 4, Berlin 1931

[23]
Remark: The right method to obtain an overview of a topic is not to read a small book about it, but to excerpt the most important points from a lot of small books and in particular from comprehensive works [handbooks] (that means to excerpt everything that contains an answer to a pre-established questioning scheme).

Remark: Classification of professorships in the field of philosophy: Systematic philosopher, historian of psychology, logic & theory of knowledge, pedagogue, representative of a certain *weltanschauung* (a certain metaphysics or rejection of metaphysics), {ethics, philosophy of law, sociology, philosophy of history, philosophy of culture, philosophy of value, aestheticians}.

---

213 Instructive and admonishing circulars written by the popes to the bishops of the Roman-Catholic church, directed at all believers.
214 This refers to Heyting's essay "Die intuitionistische Grundlegung der Mathematik" in the journal *Erkenntnis* from 1931.

[24]

Psychology

Continuation of the reading of non-mathematical works I.²¹⁵ (p. 8 question 24)

Question: What pleases me (or what do I consider to be the purpose of existence?):
1. That which is accompanied by a pleasurable sensation?
2. That from which I expect that it will be accompanied by a pleasurable sensation?:
    A. Expectation *in abstracto*,
    B. intuitively? (Is that the same as that 'to which am I looking forward'?)

To look forward to something= 1. to expect intuitively that something will please me and 2.) to believe that it will happen and 3. to have a pleasurable sensation due to these conditions (all in *actu*).
1 & 3 (without 2 or with 2) = daydream* (as soon as it is actively, consciously evoked).
Is 1 & 2 possible (without 3)?
Is 2 & 3 possible with the abstract belief that it will happen (the abstract belief generates an intuitive belief)?

Remark: Differences between: (1) Doing something with consideration, (2) without consideration, (3) not doing it at all myself. Examples for (1) trivial, (2) to thank for a greeting (3) to stroke one's behind without noticing.

* *delectatio morosa*. Remark E.-M. E.: 'delectatio morosa' is the pleasure that occurs when the power of imagination is directed to an object which is absent. The enjoyment of it is postponed because it is out of reach or forbidden.

---

215 No notebook *Lektüre Unmathematisches I* has been found in Gödel's *Nachlass* thus far, but the notebook *Lektüre Mathematisches I* can be found in box 6a, series III, folder 55; this allows some conclusions about the notebook *Lektüre Unmathematisches I*, which seems to be lost. In *Lektüre Mathematisches I*, Gödel put down a list of mathematical papers he intended to read, made notes about conversations with mathematicians such as Tarski or von Neumann as well as reading excerpts and lecture notes and also wrote down shorter proofs of his own. Furthermore, this notebook also contains some maxims about successful work in mathematics. Assuming that the notebook *Lektüre Unmathematisches I* was similarly conceived, it is plausible to assume that Gödel wrote down reading excerpts and the like there as well and that the following considerations and remarks refer to those.

[25]
Remark: When I meet Morse[216] and he greets me with a "Hello" and I decide whether to respond with a "Hello" or with another greeting, does this belong to (2) or (3) of the previous remark?

Question: What does the "direction of choice" consist in, which shows up for example in the case of the previous remark, when I am supposed to consider something in the presence of someone else?

Remark: Thinking is when I (soul is equal by definition) exert the brain (in a certain direction, towards a certain aim), where this exertion may be understood as a physical effect. The brain is constructed such that, when exerted in a certain way (it can be activated in different ways, there is a "space" of possible exertions), it produces a certain (the desired) result by presenting a certain mental image to "me"; when exerted in an inappropriate way (e.g. in conflict with itself, i.e. working against itself) it produces no result (but is only worn out, similar to a machine).

Remark: Brain damage (which leads to feeblemindedness, e.g. in the case of paranoia) can have 4 causes: (1) poison, (2) eating disorders, (3) lack of rest (4) overexertion. In the case of paralysis probably (1), in the case of schizophrenia possibly (3) and (4), due to the demons [26] stirring up distress to enduring reflection or a sleeping disorder (directly or indirectly).

Remark (parapsychology):[217] "The soul is "united" with a certain body" means: Its *passiones*[218] (in the widest sense) depend on the condition of this body and their *actus* has an effect on this body."[219]
Question: Can the demons cause *passiones* (i.e. perceptions) of the

---

216 This probably refers to the mathematician Harold Calvin Marston Morse (1892–1977), who was at the IAS in Princeton beginning in 1935 and who stood up for Gödel. It could also refer to the set theorist Anthony Perry Morse (1911–1984), who was at the IAS from 1937–39. Gödel visited Princeton in the autumn of 1938.
217 Subjects of parapsychological investigations are supernatural phenomena, which transcend the usual ability of perception, such as telepathy or psychokinesis.
218 In the Aristotelean tradition, 'passiones animae' refer to the emotional sensations and impulses of humans.
219 In the Aristotelean tradition, the actus is also an expression for the entelechy, which contains an internal aim that should be pursued (or perfection). In the scholastic tradition, the actus is the realization (of a possibility), the

soul directly (i.e. without detours via bodies)? Can the angels "speak" to each other without the transmission of some sort of matter?

Remark (Relationship of the heteropsychological[220] objects with ideas): (1) Proof, that we do not perceive the ideas: The extension of addition from the integers to the rational and real numbers is not unique, whereas every idea determines its relation to all other ideas uniquely.

(2) Proof: There are innumerably many primitive (undefinable)[221] ideas (whereby a strong relation exists, so that each weak idea is definable from every strong one), hence we would have to be able to cast the mind's eye over these ideas as if over a straight line and fix it somewhere.[222] Instead, every idea is fixed through a definition (akin to the construction of a point on a line, whereas it would also be conceivable that we could isolate single points with certain rational proportions and detect their proportions through mere "inspecting"). Therefore, just as we only see the endpoints of a line segment [27] and need to "construct" the rest, we only see[223] the few primitive ideas[224] ($\neg$, $\vee$, $\exists$, ϵ, set) and reach the others only by "construction" (not definitions, as arbitrarily "strong" ideas are reached).

The sole purpose of the construction is a "clarification"[225] of an idea (at least insofar as the formal rules that it obeys become

---

reality; and also activity or having an effect. See also the explanation for the concept of a mental act by Brentano on manuscript page 30, remark 1.

220 The term 'heteropsychological' is used by Rudolf Carnap in *The Logical Structure of the World* in IV, C.

221 For the 'primitive, undefinable ideas', cf.: Locke, *Essay III* 4, § 7; examples for primitive concepts in Locke are: 'existence', 'unity', 'force' (*Essay II* 7, §1). Also cf. Leibniz, *Meditationes de cognitione, veritate, ideis* [1684] in: GP IV, p. 423; examples for primitive concepts in Leibniz: 'existence', 'individual', 'ego' (*Generales inquisitiones de analysi notionum et veritatium* [1686 in: Couturat, *Opuscules et fragment inedits de Leibniz*, p. 360). For Leibniz, simple (primitive) concepts are undefinable concepts that become only known through themselves. Cf. also Hao Wang, *A Logical Journey*, No. 8.4.20 on page 268 concerning the distinction between 'concept' and 'idea' within Gödel's writings: "The general concept of concept is an Idea [in the Kantian sense]." And ibid. No 8.4.21 "Absolute demonstrability and definability are not concepts but inexhaustible Kantian Ideas. We can never describe an Idea in words exhaustively or completely clearly."

222 Cf. the explanation concerning the point of fixation on the manuscript page 78, remark 1.

223 Cf. remark 2 on manuscript page 29 in this notebook.

224 Leibniz also calls simple, undefinable concepts 'primitive concepts'. Cf. the remark about 'simple, undefinable ideas', manuscript page 26, remark 2.

225 For the concept of clarity in Leibniz, cf.: ibid., *Meditationes de cognitatione, veritate, ideis* [1684], in: GP IV, p. 422. Leibniz defines 'clarity' as recognizability.

clear). However, the clarification[226] does not consist in "seeing" the ideas (we are in a way "blinded" in this respect, i.e. our construction actually goes "into the void"), but we merely "complete" their existence, as we do in the cases of the heteropsychological, external objects and physical theories.[227] In spite of this, we have a "sense" for ideas (in the most primitive form, as we sense what is behind a proof, what a mathematically essential proof step is, what a decidable proposition is etc.), likewise we have a sense for the heteropsychological and the objects of the outer world (an intuition). In all of these cases, we have a symbolic reconstruction of something invisible (in our case the ideas).

Question: Is every "idea" constructible via a symbolic construction[228] or are there human and divine ideas?[229] – If the former were true, one would sense an actual incongruity [28] between this finiteness of the brain and the eye (finite acuity, finite number of nerve fibers) and the infinity and infinite acuity of the ideas. Generally, the physical (three-dimensional!) world is just an infinitely small appendix of the mental world (except when there are actually perhaps only a continuous number of ideas).

Remark: Psychology, source of errors see *Max II*, p. 149,[230] p. 151[231] and this notebook p. 30.[232]

---

226 According to Leibniz, a concept is 'intuitive' (immediately conceivable) if it is both adequate (=completely characterized) and at the same time distinct (sufficiently distinguishable on the basis of clear properties). According to Leibniz, distinct, simple (primitive) concepts are only recognizable by intuition. For example, the proposition 'A=A' can only be seen to be true by intuition. In contrast, composite concepts are not recognizable by intuition, but only symbolically. Leibniz, *Meditationes de cognitatione, veritate, ideis* [1684], in: GP IV, p. 423.
227 Cf. Carnap, *The Logical Structure of the World*, in particular section IV, C. "The upper levels: Heteropsychological and cultural objects".
228 For the symbolic recognizability of composite concepts in Leibniz cf. the explanation for the penultimate footnote.
229 The question whether there are human and divine ideas is asked by Leibniz in *Meditationes de cognitatione, veritate, ideis* [1684], in: GP IV, p. 426.
230 This refers to a remark on p. 149 in *Time Management (Max) II*, which is entitled "remark psychology source of mistakes"; since it occurs in the notebook *Time Management (Max) II*, the remark written here in *Philosophy I Max o* must either have been inserted later on (which seems unlikely) or Gödel worked on both notebooks simultaneously, which is compatible with the dates assigned to the two notebooks. He worked on the notebook *Philosophy I Max o* between October 1934 and June 1941 with an addendum on May 1th

Remark: Rational dispositions[233] (such as belief) do not become apparent in consciousness when they are not activated. Emotional dispositions (such as looking forward to something) also have a part that is constantly activated (good mood), and for that reason an exclusion principle similar to that for attention holds: There can only be one emotional disposition[234] present at the same time (the good mood is spoiled by an unpleasant experience that creates an inversion of the emotional disposition [=is enlarging, if it becomes conscious]).

Remark: Every intensional object[235] is in itself either good or bad. Thus, if something pleases one person, but not another, they do not share the same intensional object, though they may share the same external object. The fact that desire is usually tied to an object merely signifies that there are different kinds of desire (and not only simple, but also composite ones). The created objects cannot reach the [29] upper limit of pleasure. Thus, there is time, so that they

---

    1942 and on *Time Management (Max) II* between the beginning of 1938 and July 1940.
231 This refers to a remark on page 151 in notebook *Time Management (Max) II*, which is entitled 'continuation psychology source of mistakes'.
232 This refers to a remark on page 30 in *Philosophy I Max 0*, which is entitled 'Remark psychology source of mistakes'.
233 For the concept of disposition and the application of this concept to the cognitive faculty of the soul in Leibniz, cf.: idem, *Nouveaux Essais I* 1, §5. Since Gödel implicitly refers back to Brentano in the next remark, one should also note Brentano's use of 'disposition', in idem., *Psychology from an Empirical Standpoint*, p. 108 in the edition of 1874, which Gödel borrowed on April 15th 1932. There, Brentano refers back to Leibniz as well, though to his use of 'unconscious perceptions', not to his use of 'rational or emotional dispositions'. Likewise, the use of the term of intellectual disposition by Alexius Meinong is a possible source. Meinong can be assigned to the Brentano school. Cf. Meinong, *Psychologisch-ethische Untersuchungen zur Werttheorie*, p. 218.
234 For the concept of disposition and the application of the concept to emotions in Leibniz: idem, *Nouveaux Essais II* 22, §10. However, Leibniz there also uses other examples. For the concept of emotional disposition cf. also Meinong, *Psychologisch-ethische Untersuchungen zur Werttheorie*, p. 144 and p. 218 as well as p. 25, where he adresses Christian von Ehrenfels' concept of emotional disposition. Ehrenfels is also related to the Brentano school.
235 In contrast to the concept of intentional object (Brentano), the concept of intensional object is rarely used. 'Intensional' is usually defined purely negatively as non-extensional. In Frege, intension means sense, in Russell and Husserl it means meaning, for other authors also the content of a concept. Cf. also the question on manuscript page 75, where intensional states and intensional objects are equated. In comparison, an intentional object is what mental states are about or at which they are directed.

may rise to any degree. Hence also the intricacy of beautiful objects (as compared to the *beatitudo Dei*,[236] which is itself its only object).

Remark: The function E(p) [evidence of *p*] obeys different rules than does probability, namely $E(p \wedge q) = \min(E(p), E(q))$ hence also $E(q) = \min[E(p), E(p \rightarrow q)]$, hence the set $\lambda p(E(p) > a))$ is not a formal system* that increases with decreasing *a*. Moreover, we have $-1 \leq E(p) \leq +1$ and $E(\neg p) = -E(p)$. It would be interesting to determine the class $\lambda p(E(p) > a)$ for empirical propositions that hold good for me.[237]

* These are the various 'shortcomings' of constructivism in mathematics.

Remark: Since one can actually "see" only very simple ideas, one needs a "substitute object" to operate with the more complicated ones,[238] which can either be (a) the symbol, (b) the rules by which one operates with the symbol. The "sense" that one can develop for the presence of certain relations between complicated notions: is that an (however indistinct) perception of a notion or of the operation rule?

[30]
Remark: That the "connection to reality" gets lost means that one no longer recognizes the corresponding concepts when using words, but a substitute [possibly the intensive occupation with mathematics has this effect, since it is <u>necessary</u> in mathematics to substitute the symbol for the concept as the concepts themselves are remote from perception], with which one can nevertheless correctly operate in a positivist[239] (nominalistic)[240] manner.

---

236 The 'beatitude of God' is in particular treated in the writings of Thomas of Aquinas. He considers this topic in the *Summa Theologiae I–II*, questio 1–5. For example, we find in I–II, questio 3, articulum 8: "Sic igitur altior est beatitudo Dei suam essentiam intelectu comprehenditis, quam hominis vel angeli videntis, et non comprehendentis."

237 "Wenn ich sagte, ein evidentes Urteil sei ein sicheres Urteil, so schließt das nicht aus, daß einer mit Evidenz erkennt, daß etwas für ihn wahrscheinlich ist, denn hier ist ihm jenes Etwas freilich nicht sicher, allein, daß er mit Sicherheit urteilt, es fehlten ihm die Bedingungen zu sicherem Urteil, es spreche vielmehr etwas für und etwas gegen diese Annahme, ist für ihn sicher. [...] Dies schließt auch noch den Irrtum ein, daß es eine unmittelbare Erkenntnis der Wahrscheinlichkeit gäbe, was damit unvereinbar ist, daß, wie Laplace ganz richtig sagt, jede Wahrscheinlichkeit aus Wissen und Nicht-Wissen zusammegesetzt ist." Brentano, *Wahrheit und Evidenz*, p. 145.

238 Cf. Leibniz, *Meditationes de cognitione, veritate, ideis* [1684], in: GP IV, p. 423: simple (primitive) concepts are only conceivable by intuition. Composite concepts, in contrast, are not conceivable intuitively, but only symbolically.

In particular, the loss of the concepts "good" and "evil" may be a reason for irresolution (impossibility of a choice) and apathy.

Remark Psychology, source of mistakes:

Quaternio terminorum[241] — 1.) One assumes it to be self-evident that one knows about ones own mental acts,[241] which means: $A \supset I$ know (A). This is false, even for sentences that express a will, sentences concerning the magnitude of pleasure and displeasure, sentences about whether or not I know something.

imprudence — 2.) The principle "in any case, we have to die", "then all is over anyway", that means [one is not satisfied with an improvement]: I want A, $A \wedge D \to C$, C pleases: Answer to this: $D \to C$ (one does not recognize a present distinction big enough).

3.) Not to make the classification concerning an essential distinction (examples see *Max IV*, 174).[243]

239 In the present context, one should consider that, according to positivism, the meaning of concepts needs to be reduced to the experience of single facts or needs to be logically related to these.
240 According to the nominalist point of view, concepts are mere names or designations for individual objects; in contrast, general concepts have no counterpart in reality.
241 Mental acts are for Brentano intentionally directed at objects; in addition, they carry an awareness of the act itself. Cf. Brentano, *Psychology from an Empirical Standpoint*, p. 132–133.
242 A quaternio terminorum is a syllogistic fallacy which arises when the middle term is not the same in the major and the minor premise, so that four instead of three concepts occur as subject and predicate. This fallacy often arises due to a homonymy in the middle term in the major and the minor premise. In this way, one no longer has, as required, the same concept in the major and the minor premise, but two different concepts that merely sound the same but are ambiguous. Gödel refers to this also e.g. in *Max V*, p. 331.
243 The reference to *Max IV* could have been inserted subsequently. The example in *Max IV*, p. 174, which was written down after the 1. VII. 1941, reads: "The question is thus: Which differences are "essential", which species are "on equal terms" [stehen gleichwertig nebeneinander], which is a difference in principle in contrast to a gradual difference. Example:
| object | synthetic state of affairs | analytical state of affairs |
    0   1   2   3
The essential dividing line is 2. and not 1. [this scheme does not reoccur.]"

4.) Existence of one opposite of a concept, while (like with a complement in geometry) there can be 2. Continuation *Max V* p. 332.[244]

[31]
Remark: The sequence of psychological events (when regarded as discontinuous, which is heuristically advisable) consists in an alternating series of: *passio*[245] (perception) and act[246] (reaction to this perception). A perception is uniquely determined by the "objects" (two perceptions with the same object are equal, hence the perception of the same external object with a different attentive focus is a different perception;[247] namely the "light" of attention is distributed differently over the parts of the object and this light obeys the will). Question: Is the space of all possible human perceptions a well-defined collection? Perceptions separable into distinct and indistinct (one criterion is that it is possible to tell whether two distinct perceptions are identical).[248] The perceptions (respectively, the objects) further fall into: 1.) perceptions of realities [a.) primitive data "red" etc., b) drive (i.e. force affecting oneself) c.) fact (here is a table, A is angry)] 2.) perceptions of possibilities,*a.) a simple "sense" (i.e. a possible state of affairs), b.) a notion, that is a function, which assigns objects to a possible [32] state of affairs[249] uniquely, c.) a function, which assigns objects to objects.

* The difference between 2. and 1. is that between understanding and recognition.

There are only very few things that we can perceive (e.g. numbers only up to about 10), namely:

1.) due to too much complexity,

2.) due to too great a "distance"** (e.g. other people's emotions or the simple, but very high ideas). This means that no possible intensional objects correspond to these things.[250] This means that the intensional objects are bijectively mapped to a small subset of

** Respectively, due to an obstructive wall.

---

244 The reference to *Max V* could have been inserted subsequently. The remark on p. 323 in notebook *Max V*, which was written after May 1st 1942 is a remark about psychology, source of mistakes as well.
245 See the explanation concerning *passiones animae* on manuscript page 26, remark 1.
246 See the explanation concerning *actus* on manuscript page 26, remark 1.
247 "Furthermore, even sensations depend not only on the strength of the external stimulus, but also on psychological conditions, e.g. on the level of attention." Brentano, *Psychology from an Empirical Standpoint*, p. 72–73.
248 Cf. Brentano, *Wahrheit und Evidenz*, p. 149.
249 'State of affairs' refers to the conceptual, intensional meaning of a proposition.
250 Cf. the explanation concerning remark 3 on manuscript page 28.

the objects (in the possibility space as well as in the real space). But for other things, we have a "substitute" in us (namely other intensional objects which we can perceive and which can represent them), for example in the case of too much complexity, the object is replaced by a simple "sign". (That is the function of symbols.) The principle is that we perceive a function f and an object a and the fact that a certain uniquely determined object $f(a)$ corresponds to a via f, and then the combination fa "represents" this object (that is the meaning of the notion of existence). For certain simple things a, $f(a)$ is still directly [33] perceivable, and then one "extrapolates". This, however, is not the reason to accept $f(a)$, but the reason is the perception of the state of affairs $\forall(x)(\exists y)[y = f(x)]$; likewise in the case that the object is not perceivable due to too great a distance. Here, the function $f(x)$ stands for the emotion that corresponds to an expression x (or the soul which inhabits a body x).

What one perceives is thus not the object itself, but "a direction" which leads to the object (namely a in the direction f), and this process can be iterated. One can perceive a direction leading to a direction etc. (each time a non-complex concept is defined from simple ones which themselves are not perceived, there is a new iteration).[251] In a similar way, a deduction allows one to perceive a reality indirectly on the basis of the function $f(a,b)$[=the consequent of the implication a with the antecedent b] and the perceivable state of affairs (a,b) [a,b are states of affairs, namely a is a state of affairs in the form of an implication; together with b, this yields the state of affairs which is the consequent of a.] A direct perception of a state of affairs takes place when a notion ϕ and an object a are perceived directly and distinctly, then also $\phi(a)$ and $\neg\phi(a)$, respectively.

[34] By handing over the "substitute" for non-perceivable objects (the symbol or concept combination) to memory, together with the elementary states of affairs that are noticed about it, I have in a certain way "created" in me the object that was not in me before – made a substitute for it directly perceivable. And this substitute is useful (or perfect) insofar the relations of the object are also reflected in the substitute in such a way that they are di-

---

251 The concept of iteration comes from mathematics. It denotes the repeated application of the same process to achieved intermediate goals in order to reach a goal.

rectly perceivable (since the corresponding substitute relations are directly perceivable). However, this "creation" of the non-perceivable objects in oneself is not arbitrary, but rather uniquely determined, similar to the way facial expressions are a "sign" for the anger of another person. The retinal images of the facial expressions are a sign for the facial expressions. The word "anger" is a sign for the retinal image etc.

<u>This is a representation that "goes inward" more and more and the "further away" or "more complicated" an object is, the more iterations of this representation are necessary to obtain something genuinely perceivable</u>. The strange thing is just that, although in this way it is not things themselves that become perceivable, but only directions leading to directions etc. which lead to the things, nevertheless this has entirely the same effect on the behavior of the respective human being as if the things themselves were to become perceivable* [35] (one can e.g. hand over the keywords and their "substitute relations" to memory or to paper and then perceive them as often as one likes). This presupposes, though, that one can operate in some way with perceivable things with the awareness that they "mean" something else (<u>which is the essence of language ability</u>).

* This means that the perception of the substitute images is as good as the perception of the object itself for many purposes; for example when I cannot evoke a [35] memory of certain situation, but conclude indirectly what happened at the time.

<u>Question</u>:[252] Isn't it possible that certain simple things (concepts) are perceivable for humans, which however are never perceived by them, since the world is such that no "opportunity" to perceive them ever comes up (that would hence be things that are in me, but the light of attention is never directed towards them, so that it is my fault that they are not perceived) and that these things would show us either that many of our symbolic constructions are

---

252 The content that this question is concerned with evokes the claims of Leibniz concerning the inborn ideas (*notiones*). According to Leibniz, an idea is an object of a simple concept immediately present in us, even when we do not perceive it: "Mais l'idee estant prise pur l'objet immediat interne d'une notion, ou de ce que les Logiciens appellent un terme incomplexe, rien ne l'empeche d'estre toujours en nous, car ces objets peuvent subsister, lorsq'on ne s'en appercoit point", GP V, p.21. By focusing our attention on inner objects, we obtain knowledge that cannot stem from our sensory experience, hence the ideas must be inborn. "Or la reflexion n'est autre chose qu'une attention a ce quie es en nous, e les sense ne nous donnent point ce que nous portons deja avec nous. [...] Et c'est ainsi que les idees et les verites nous sont innees, comme des incinations, des dispositions, des habitudes [...]." Cf. GP V, p. 45.

wrong or arbitrary or that these things would let the construction appear in a whole new and clear light.

The things that are directly (by themselves) perceivable are those that are "in us". (There are certain things of which instances were created in all human beings).

[36]
1./I. 1940
Max Notebook I, p. 66, classification of activity by degree of difficulty.

<u>Remark</u>: On human relations: Reproach, insult, hidden insult, mockery, rebuke, expressions of loathing are forms of "mental" injury* (perfectly comparable to physical injury). Mental injuring continually taking place mutilates the soul like the body (the intellect, but mainly emotional life and instinctual life, in particular concerning human relations, every injury to the emotional life must in the long run lead to one of the intellect, because the exertion of attentiveness of the mind will either not take place at all or in a wrong direction.)

However, the relevant thing in these matters is apparently "the spirit", which is somehow transferred** directly. [A seemingly harmless word can at times hurt more than a seemingly much worse one, e.g. Ve. "In reality, he just makes a bit of a mess."] The unjust reproach hurts more than the just one, and that coming from a reprehensible person hurts more than that from others (in particular when reprehensible concerning the same point). When the insult is returned, the injury is smaller (a kind of "scuffle" between two persons arises then, but in a physical scuffle, the other's wound doesn't heal one's own).

[37]
<u>Remark</u>: Understanding is the faculty to perceive concepts[253] language has no word for the faculty to perceive other souls (though in the bible *vidit coginationes eorum* – may be transferable to everyone?)[254]

* [37] What is a mental wound? Is every unfulfilled desire a mental wound and vice versa? Or a forgotten unfulfilled desire?

** Does the "intention to injure" matter here? Furthermore, the tone matters. One needs to distinguish two quality increases: Those that intensify the pain, those that intensify the angry reaction (maybe [37] also those that intensify the mutilation). All three depend in particular on my mental (emotional) relation to the insulting person and to the witnesses of the insult. The angry reaction is stronger in the case of a less "conscious" person (i.e. one who does not see the other soul as he sees the other bodies), like in the case of a physical attack of an infant (who does not yet see the bodies of the external world). We are all born blind – in twofold respect.

253 "*Understanding*, as the faculty of *thinking* (representing something by means of *concepts*), is also called the *higher* cognitive faculty (as distinguished from sensibility, which is the *lower*), [...]" Kant, *Anthropology*, AA VII §40, p. 90.
254 In the gospel of Luke, chapter 11, verse 17, it is pointed out that God knows man's thoughts: "ipse autem ut vidit cogitationes eorum dixit eis [...]."

Remark: What are the five faculties of higher perception corresponding to the five senses?[255]

> Hearing – Evidence in the highest matters[256] (reason)[257] (ethics?) (the plausible)
> Seeing Evidence[258] (of the judgment of the ego) in earthly matters (understanding) (that which is actually evident)
> Sense of touch – Understanding by proof (step-by-step mind)[259]
> Sense of smell – Hunch or perception of the other soul[260]
> Sense of taste – judgment about beauty and the horrific[261] (sapientia)[262]

---

255 By analogia proportionalitatis, Thomas of Aquinas means in *De veritate*, q.2a.11 the similarity of relations and offers as an example the use of 'seeing' both in the case of sensual seeing and intellectual insight. Gödel borrowed the German translation of the respective volume on March 5th 1937. Cf. further the remark on manuscript page 61 and remark 1 on manuscript page 77. The analogy of proportions also plays a central role in Leibniz' thinking, though the concept is no terminus technicus for him. Cf. Poser, "Analogia und Expressio bei Leibniz", in: *Leibniz' Philosophie*, p. 312–322. Cf. Gödel's reference to the concept of analogy on manuscript page 65.

256 The analogy between the sense of hearing and evidence in the highest realm comes from the significance of the sense of hearing for speech. "Das Gehör ist ein höherer, für das Geistesleben des Menschen unentbehrlicher Sinn, auf dem ein großer Teil unserer Erkenntnis der Dinge beruht. [...] Dem passiven Gehörsinn korrespondiert [...] das aktive Sprachvermögen, [...]." Kirchner, *Wörterbuch*, p. 222.

257 "The shape of the object is not given through hearing, and the sounds of language do not lead immediately to the idea of it, but just because of this, [...] they are the best means of designating concepts. And people born deaf [...] can never arrive at anything more than an *analogue* of reason." Kant, *Anthropology I*, §18, p. 47.

258 "Vor allen ausgezeichnet durch Klarheit, Deutlichkeit, Reichtum und Weite der Wahrnehmungen ist das Gesicht; von ihm hat daher der Sprachgebrauch die Bilder für die Vollkommenheit der Erkenntnis entlehnt (Evidenz, Anschaulichkeit, Einsicht), [...]." Kirchner, *Wörterbuch*, S. 574.

259 "But I feel conscious that many a reader will scarcely recognize in the shadowy forms which I bring before him his numbers, which all his life long have accompanied him as faithful and familiar friends; he will be frightened by the long series of simple inferences corresponding to our step-by-step understanding; by the matter-of-fact discussion of the chains of reasoning on which the laws of numbers depend, and will become impatient at being compelled to follow our proofs for truths which to his supposed inner consciousness seem at once evident and certain." Dedekind *The Nature and Meaning of Numbers*, translated by W. W. Berman, New York (Dover) 1963, p. 33. Gödel owned a copy of the fifth edition of this book by Dedekind in the original German version.

260 "In jüngster Zeit hat Jäger ihn [= den Geruchssinn] als das wichtigste Mittel zur Menschenkenntnis gepriesen." Kirchner, *Wörterbuch*, p. 230.

261 According to Kant, taste is the ability of the aesthetic power of judgment to chose in a generally valid way. Cf. Kant, *Anthropology I*, §64.

[? Sexual sense – Perception of the other soul?] see p. 77[263]

[38]
Remark: How do people "choose" under the pressure of pain, fear, hope, joy (in contrast to these not being present), particularly concerning making "assumptions"? 1. Fear is the perception of a future pain (with more or less certainty, i.e. it is temporarily perceived, then again not perceived [or even its negation], the subjective probability is then the proportion of the number of perceptions of p to those of $\neg p$). The perception of a future pain (i.e. of "bad" things) is itself something bad, i.e. pain. In a similar way, hope is to be analyzed. Here, by a perception of pain, we mean an "understanding perception", not the perception of an abstract substitute [which itself is not pain].

Thesis 1: Someone who is under the influence of pain or fear (namely, who continually has a certain pain or a certain fear) will make the assumption that this pain will cease under such and such circumstances more easily, [i.e. if one wasn't under the influence of that pain, one would not make the same assumption (about someone else in the same situation)].

[39]
Thesis 2: This assumption is even held up in the case of failure, and choices are made according to it (even in the case of an aggravation of the present pain).

Question: Is a present pain also as easily accepted in the case of hope? The force is the magnitude of fear or hope (a) the counterforce is (if x is the work to do) $\frac{a+x}{a}$ or $\frac{a}{a-x}$, respectively.

Remark: Every hope is paired with fear (namely the fear of not reaching the goal) and every fear with hope.

---

262 'Sapientia' is etymologically related with 'sapor' (taste, treat, fragrance); in antiquity, it is seen both as a sensual faculty and as a faculty of taste with respect to objects, but also as (worldly) wisdom.
263 On page 77, Gödel has created another table in which he relates sensual faculties with intellectual capacities. These two tables differ.

Remark: Stubbornly holding onto the highest goal* possibly transfers to a holding onto the lowest goals and in general to the "rationality" of pursuing the goal.

* (and the precise willing).

Thesis 3: In the situation given in thesis 1, "prayer" is frequently chosen (if no other means are in view).

Remark: It is neither possible to perceive something "indefinite" nor to choose "something indefinite" (as a goal), but this just means that we don't know what we have perceived (chosen), namely, because: 1.) too weak 2.) it is a whole series of contradicting perceptions or decisions, respectively. Then the perception of the perceptions (respectively, the decisions) will be similar [weak or contradictory].[264]

[40]
Remark: The motive for a choice is defined by that which is "present" during the choice and with "respect to which" the choice takes place. Goals that are not chosen with respect to some other goal are called "ultimate goals". [The choice of the same object with respect to two different goals or no goal at all are different acts. Occasionally, something with respect to which the choice was not made can also be "present" during the choice, when that which is present and that which is chosen are the same and the act is still not the same].** Concerning an act, one must thus distinguish: "object" and "purpose" or "motive" ("intention" = "object").

Purpose is conscious and motive is less conscious [purpose = conscious motive, motive = unconscious purpose?].

Reflected actions have a goal, unreflected ones have a motive, i. e. the reflected one is carried out to get rid of the tension of a desire (that is the purpose). [How do we know that the right means for this is to give in to the desire?] And this is the ultimate purpose, that is, we have never chosen it with respect to something else [have we chosen it at all?]. Every goal is chosen with respect to a perception [but every act is carried out with respect to

** Hence also not the same in ethical assessment and not the same for the formation of character. Hence it is impossible to formalize ethics by [41] obeying external acts (it is the "spirit" that matters). The part of a situation with respect to which our act takes place is the one in which we *gaudium ponimus* (put our joy or in which we see it). As the character formation indicates. Remark E.-M. E.: Here, Gödel translates 'ponere' with 'to put'.

---

[264] Kant calls the form of cognition underlying the 'I think' 'indeterminate perception'. "An indeterminate perception here signifies only something real, which was given, and indeed only to thinking in general, thus not as appearance, and also not as a thing in itself (a noumenon), but rather as something that in fact exists and is indicated as an existing thing in the proposition 'I think'." Kant, CPR B423 footnote.

a perception], but this perception is not always an earlier chosen goal. [41] The possible ultimate goals are those perceptions which suffice by themselves, – that one chooses with respect to them although they are not perceptions of goals chosen earlier. Hence when any created object (which is not an earlier chosen goal) triggers an act, that act is a mortal sin. The only object of this kind should be God[265] (or the possibility of God's existence) or the possibility that eternal rapture is achievable or the <u>possibility that – the essential truths are recognizable</u> (with respect to ourselves, i.e. "meaning of our life"). Every act takes place either with respect to a goal chosen earlier or with respect to a desire.

<u>Remark</u>: Above, it was noted which circumstances induce people to make an effort and make assumptions. What does making assumptions consist in?: In behaving in every respect as if one had perceived something in spite of not having perceived it. But what does making an effort consist in? It is about the same as: to hurry, and it involves the following:

I. Not to give up the goal [not to stray from it] (of no chosen goal) [42] until it is achieved or given up. It thus seems that an act was not a momentary act, but rather a choice and holding onto it [until achievement or surrender]* or a new choice (of some means). Holding onto is an activity**, but remembering the next superordinate goal while achieving or giving up is (like the perception of the right means) something "given". Or can one hold onto several goals at the same time?

II. Choosing many goals (possibly many at the same time***), not being deterred by a choice because holding onto it is connected to arduous effort. The ability to hold on to many goals may be identical with the ability to "overlook" something complicated. Concerning these things that one† "can do", "making an effort" and "hurrying up" are the same, concerning other things there is not really a "hurrying up". But on the other hand, "hurrying up" does mean not to wait. This means that the choice of the next means takes place immediately after achieving [43] the preceding goal.

---

* Surrender is a special case of choosing a means, on the other hand similar to achieving, since the next superordinate goal must be remembered then.
** Because no memory is necessary for it as there exists a continous connection to the previous moment.
*** Namely always in the case that this is necessary as a means towards the next superordinate goal.
† Completely (otherwise, one can make an effort to avoid mistakes).

---

265 According to Leibniz, God is the only immediate external object for the soul: Leibniz, *Nouveaux Essais II*, 1, §1; GP V, p. 99.

> Not making an effort $\underset{Df.}{=}$ Choosing the goal, but not choosing the appropriate means,

since this is too arduous or "too difficult" (lack of self-confidence) or because several means are perceived and it is not clear which is the right one or because no means at all is perceived.

[Insertion: Remark: What is that mental state in which one only perceives that one exists and perceives oneself [and thus has consciousness], but perceives nothing else?

Remark: The goal is usually given empirically, hence one does not "know" it. Because of this the perception of means is merely coincidental (or a gift).]

When several means are perceived, then "choice of the right one" as the next goal, until it becomes evident: The choice of an arbitrary goal is better than holding on to the chosen goal.* Then choose that which currently seems to be better, or, if equal, any one (e.g. because it becomes evident that the choice can only be decided by trying.) But maybe it follows from the definition of making an effort that always the first means that comes to mind is chosen and thus it is no gift? No, since when a means is perceived, then one has to set the right one as the next goal [44]:

    Test whether the means does not help?** and only after achieving this goal the means for the next goal is to be chosen. But in doing so, a new means can be perceived. But how is it possible that, while I follow the (next) goal A, a means for another goal B is perceived? Is this not a consequence of not holding on to the goal? [Exploiting a sin for an advantage].

Remark: The purpose of an utterance to another person can be threefold: 1. telling him something (to instruct), 2. asking him something, 3. requesting something from him [1.) is to give him something, 2. is to ask something from him (to prompt him to give something to me or to someone else)]***. But something can also be taken away under the outward appearance of giving [teaching] [by lying] or something can be given under the pretense of demanding something (question) [Socratic teaching method]].

* For example, when the superordinate goal could otherwise not be reached due to loss of time.

** And whether there is a prospect to achieve the goal.

*** Or to find out something (in the case of a test through questions). This is a special case of desire (knowledge about the other person).

Remark: Whether you make an effort is at first not at your disposal, but only the decision to make an effort. To make an effort consists in carrying it out, therefore certain maxims have to be learned. One learns by exercise, starting with the simple things (and by <u>repetition</u> of the simple things).[266] But the only secure way would be [45] to know one's intelligible character[267] and the laws of memory;* which would have the consequence that one knew under which circumstances one makes this or that right choice (even if it hurts) and then brings about these circumstances.

* And the desires [of the empirical character].

Question: Does the devil directly influence the "choice" [or only by passions]? What is an inhibition?

Remark: Comparison of the character with analytical mechanics.[268]
1. The intelligible character is the energy function of the system.
2. The empirical is the velocity (impulse) (and the position coordinates).
3. The "choices" are the force developed in every instant. Their effects (accelerations) are the setting in of the empirical character.
4. The "external" acts can only be taken into account when several systems with an "interaction energy" are considered. In this case, there has to be a hierarchy [super- and [46] subordination] of the systems [theory of monads].[269] In what does it consist?

---

266 Cf. notebook *Lektüre Mathematisches I* in box 6a, series III, folder 55, page 1: "Maxim: One learns by repetion. Mere "knowing" also matters in mathematics. Maxim: Rather too easy than too hard. [And maxim: One after the other?]"
267 The intelligible or transcendental character is thought to be the ground/cause for the empirical character by Kant and is thus not immediately knowable. It is through his intelligible character that man is free.
268 Gödel's analogies may appear strange to the reader of today. However, Leibniz e.g. used analogies as a preferred heuristic method; cf. the explanation of remark 2, manuscript page 37. Heinrich Gomperz emphasizes the significance of analogies at least in the case of historical work; cf. Gomperz, method 3: "Analogy", in: idem, *Interpretation. Logical Analysis of a Method of Historical Research*, p. 64–73. Even Rudolf Carnap points out the significance of analogies for his philosophical thinking in his autobiography; cf. idem, "Intellectual Autobiography", in: *The Philosophy of Rudolf Carnap*, p. 58.
269 "Theory of monads" designates the metaphysical conception of Leibniz's doctrine of the simple substances or the ultimate elementary units (monads) that lack extension since what is simple cannot be extended and thereby

Maybe: The force in one system depends on the coordinates of the other, but not vice versa (that is the direct dependency). Therefore, sense perception means a kind of dependency on matter. Or does it only serve as a catalyst [or relay,[270] trigger]?

5. The external force affecting the system corresponds to the "atmosphere" [provided that they are of a considerable order of magnitude and not merely "triggered" like the sense perceptions].

Remark: Example in which no means is perceived in spite of holding onto the goal: My indecisiveness. I bring the situation to my mind with the purpose to determine what is the right thing to do and nothing seems to me to be better than anything else. Possible reason: The means is to bring the situation to one's mind, but without at the same time losing sight of the superordinate goal (the purpose).* My attention, however, remains directed to the superordinate goal (or possibly even to the goal: I want to perceive myself getting to a decision), it is not passed over to the means. [The cure is to direct the "word" or maybe the attention to oneself,[271] i.e. to raise oneself to the next type.]

* This is the case when the attention needs to be directed to two things at the same time.

[47]
Remark: Every strong (and strongly emotional) perception which appears simultaneously with the perception of the means hinders the success (i.e. diminishes the probability that the next choice will be right); for example the perception of one's own ability to solve the problem or the aptitude etc. But success is particularly hindered by the fear of not reaching the goal, then the belief that I cannot arrive at the goal, → that every means is wrong (because of this, a choice can hardly take place). [The right behavior would thus be to "give up".]

---

made divisible. Monads (complete substances) are characterized by individual concepts which are also complete concepts. Whatever happens to the monad is already contained in its complete concept, its idea. There are higher and lower monads, the highest monad being God, who related the other monads in a prestabilized harmony to each other. Each monad mirrors the whole universe, but with different degrees of clarity and consciousness.

270 A relay is an electromagnetically operating switching mechanism that connects and disconnects electrical circuits with stronger current via a weak current.
271 Cf. the explanation on manuscript page 35, question.

This then has the consequence that one does not believe in one's own evidence.[272] Intimidations by other persons who are vigorously demanding the contrary of that which is evident to me also lead to this [human fear]. Frequently giving in to this probably leads to a fogging of the evidence of the right thing [i.e. the certainty].

Remark: Means to prompt oneself to a sacrifice: Realize that the sacrifice is not great. Is it worse to have to sacrifice something* than not having the possibility in the first place? [Essence of "temptation"]. Example: To sacrifice a current convenience (although possible per se) for the sake of less suffering *in fine* (or "in total").

* For the sake of another important goal.

[48]
Remark (theology): The activity of will consists in the choice respectively, the rejection of certain objects (created objects), because these objects are loved (please, or because they are hated, i.e. displease).

Choosing can have two possible "goals":
Can be classified into those in which "I" is to be found and those in which I is not to be found:
1. To perceive them (respectively, not to perceive them) = choice out of sensual or aesthetic reasons. Can these also be states of affairs?
2. To realize them** (respectively, to annihilate) = choice out of moral reasons. The objects of the latter kind are always states of affairs[273]***, namely moral states of affairs, which means such states of affairs in which either joy or suffering or an act [a will] of another creature is present. "The fact of mastering a subject" is a good in which no joy is present. → [49]
3. The next step could also be the potential desire to destroy an object (but this is impossible for human beings).

** This is the meaning of the notion "real", actual in contrast to possible states of affairs. Realization=<u>Possibility of perception</u>.
*** But this includes: The joy of another person, the act of another person, another person's joy about something etc.

272 "Es ist mir evident, sagt soviel als, es ist mir sicher. Auch läuft es auf dasselbe hinaus, wenn einer sagt, ich erkenne dies." Brentano, *Wahrheit und Evidenz*, p. 144.
273 'State of affair' denotes the conceptual, intensional meaning of a proposition.

[48] There are also moral states of affairs which contain no suffering (and also no relation to it) and which contain joy and which are still morally ugly (i.e. enjoying ugly things).

Remark: When something is particularly ugly, we even desire its annihilation, not merely not to perceive it.

[49]
Question: Can one perceive something while knowing that it does not exist?* This is possible in the case of sense perception, but not in the case of a perception with the mind's eye or a conscious deception in evidence? Can one perceive existence with understanding like non-existence with reason?[274] Is it true in some sense that God does not see the ugly? [He only recognizes this for Israel in the moment of its salvation.][275]

For humans, reality is less than perception (but in itself, it is more).

Question:[276] What kind of goal is one's own happiness? – "We want our own happiness" means: We want what we want to be realized [or at least: we want to perceive it]. "Every being wants its

* That means that one perceives the non-existence at the same time. Only possible when existence is perceived with "another" sense.

---

274 This question is to be understood with respect to Kant's conceptual distinction between 'understanding' and 'reason'. Here, understanding is the faculty of cognition that allows one to obtain empirical knowledge from sense perception, as the rules of understanding organize experience. In contrast, reason is the faculty to account for the principles that must be presumed for the activities of understanding and perception. Cf. also the tables on manuscript pages 37 and 77.
275 "Hear this word that the Lord has spoken against you, O people of Israel, against the whole family that I brought up out of the land of Egypt: You only have I known of all the families of the earth; therefore I will punish you for all your iniquities." Amos 3,2; English standard version (ESV Study Bible): https://www.esv.org/Amos+2/ of King James Version.
276 The context for the whole remark is the ancient and medieval doctrine of perfection and entelechy. This doctrine concerns an inherent goal or an immanent perfection to be pursued. According to Aristotle, no further part is to be found outside a perfect whole. The process of perfection is thus directed at oneself, as a process of self-actualization. Beatitude can only be achieved when this self-actualization or self-perfection succeeds. Leibniz makes use of this concept in his concept of a monad. The entelechy or perfectio refers to the inner state of the monad; note that all living beings are monads, as well as every individual ego. The changes the monad undergoes in the process of perfection are changes of perceptions (cognitions, conceptions) and appetitions (endeavours).

happiness" hence means: Every being wants what it wants. Or does it mean?: Wants to perceive what it wants.

[Hence: "Every creature wants its own happiness" is a tautology for aesthetic goals, but not for moral goals.]

If it is said: "Every being wants its own *perfectio*", this means something more objective, it includes that it perceives that which is and that it does not perceive that which is not. But only objective concerning the individual itself.

[50]
Remark: Parts of intelligence:
1. Acuity of the senses, 2. imagination, 3. memory, 4. psychological perspicacity,* 5. grasping of ideas (understanding).²⁷⁷ Further the ability to concentrate (= retaining the attentiveness), which is the only active part [which is possibly not entirely "given" or "external"].

Power of deduction belongs to 2. and 3.; 2. and 3. are quantitative properties serving as the basis for 1., 4., 5. They determine how many things one can observe at once and how many of them one can keep in mind [possibly only contained in the second, since not actually perceivable at once, but only the immediately perceivable ones are easy to perceive].

The positive properties of memory are: 1.) To learn something quickly, 2.) to learn thoroughly [i.e. it appears in consciousness at the slightest trigger, 3. to keep it in mind for a long time [only 1. and 2. are relevant for power of deduction and imagination.] Keeping in mind for a long time is the function of a different kind of memory. For the first kind it is preferable to quickly forget. Furthermore, there is a memory for sense perceptions, situations and one's own emotions, and for ideas and sentences.

[51]
Remark (Theology): Humanity consists of two classes [people and aristocracy]. There are those who know the truth at least partly, the others not at all. This is a discontinuous transition, probably because: There is no piece of wisdom that one really knows → that

* possibly=worldly wisdom, practical reasoning – in particular, if it includes crowd psychology. Remark E.-M. E.: Within psychology, crowd psychology is concerned with the behaviour of humans in crowds.

---

277 The categorization of the faculty of cognition in intellectus, imaginatio, sensus, memoria is still present in Descartes' *Regulae ad directionem ingenii*, rule XII. In the tradition since Boethius, it is also passed on as follows: sensus, imaginatio, memoria, ratio, intellectus.

one knows a great piece of. To really know it probably means that one sees some perfectly precise concepts and some sentence for these.

Remark (Maxim): Mechanical work consists in the execution of uniquely determined reactions in certain situations. The less mechanical the more situations there are (in the case of addition: $10 \times \frac{10.11}{2}$, which, however, can be simplified to $10 + \frac{10.11}{2}$).

Doesn't every non-mechanical work require uniquely determined decisions? (But this is relative. One can have a procedure where someone else requires decisions). It is possible that there are non-transferable formalisms, for example, those containing the step: "It appears to me that this and that is the case (evidence)." Or can the same evidence be evoked in all human beings?

Intermediate stage between mechanical and non-mechanical work: Work within a formalism: Ways

1. I can apply certain behavior patterns $R_1, ..., R_n$ (and I know that, and I know in every moment which of these I am currently applying and [I[278]] can check afterwards whether I applied them flawlessly). [52]
2. I know certain possible results (and can find out in each moment whether one of the results has been reached).
3. I know certain rules about how applying the kinds of behavior patterns $A_1, ..., A_n$ in a certain order* leads to the result R_i (which itself is a complex behavior pattern in relation to the "elementary" ones). In particular, the result R_i can be that I master a new behavior pattern R_{n+1} (that is the point of learning and "learning ability"). However, there are certain results R_k for which I do not know in which order to apply $A_1, ..., A_n$ in order to achieve them.
[Example: I cannot read Greek, but maybe I can learn to read Greek. But learning also needs to be learned.]

* Order means that the next A_i depends on the entire chain of the behavior patterns that were applied and the results that were achieved so far.

Remark: Concerning pleasures, the most important thing is change and contrast (cold warm, meat dough, etc.)

---

278 Insertion M.C.

Remark: One does not even know whether one knows something (or recognizes with absolute certainty), even though this is objectively determined in each case.

Remark: There are two qualitatively different modes of cognition: Knowledge (to recognize as certain) and belief (to recognize as plausible or presumable or probable). Both have infinitely many degrees, but the highest [53] degree of probability is still below the lowest [degree[279]] of certainty. But occasionally, it is not ascertainable whether the experience of "certainty" is present or not.

Remark: Oddly enough, even those states of affairs that we absolutely know for sure ($2 + 2 = 4$, my name is Kurt) consist of concepts that we do not fully understand (and which are very complicated).
    Two explanations for this:
1. What is simple in the world are the facts and not the concepts.
2. Those reliable facts are such that they hold for a very wide range of possible interpretations of concepts.

Remark: What is an inexact concept? There is no such thing, there are only inexact words.* A word is inexact if it is grammatically unambiguous, while its meaning is still not unambiguous and a certain range of admissible meanings exists in the respective language or, in other words, the language is only defined up to a certain range.** This means that the words: "a German language", "a possible meaning of a word in this language" are inexact and that their range is not precisely determined as well.

* As there are no false facts.

** But this range is also not precisely determined.

Remark: Oddly enough, one can start with inexact words and restrict the range more and more until one arrives at entirely exact concepts [i.e. definitions formulated in these inexact words]. [54] Is formalized mathematics in some sense the "limit" of this process?

279 Insertion M.C.

Remark: It is also possible that one is subject to a law without knowing that one is subject to it (if one has failed to follow a law of which one knew before), that one sins without knowing that one sins.

Remark: The ego is equipped with two organs of perception (which in a way point in two opposite directions). Namely: The objects of the one direction are sensuous objects (sensations and emotions), the objects of the other are states of affairs (understanding).* The animal is defined by its only having the first organ.

* [55] Difference according to Aristotle: The former have parts, the latter are simple (the objects). Remark E.-M. E.: What is captured by *aisthesis* is according to Aristotle "thrown together" (*Physics* I 1, 184 a 21–22), whereas what is captured by understanding (nous) is "unseparated" and "inseparable" (*De anima* III, 6, 430a 26).

Remark: What one can do "immediately" is comparable to a control panel of levers (which decompose into two groups according to the preceding remark (2. group = ? νοῦς). Learning to operate those levers (i.e. the automatic operation when a goal is given and one "knows" what the result of operating the lever will be) works by 1.) playing around with the levers, 2.) in the case of the satisfaction of a need, the right lever is operated by reflex action (i.e. in a sense from outside) (e.g., crying of children or suckling), 3.) but apparently not because the choice of the goal (*wishful thinking*) automatically leads to the operation of the right levers (not even in the simplest cases).

The most simple goals are to "wish away" certain parts of that which is perceived and to "wish for" others. [55] It is then learned that one has to wish away or wish for other parts to this end, and which levers are to be operated to these ends (but every operation of a lever takes place due to the choice of a goal, our "indefinite" doing, for example crying in pain). This results in certain associations and "expectations" and this is the only "learning ability" and "cognition" of animals.

In particular, the following is impossible at this stage:

A.) Forming a "concept of the I", B.) distinguishing between intensional (being within the I) and "external" objects, which means that animals are in a sense solipsistic. Difference between intensional[280] and external objects = the same objects, once perceived with the senses and once with the understanding.

---

280 Cf. the explanation for remark 3 on manuscript page 28.

Remark: The question of whether the external objects are "as we perceive them" is the question of whether the predicate "red" (or "extended") applies to intensional or external objects. At first, this appears to be a question of combination, but the "feel for language" [56] points in the direction that "red" applies to intensional and "extended" to external objects. Maybe it applies to both; if used "correctly", the word "red" will have to be meaningful everywhere (otherwise, the whole sensuous world would be a kind of deceit, if e.g. only mental objects "really exist".)

The nouns of language seem to denote the intensional objects,[281] otherwise it would be wrong to say: I saw a centaur in my dream, and otherwise, the predicate "really" or "existing" could not be meaningfully applied to objects [except if the truth of the propositions is time-dependent: "Does the St. Stephen's tower exist [right[282]] now?"]

Remark: There are two possible ways to learn:

A.) One aims the attention directly at the ultimate goal that one wants to achieve [i.e. balls over the net, expressing a thought in the English language] and leaves it to the lower spheres of the mind to automatically (subconsciously) find the way. If one then frequently repeats the goals, the results may get better and better. (= natural swimming,[283] learning a language according to the method of Mertner[284]) [57]

B.) One consciously determines the means for reaching the goal (which are so easy that one can already do it) and then only learns the quick, precise and flawless applications of these means (that is, one learns a procedure). For example: Learning a language via translation, swimming via swimming lessons. The automatism shall come naturally when the ultimate goal is chosen.

---

281 Cf. the explanation for remark 3 on manuscript page 28.
282 Insertion M.C.
283 'Natural swimming' is another expression for the buoyancy of a body in water. Whereas, 'artifical swimming' is swimming by swimming movements and has to be learned. Cf. Arnold Berliner, *Lehrbuch der Physik in elementarer Darstellung*, p. 133.
284 Robert Mertner developed a suggestive and automatic method for language acquisition during his war captivity in world war I: Cf. Mertner, *Fremde Sprachen durch mechanische Suggestion*. Gödel possessed three volumes of *Englisch für Deutsche* as well as the volume *Italienisch für Deutsche. Methode Mertner*.

Remark (philosophical): The meaning of the question "What is the 'right' definition of the word 'line'" may be: Which concepts did you employ when you learned the word line? (You must have said something definite (or a small interval?), otherwise you wouldn't understand the word line (even though you do not know yourself and cannot make precise which concepts you employed)). Is rejected by the word "bald head".

The objective criterion can only be the internal structure of the conceptual system in accordance with simplicity and possible order of learning (only simple and important concepts have simple words, together with the approximate meaning, this might determine uniquely). This means that one can probably [58] derive the structure of a rational language from the theoretical structure (which is knowable a priori), construct the different possibilities for language and then "recognize" the true language.

[The axiomatic treatment of a subject only makes sense when everything is known and [it[285]] maybe leads to this [state[286]].]

Maybe one can construct the whole respective language a priori from the word "meaning".

Remark: Fundamental concepts, simple concepts, complex concepts have a psychological and a logical meaning[287] (logical = psychological in God's mind).

Question: Are all concepts psychologically accessible via combination and iteration of a few [concepts?[288]] These few [concepts[289]] then characterize man, however combining them is not mechanical, but to "recognize" the results of the combination (combination possible in different ways) is the main ability of understanding. It [the ability[290]] follows from the fact that the fundamental concepts became "understanding".

---

285 Insertion M.C.
286 Insertion M.C.
287 Cf. Frege, "On concept and object", translated by Peter Thomas Geach p. 168: "The word 'concept' is used in various ways; it sense is sometimes psychological, sometimes logical, and sometimes perhaps a confused mixture of both." However, Frege is only writing about the term 'concept' here, not about 'concepts'.
288 Insertion M.C.
289 Insertion M.C.
290 Insertion M.C.

Remark: The "natural" state of a human being after having learned language and some sciences is having a vague understanding of certain combinations to the degree that he is able to ascertain their relation to a few others, but without knowing the definition from the true fundamental concepts.]

Remark: The feeling that "everything that bothers me is irrelevant" which arises during coitus, is (with regard to lust) an evident value judgment[291] that is nevertheless wrong (and the "regard" is also unfounded). [59] Similarly in the case of intoxication, even though the opposite of the evident proposition is conceptually clear.

Problem: Does the ability of self-observation (the "inner sense"[292]) also allow one to recall such psychological occurrences that were not "conscious" during their course, that is, they were not accompanied by a perception of their occurrance? Are mental phenomena in general conscious or unconscious?

Remark: Psychological curiosities:
1. One does not know whether one is sure of something (knows it).
2. One gives an answer to a question that does not agree with one's opinion at all, even though the intention was directed at "expression of one's own opinion".
3. One believes something specific, but one does not know what one believes.
?4. One does not know whether something was pleasant or unpleasant.

---

291 Cf. e.g. Messer, *Grundfragen der Philosophie*, p. 91: "Wenn ich mir selbst die Tatsache feststelle, dass ich einen Gegenstand [...] schlechthin schätze [...] so ist das für mich als bloss theoretischen Menschen [...] eine Tatsache, aber für mich als Wollenden und Handelnden ist es mehr: ein solches evidentes Werturteil ethischer Art enthält eben für mich ohne weiteres die Norm: So sollst du wollen oder wählen!" Also, cf. Lotze, *Grundzüge der Logik*, S. 117: "Seine Richtigkeit [= des wertbestimmenden Urteils] muß vielmehr unmittelbar durch ästhetisches Gefühl und Gewissen empfunden oder kann logisch nur durch Subsumption unter ein anderes, auf dieselbe Weise unmittelbar evidentes Werturteil abgeleitet werden [...]."
292 Cf. the explanations of Brentano concerning the 'inner sense' (sensus communis) in Thomas of Aquinas: Brentano, *Psychology from an Empirical Standpoint*, p. 130. The concept of inner sense goes back to Aristotle (*koinae aisthêsis*) and refers to the inner perception concerning the perception of the sense organs. It thus refers to the perception that an organism has of its own perceptions.

5. One does not know whether one "did" something and was passive while doing it, or: whether one really decided something or [whether[293]] it just "seemed [to be[294]] better".
6. One does not know what one thought during the last two minutes.
7. One "understands" a concept even though one does not know its definition.

[60]
Problem: In the case of "immediate" perception of complicated states of affairs [e.g.: Here comes Mister X, Mister A looks like Mister B], the "conclusions" that lead there from the simple sensations are unconscious (in the sense of the penultimate remark) mental processes. Or are they merely physical processes in the lower spheres of the brain (gestalt problem[295])?

Remark: Essence of plea: Prompt someone (who is stronger) to do something by showing him my own weakness, fear and showing that one wants to show this to him without resistance* (humbles oneself) (if there is resistance, the plea appears false and fails to have the desired effect). But on which character trait of the person with whom one pleads does it depend whether or not this behavior (the plea) "works"?

The opposite behavior to pleading is the displeasure about one's own lack of power, the attempt to hide it (from myself and the other) and the hate against power. Humbling oneself can yet be a replacement (e.g. for a well-deserved punishment). The opposite behavior is to "begrudge" the other his triumph.

* And admits this to oneself without hesitation as well (without reluctance), as well as the other's right (not merely his power).

[61]
Remark: The "abstract" concepts (e.g. &, ⊂ etc.) are – with a different degree of distinctiveness according to their size, grasped with

---

293 Insertion M.C.
294 Insertion M.C.
295 Cf. Wolfgang Köhler, *Gestaltproblem und die Anfänge einer Gestalttheorie* from 1925, where Köhler applied the gestalt theory to physiological questions. The gestalt problem was described in 1890 by Christian von Ehrenfels. According to this doctrine, perceivable totalities like melodies or geometrical figures possess a specific gestalt quality which is not obtained by a synthesis of the individual parts, but is given as a primary content of perception. An example would be the recognition of a known face in a caricature indicated by only a few lines.

the [help of?²⁹⁶] "sensual" concepts. Otherwise, the following question would have to be as clearly decidable as the question of whether *a* is to the right of *b*:

1.) Does *A&B* have the same meaning as *B&A*? 2.) Does *A&A* have a meaning at all, and if so, is it the same as that of *A*?

It almost seems as if the degree of distinctiveness is = 0 and as if it were only blind instinct ("feeling for language") that prompts us to accept certain propositions as true and to reject others. The feeling for language does not function because we "say" something but because certain combinations of words "sound" right and others "sound" wrong. But this "sound" is not a sensuous quality (of the pitch), it only happens when we direct the attention at the meaning.²⁹⁷ Is the ear thus the sense organ for the perception of abstract concepts?

This ability to "hear meaning" is reached by practicing certain combinations of words and "grinding" the imprecise meaning down to a precise one. It is only by means of language that we perceive abstract concepts. Is language, by contrast, not required in the case of sensuous concepts?

[62]
Remark: Does the following question have a precise meaning: Which concept did I perceive when I understood the meaning of the word "three" for the first time? Was it a sensuous or an abstract concept?²⁹⁸ Or when I understood the meaning of the word "true"?

If the realm of concepts has isolated points, then this question has a precise meaning (every mathematical concept is an isolated point?).

How should one describe at all the process of "understanding" in the primitive terms of psychology?

Remark (Psychology of sensory perception):²⁹⁹ Every sense has its primitive sensations. Every perception by a sense organ consists in a juxtaposition and a succession of these simple qualities. [The

---

296 Insertion M.C.
297 Cf. the explanation concerning *analogia proportionalitatis* and 'hearing' in remark 2 on manuscript page 37 and the explanation concerning remark 1 on manuscript page 77.
298 Cf. remark 2 on manuscript page 77.

predicate "beautiful" applies both to the simple qualities and to the complex phenomena themselves. Question: Are there also "landscapes of taste"?] The space of simple qualities is by far "simpler" than that of all possible "perceptions".

In order to arrive at a structured perception, it is necessary to relate the currently given "sense object" [which changes from one moment to the next] to some concepts [the totality of all possible concepts, ordered by affinity, forms the space of understanding (or space of concepts)]. The objects of the space do not change, only the attention directed at them changes. It is [63] apparently not possible to direct attention on some object of the space* without at the same time directing it at an object of the sensory space,[300] "on which" or "through which" the respective concept is perceived (in the case of abstract concepts this is the word?)

* The space of concepts decomposes into the two separate regions of sensuous and abstract concepts.

An example for the most primitive sensory concepts are colors (primary colors). Or better, it is any state of affairs that involves the respective concept. It is a perception in the case of sensuous concepts, which means that we understand what it means that they "apply" to something [i.e. when a state of affairs involving them is true], though we do not see the concepts themselves. In this sense, every concept is perceived via the concept of "truth".

<u>Remark</u>: Good example for Herbart's *Mechanik der Vorstellungen*:[301] I do not recall what remains to be done, hence I try all possibilities <u>where it is to be done</u>. In this case, two forces have an influence on my ideas: The associations with: To be done today and with: This or that place.

<u>Remark</u>: Empirical criteria of immateriality and indivisibility of the soul could be: [64]

299 'Psychology of sensory perception' is here used as another expression for 'psychology of perception', cf. e.g. Brentano, *Untersuchungen zur Sinnespsychologie* from 1907.
300 Brentano uses the concept of sensory space, but not that of space of concepts or space of understanding. Cf. Brentano, *Untersuchungen zur Sinnespsychologie*, p. 57, 60.
301 According to Herbart, the acquisition and processing of representations follow quasi-mechanical rules. Representation are never lost, but new representation extend the present reservoir. Most representation, however, is unconscious, only a small part is conscious. The unconscious representation can be activated by associations. Cf. Herbart, *Psychologie als Wissenschaft*, p. 395–514. Herbart's mechanics of representation is also treated in § 57 of the *Geschichte der Philosophie* by Karl Vorländer.

1. The dimension of the space of concepts could be bigger than 3.
2. Harmful lesions never "eliminate" a part of the concepts (this is improbable already for the reason that very few [concepts[302]] (maybe a single one) suffice to define all of them. Uniformity of understanding could also mean: There is a concept from which all are definable (and this is also the really "psychological" basic [concept[303]].

Remark: Main difference between materialistic and idealistic (in the Platonic sense) *weltanschauung*:

According to the former, the world is completely described once the positions of all material particles (or the relations of all souls) are given. This implies that the structure of the human organ of cognition (i.e. the space of concepts) is also given as a material or immaterial structure. In contrast, according to the idealist view, the structure of the "real" world is automatically given once the structure of the space of concepts is given [externality of ideas].

The different metaphysical views on the question of what is actually real [primary] are confirmed by their fruitfulness with respect to the actual development of knowledge. Even a materialist psychologist cannot deny the existence of an innate structure (shape) in the brain (nativism).

[65]
Remark: The Kantian view that cognition consists of conceptualizing the sensory data according to a scheme of ideas that is given a priori should probably be extended to all ideas [there are no ideas that are obtained through "abstraction" from sense-data].

Question: Are there mental states in which only sense-objects (no objects of understanding, i.e. concepts and states of affairs), are perceived at all? Isn't the perception of the color color red already at the same time a perception of the state of affairs "there is something red"? [Where "red" means the concept comprising all shades.]

---

302 Insertion M.C.
303 Insertion M.C.

Remark: Proof that, during perception, the attention is directed at objects of understanding, not at the sense-objects: Colored shadows.[304] Objects that are different as sense-objects and equal as objects of understanding are perceived as equal.

Question (Philosophy): Why do the "substances"[305] play a completely different role in the spiritual *weltanschauung* than in the materialistic [*weltanschauung*[306]]?
1. They are atomistic,
2. indestructible.

[There is no confluence or splitting.] In general: Analogization[307] of all [66] concepts in the materialist and spiritual world view.

Remark: The stream of ideas* (i.e. the appearance of new ideas [= intensional objects[308]] and the vanishing of others) is not determined by the ideas themselves, but by the acts of the soul (by the "interest" in the most general sense).[309] These acts are partly those of the rational soul (decisions, goal setting), partly those of the sensory soul (desires). The acts are prepared by "value judgments" (Question: Do they still belong to the perceptions [value judgments][310] or are they already "acts"? It is the same with judgments generally or with "emotions".)

Thus the entire psychological process has two sides: The changing objects and that which belongs to the subject. This is there-

* Course of perception.

---

304 Cf. Goethe, "Farbige Schatten", in: *Farbenlehre*, section 1, part VI, No. 62–80, p. 27–80. Goethe designed several experiments to demonstrate that one can perceive colorful shadows under certain circumstances, when one illuminates a grey shadow with a second source of light. Colored shadows are a deception of the senses.
305 In Thomas of Aquinas, the simple substances (such as the human soul, angels, demons and God as the original substance) do not contain matter and are thus not composite, but indestructible and eternal. For Leibniz, every monad is a simple substance which is indivisible, inextended and shapeless.
306 Insertion M.C.
307 Gödel mentions 'analogization' in several notebooks. For example in: *Max III*, manuscript pages 30–31, 37; *Max IV*, manuscript page 164–166, 177ff.; *Max VIII*, manuscript page 472; *Max IX*, manuscript pages 51, 65, 87; *Max X*, manuscript pages 2, 4, 16, 43, 78, 85; and *Max XI*, manuscript pages 70 and 146–147.
308 Cf. the explanation concerning remark 3, manuscript page 28.
309 Cf. Meinong, "Zur Begehrungs- und Werthpsychologie", in: *Ueber Annahmen*, p. 212 ff.
310 A perception of pain can provoke a rejection, from which a statement, a value judgment can arise.

fore not <u>perceived</u> (i.e. only in exceptional cases and only belatedly). It belongs to the "unconscious" factors that cause the conscious things. [<u>Question</u>: Are there also unconscious factors on the objective side of the course of ideas? Thus unconscious perceptions?]

[67] Interest emerges in two ways: 1.) consistently (rationally), based on perception, one interest develops from another interest, until it is satisfied; 2.) by leaps and bounds (analogous to "free associations")]. This means that some part of the current object of ideas sparks a new "interest" and annihilates the consequent pursuit of the current [interest[311]]. A state in which no interest is present is "tedium".

<u>Remark</u>: There are two kinds of "understanding" philosophical works: First kind (e.g. when I read Schopenhauer) consists in associating some meaning with each sentence as a whole, which consists in having an impression of understanding and perceiving some meaning. Second kind (analytical comprehension) consists of 1. having an overall view of the grammatical structure of the sentence, second understanding every single word; that means either knowing its definition or knowing a procedure for deciding whether it applies to an object or not, or at least being able to look systematically for a decision on this question. The 2nd kind of understanding is learned through preoccupation with mathematics (Hahn). There are books that are only suitable for the first kind [of understanding[312]] (the sentences have no real grammatical structure and the words (= curiosity = mysticism = metaphysics) [68] have no precise meaning). But one can also understand books of the 2nd kind in the first way, and this may (at first) be necessary.

<u>Remark</u>: Concerning thinking or "imagining", one can distinguish between acts[313] and *passiones*[314] as well. 1.) The main act of thinking is asking questions [that means that the goal is chosen from a class of states of affairs, "perceivable", in the simplest case from

---

311 Insertion M.C.
312 Insertion M.C.
313 See the explanation concerning *actus* on manuscript page 26, remark 1.
314 See the explanation concerning *passiones animae* on manuscript page 26, remark 1

the pair A, ¬A], that is the possible elementary acts of reason corresponding to the possible classes of states of affairs.

2.) But one can also chose the goal to follow a certain procedure with respect to asking questions [e.g. right or making an assumption = behaving as if one already knew that the sentence was true].

Imagining an object in intuition (via memory or fantasizing) is also an act of the faculty of cognition. Grasping possible states of affairs (e.g. when reading a novel) is also a possible goal (act) of understanding. But this might be subsumed under the question [the act of asking questions][315], namely the question: "What does this sentence mean?". More precisely: We behave as if we knew that all sentences in the book are "true" and the goal is to perceive those states of affairs "presented" in the book (or the sentence that one is reading).

[69] While reading a book, states of affairs are perceived just as they are in the case of a deduction or [in the case of[316]] a sense perception. Are they also perceived "as true"? This means, are actual or merely possible states of affairs perceived? This is related to the fact that $2 \times 2 = 4$ and $8 \times 8 = 64$ are both perceived as "true", though only the former is obvious.

Question: Does the knowledge (the memory, the thought) that I have in mind right now differ from those that I do not have [in mind right now[317]] merely due to the attention directed at it? That is: Is "becoming conscious" (becoming present) of ideas different from moving either into the center of the light of attention or its neighborhood?

Remark: 12./VI.41, evening:[318] I notice (lying in bed): 1.) That the air is bad, 2.) that the middle window is closed, 3.) that it occasionally helped a lot to open the middle window. In spite of this, I decide not to get up immediately and (maybe) I decide in the end not to get up or not to get up immediately. Then the thought doesn't come up again and I fall asleep.

---

315 Insertion M.C.
316 Insertion M.C.
317 Insertion M.C.
318 The date indicates that Gödel continued this notebook, which he started in Vienna, in Princeton.

Some days before I recall (lying in bed) that Adele is not tucked up properly and that this is very important; on the other hand (probably) that this might not help as she will turn down the blanket again [70] and that she will probably shout at me. I decide not to get up,* which surprises me. In the next night, I wake up with the following words on my lips (*ego autem sum homo peccator*).[319] It often happens [to me[320]] early in the morning (dozing) that I have the impression that I should get up and go to the bathroom (possibly accompanied by a memory that I decided to do this), but I remain lying [in bed[321]] as if paralyzed.

* But maybe the thought comes up again later on and I decide again not to get up.

Or during work: I "dream" about the respective problem (without a pencil, without a specific goal). I recall having decided that I do not want to dream, but continue doing it anyway.

After I went for a pee, it occurs to me that I haven't dealt with "mail and practical matters" for a long time and that I should do it (due to my decision or at least due to the value judgment that I should not neglect this). But I decide to read Fries in spite of this. These are examples for the fine structure of sin. A great sin:

1. I work without timing and without a specific program (in particular, not whether I should go to the institute or not).
2. I don't sufficiently take care of Adele and I am not nice enough to her (cf. to take photos).
3. I don't hike enough. [71]
4. I neglect mail and practical matters.
5. ? I am too much concerned with non-work related activities.
6. ? I don't publish enough.

Remark: Can concepts (that "present" themselves at a certain sense-object) also be perceived when one behaves purely "passively", or does it require a specific attitude (question), – i.e. directing attention at color, form, brightness etc. and may this "attitude" actually be the essence of concepts (every concept is a specific "activity" [objective] of understanding)?

---

319 "But I am a sinful man" is a citation alluding to Augustine's statement "Ego autem non sum, quia peccator homo sum, [...]" (*Confessiones*, book X, sect. 47). Gödel refers to Augustine's *Confessions* X, 40 in *Max III*, manuscript page 101 in remark theology. A German translation of Augustine's *Confessiones* was possessed by Gödel.
320 Insertion M.C.
321 Insertion M.C.

A concept in this sense is a computable function and the values of the function are the possible "answers" to this question. Thus conceptual understanding = analytical understanding.

In particular, if the range of the respective function is finite (or discrete), the discontinuous nature of concepts becomes apparent (the simplest case "true" and "false").

?The first analytic act of understanding is to single out objects (hence extensional analysis) [the corresponding aim goes like: that which belongs to this point]. Is the further analysis intensional?

The part between the question marks is possibly <u>part</u> of an attitude towards a concept (if no specific object [72] is singled out, the answer is not unique). Or could it be that the activity in this whole affair is merely accidental and required due to the narrowness of consciousness (instinctive attention)?

In any case, the separation between sensations and concepts (gestalt), which are both parts of that which is perceived, is given by the fact that a and b belong to different classes (i.e. they are disparate in this respect), when attention can be directed at a and b simultaneously. Each concept has thus an "active" side (the attitude) and a "passive" side, the possible answer.

<u>Remark</u>: Psychologically, one understands concepts via "types".[322] These are special (entirely specialized) concepts which are to an extent in the middle of a realm of concepts.[323] The atypical examples are a kind of mixture of the type and its opposite (or contrary type) – most distinctly in the case of a color. A cognition via the type and the degree of deviation is more exact (this may be a heur-

---

[322] This use of the word 'types' resembles Ludwig Wittgenstein's concept of family resemblance. However, the *Philosophical Investigations*, in which Wittgenstein uses this concept, only appeared in 1953. Even more stunning are the parallels with the semantics of prototypes, which has its origin in the theory of prototypes from the 1970s and which combined ideas from psychology and linguistics. The starting point of prototype semantics were investigations of words referring to primary colors.

[323] Cf. Carnap's diary entry from 14.12.1932: "[...] – Wir fahren im Auto zum Museum; unter Neiders Leitung tagt Neuraths Zirkel zur Physikalisierung der Psychoanalyse. Ich sage: Nicht einfach übersetzen, sondern Definitionen aufstellen, ferner Hypothesen mit hypothetischen Begriffen, mit Ableitungsregeln. Analog zu den Feldbegriffen. 'Ich' und 'es' nicht als Klasse von Vorgängen, sondern als Gebietsgröße. Neider sagt, dass sie sehr überrascht sind über die neue Auffassung, was mich wundert. Später sagt Gödel mir, dass ich diese Auffassung zum Teil auf seine frühere Anregung hin hätte [...]." Transcription by Brigitta Arden and Brigitte Parakenings.

istic mathematical principle. In a way, the proposition: "x is typically yellow" gives complete information).

Remark: The color "impression" [color sensation] created by an object must not be confused [73] with the conceptual categorization that it also creates [i.e. for example: ascertainment that it contains red and yellow]. The color sensation is "vivid", the conceptual subsumption "schematic". The possible color sensations form a continuum, the possible conceptual subsumptions are discontinuous.

Question: Is it also the case with gestalt perceptions[324] that there are "gestalt impressions" analogous to sense perceptions? Apparently not, but the impression of shape consists entirely in the conceptual subsumption. The *gestalts* have nothing "vivid" about them,* but they are something "schematical" (but isn't rhythm vivid in a way?).

* Also, it could be that the "gestalt impression of shape" is not something simple, but only the gestalt type (i.e. the gestalt concept), as a gestalt is only perceived by letting the eye circle around it.

Remark: The basic colors red, yellow, green, blue are the natural concepts (natural border) of the continuum of colors. Types[325] belong to them [in the center of each area], but the areas intersect each other. [This is] different in the case of thermal sensations: lukewarm, warm, hot do not intersect each other and may be equally distinct.

[74]
Question: Is the proposition true: "All properties of an intensional object[326] are equally perceivable" (or perceived?)?

It would also be possible that one perceives two different parts of the intensional object differently without perceiving that they are different, because one does not perceive the concept of disparity with sufficient clarity.

Question: What could an unclear idea or an uncertainly perceived state of affairs be? It seems to be a contradiction in itself.

Remark: Example where I want to do something (world to choose) but do not do it (choice). I decide not to let my attentiveness drop

---

324 See the explanation about the gestalt problem on manuscript page 60; the gestalt concept is due to Ehrenfels.
325 Cf. the explanation concerning remark 1, manuscript page 72.
326 Cf. the explanation concerning remark 3, manuscript page 28.

(e.g. in the case of psychological experiments) and fall asleep or allow myself to be distracted.

"To stop sinning" via instruction in virtues consists in placing oneself only in situations of which one knows that one will behave rightly. But also on this higher layer (choice of the situation and the corresponding means) the same sin will show up again. Is there also another way of stopping to sin in which my essence is changed? In what sense does one consider the wrong behavior "ugly" or "bad", that is, of negative value?

[75]
Remark: Cognition means becoming similar somehow (conformal) to the perceived object or that an image of the perceived object is in me (not the perceived object itself, for if I do something and then perceive that I did it, then I first have the object in me and only then an image of the object).

Another proof for the difference between intensional object[327] and object: 1. sensory delusions, 2. different "aspects"[328] of the same external object. That which I perceive is not the external object. But what about concepts? Is there no possibility of delusion in distinct perception in this case?

Question: Why does one describe the state of perception by saying that there is an object in me* at which I look? At first, I am merely in a state determined by the object. However, the different possible states are mapped bijectively to different intensional states, (inner) objects.

* Namely, not merely the state (which would be external to me), but a thing (substance). Or not in me, but in front of me?

Remark: In every moment, the psychological state decomposes into the "perceptual state" [76] (= a set of states of affairs of the form: A perceives X** and the "reaction state" (= a set of states of affairs of the form A chooses the goal X or sticks with the goal X).***

** But also A has X.

*** Or A innervates X, if A "can do" X. Remark E.-M. E.: Here, 'innervates' means 'stimulates'.

Question: Does "holding on to" a goal consist in many discrete choices or is it a continuous process (like in physics)? Can one hold on to several goals at the same time? The innervation of the means taking place at the same time as one holds on to a goal

---

327 Cf. the explanation concerning remark 3, manuscript page 28.
328 Wittgenstein's *Philosophical Investigations*, in which the aspect seeing is treated, only appeared in 1953.

proves already that one can do two things at the same time. Likewise perception of the motive.

Remark: There is another kind of holding on to a goal, one which I do not do myself, but which is done automatically by the lower parts of the soul. For example if I choose a maxim which then "comes to my mind" at a certain occasion.

Remark: An impulse, insofar it is perceived, is 1.) the sensuous (i.e. non-abstract) perception of a value judgment, if I do A, something nice follows* (in the sense of an expectation).

* Possibly the perception of the "meaning" as well.

2.) The perception of a relief of the innervation (which can eventually happen by itself). An inhibition is to be described in an analogous way. [77] Objectively, it [the impulse[329]] is a force which drives me (my choice) into a certain direction [or merely a "lever" which is chosen?] Can this force be strong without being perceived as strong?

Remark: Is sensuousness the ability to have sensations or the faculty to project them outward?

visual sense	auditory sense	The faculty of sensory perception and the faculty of abstract perception[330]
tactile sense[331]	sensuous understanding	In the second case, traditional mathematics is a part of sensuousness[332] (image of the νοῦς)
olfactory sense	abstract understanding	Thus, it would be the case that νοῦς = form of the non-sensuous concepts[333] (possibly the
taste	reason	psychological ones?)

Remark: To understand a sentence means to gather the words occurring in it together to a unity.[334] This cannot possibly take place in one

---

329 Insertion M.C.
330 Cf. remark on manuscript page 61.
331 In the Aristotelian Tradition, the tactile sense belongs to the faculty of discernment, which already includes a basic conceptual comprehension. Cf. also Aristotle's comparison between sense perception and rational cognition in *De anima III*, 6–7.
332 Cf. remark 1, manuscript page 62.
333 Cf. remark 1, manuscript page 58.
334 This sentence recalls Frege's principle of compositionality, according to which the meaning of a composite expression (such as sentence) is function-

step (in the case of a longer sentence). It thus happens in a certain "bracketing". [Is there a "right one" among the possible bracketings? Like there is a certain grammar for each language which is "the right one". That would be a right semantics.] – On the other hand, one hears the words as a one-dimensional sequence in time. So is it the case that the gathering together takes place in exactly this order, but in such a way that the intermediate stages are not specific meanings, but meaning-stencils? [E.g. Karl loves Vienna?]

Two different ways to gather together in formal logic $(\pi x)\phi$ and $\pi(x\phi)$. $x\phi$ would mean: Regard ϕ as a function of x.

[78]
Remark: Understanding a sentence works by looking into the space of meaning [which consists of images of particular objects, concepts and states of affairs, namely perceived ones as well as constructed ones] and shifting the point of fixation[335] in accordance with the words one hears. Understanding a language is thus similar to any skill where one has to react to perceptions of a certain kind by adjusting certain "levers" of one's abilities (such as tennis due to the perception of the ball or playing piano), with the only difference that the required activity here is not an innervation of muscles[336] but a certain shifting of the mental perspective.

The field one looks at consists mostly of consciously or unconsciously constructed objects (on the basis of a few objects) in the space of concepts [principles]),* but also of ideas preformed in accordance with these principles (feeling for language).

Question: Are these ideas preformed in our brain or in our soul? If the soul is something very simple (i.e. if there are only very few predicates $\phi(S)$ corresponding to the passive and active states), it would be something physical. This would mean that what we usually call intensional objects[337] [such as intuitive images of the objects of the external world] are not intensional objects in the strict sense, but "external" objects that we construct.

* This is the appearance of the divine light that the devil gave us to become more miserable than any animal, namely to know life [79] and to know that we must die.

    ally dependent on the meaning of its partial expressions (such as the words) and their syntactical arrangement.
335 Point of fixation: The point in which the visual axis of the eyes intersect. The retinal image in both eyes falls onto the fovea centralis.
336 To be understood as stimulation; impulse conduction through the nerves to the organs.
337 Cf. the explanation concerning remark 3, manuscript page 28.

Addendum[338]

Perception: Swing[339] might say something interesting about Russia.

[? Or question: Will Swing say something interesting today?] No.

Impulse: I should call Adele's attention [to it[340]] with regard to her interest and the interesting content.

Impulse: No, since we are mad at each other.

Perception: She said once that Swing somehow has a gladdening effect on her.

Perception: But she will probably bawl at me.

Perception: You should try to be soft to her. <u>Act</u>: I want to do it.

Act: I tell Adele: "Today, Swing will probably say something interesting…"

Perception: Also about the consulate question and this [is] more interesting for Adele.[341]

Act: The word Russia is suppressed, say it.

Perception: Adele says: "He can only tell us what's in the newspapers".

---

338 Final page, loosely inserted, not squared like the other pages, but ruled. It apparently belonged to another notebook and was inserted here because of the recurrence to 'acts' and 'perceptions'.
339 Raymond Gram Swing was one of the most influential commentators in print- and broadcasting media in the U.S.A. during World War II. Kurt and Adele Gödel apparently listened to Swing's program together and discussed it.
340 Insertion M.C.
341 According to the website of the Vienna university, his brother, the specialist for X-ray medicine Rudolf Gödel, informed the dean's office in January 1941 that Gödel would not return to Europe "since the German consulate in New York strongly advised against returning"; cf. UA, PA, fol. 36, Rudolf Gödel to the PHIL dean's office, 30.1.1941, http://gedenkbuch.uni-vie.ac.at/index.php?id=435§{}no_cache=1§{}person_single_id=33067, viewed on 29.02.2016.

Perception: That may be partly true.

Act: But I prefer to let her believe.

Act: I say: But he makes remarks on it.

Question: Is Adele right after all?

Perception: In general, one does not learn anything interesting, and always the same from him.

Question: Does the closure of the German consulate even belong to his area of responsibility?

Perception: Probably.

Question: But maybe he will not mention it?

Perception: He probably will.

Biographische Skizzen – Biographical Vignettes

Aristoteles, Stagira (Thrakien) 384 v. Chr. – Chalkis (Euböa) 322 v. Chr. *Griechischer antiker Philosoph.*
384 BC in Stagira (Thrace) – 322 BC in Chalcis (Euboea). *Ancient Greek philosopher.*

Aster, Ernst von Berlin 18. Februar 1880 – Stockholm 22. Oktober 1948. *Deutscher Philosoph und Philosophiehistoriker.*
February 18, 1880 in Berlin – October 22, 1948 in Stockholm. *German philosopher and historian of philosophy.*

Augustinus, Aurelius Thagaste 13. November 354 – Hippo Regius 28. August 430. *Spätantiker christlicher Philosoph und Theologe.*
November 13, 354 in Thagaste – August 28, 430 in Hippo Regius. *Christian philosopher and theologian in late antiquity.*

Avenarius (Habermann), Richard Paris 19. November 1843 – Zürich 18. August 1896. *Deutscher Philosoph, der jegliche Erkenntnis auf Erfahrung stützen wollte. Von seinem Empiriokritizismus waren u. a. Ernst Mach und Heinrich Gomperz beeinflusst.*
November 19, 1843 in Paris – August 18, 1896 in Zurich. *German philosopher who bases any knowledge on experience. His empiriocriticism has influenced inter alia Ernst Mach and Heinrich Gomperz.*

Bacon, Francis London 22. Januar 1561 – London 9. April 1626. *Baron von Verulam, englischer Philosoph und Staatsmann.*
January 22, 1561 in London – April 9, 1626 in London. *Baron Verulam, English philosopher and statesman.*

Baer, Karl Ernst von Gut Piep (heute Rakke) 28. Februar 1792 – Dorpat 28. November 1876. *Deutsch-baltischer Mediziner und Naturforscher.*
February 28, 1792 in Piep estate (now Rakke) – November 28, 1876 in Dorpat
German-Baltic medical doctor and natural scientist.

Bauch, Bruno Artur Kanut Groß-Nossen (Schlesien) 19. Januar 1877 – Jena 2. Februar 1942. *Deutscher Philosoph, Neukantianer.*
January 19, 1877 in Groß-Nossen (Silesia) – February 2, 1942 in Jena. *German philosopher, Neo-Kantian.*

Beneke, Friedrich Eduard Berlin 17. Februar 1798 – Berlin 1. März 1854. *Deutscher Philosoph, Anhänger eines empiristisch ausgerichteten Psychologismus.*
February 17, 1798 in Berlin – March 1, 1854 in Berlin. *German philosopher, adherent of an empiricist psychologism.*

Bergson, Henri-Louis Paris 18. Oktober 1859 – Paris 4. Januar 1941. *Französischer Philosoph.*
October 18, 1859 in Paris – January 4, 1941 in Paris. *French philosopher.*

Boethius, Anicius Manlius Torquatus Severinus Rom um 480 n. Chr. – Pavia um 524 n. Chr. *Spätantiker, neuplatonischer, römischer Philosoph und Politiker.*
Around 480 AD in Rome – around 524 AD in Pavia. *Neoplatonic Roman philosopher and politician in late antiquity.*

Bolzano, Bernard Prag 5. Oktober 1781 – Prag 18. Dezember 1848. *Böhmischer Philosoph, Logiker, Mathematiker und katholischer Priester.*
October 5, 1781 in Prague – December 18, 1848 in Prague. *Bohemian philosopher, logician, mathematician and Catholic priest.*

Brentano, Franz Marienberg am Rhein 16. Januar 1838 – Zürich 17. März 1917. *Deutscher Philosoph, Psychologe und katholischer Priester.*
January 16, 1838 in Marineberg am Rhein – March 17, 1917 in Zurich. *German philosopher, psychologist, and Catholic priest.*

Büchner, Ludwig Friedrich Darmstadt 29. März 1824 – Darmstadt 1. Mai 1899. *Deutscher Philosoph und Mediziner, Bruder des Dichters Georg Büchner, einer der führenden Vertreter des Materialismus im 19. Jahrhundert.*
March 29, 1824 in Darmstadt – May 1, 1899 in Darmstadt. *German philosopher and physician, brother of the poet Georg Büchner. Ludwig Büchner was one of the exponents of 19th-century scientific materialism.*

Bühler, Karl Meckesheim (Baden) 27. Mai 1879 – Los Angeles, Kalifornien 14. Oktober 1963. *Deutscher Psychologe und Sprachtheoretiker. Vertreter der Würzburger Schule und der damit verwandten Gestaltpsychologie.*
May 27, 1879 in Meckesheim (Baden) – October 14, 1963 in Los Angeles, California. *German psychologist and linguist. Founder of the Würzburg tradition of Psychology and exponent of the gestalt psychology.*

Bühler, geb. Malachowski, Charlotte Berlin 20. Dezember 1893 – Stuttgart 3. Februar 1974. *Deutsche Entwicklungspsychologin. Sie war von 1929-1938 außerordentliche Professorin an der Universität Wien und von 1938-1940 Professorin an der Universität Oslo und der Lehrakademie Trondheim. Ab 1940 wirkte sie zunächst am Mineapolis General Hospital und ab 1945 am Los Angeles County Hospital.*
December 20, 1893 in Berlin – February 3, 1974 in Stuttgart. *German developmental psychologist. She was an associate professor at the University of Vienna from 1929-1938 and professor at the University of Oslo and at the Teachers' Academy of Trondheim from 1938-1940. From 1940 on she was a senior psychologist at the Mineapolis General Hospital and from 1945 on chief psychologist at the Los Angeles County Hospital.*

Carnap, Rudolf Ronsdorf (Wuppertal) 18. Mai 1891 – Santa Monica, Kalifornien 14. September 1970. *Deutsch-amerikanischer Philosoph, Mitbegründer und einer der Hauptvertreter des Logischen Positivismus, Mitglied des Wiener Kreises.*
May 18, 1891 in Ronsdorf (Wuppertal) – September 14, 1970 in Santa Monica, California. *German-American philosopher, one of the founders and a main representative of logical positivism, member of the Vienna Circle.*

Cassirer, Ernst Breslau 28. Juli 1874 – New York, New York 13. April 1945. *Deutscher Philosoph, in der Tradition der Neukantianer Hermann Cohen und Paul Natorp stehend.*
July 28, 1874 in Wrocław – April 13, 1945 in New York, New York. *German philosopher in the tradition of the Neokantians Hermann Cohen and Paul Natorp.*

Cohen, Hermann Coswig 4. Juli 1842 – Berlin 4. April 1918. *Deutscher Philosoph, Mitbegründer der Marburger Schule des Neukantianismus.*
July 4, 1842 in Coswig – April 4, 1918 in Berlin. *German philosopher, co-founder of the Marburg School of Neo-Kantianism.*

Comte, (Isidore) Auguste (Marie François Xavier) Montpellier 19. Januar 1798 – Paris 5. September 1857. *Französischer Philosoph, Soziologe und Wissenschaftstheoretiker. Gilt als Begründer des Positivismus.*
January 19, 1798 in Montpellier – September 5, 1857 in Paris. *French philosopher, sociologist, and philosopher of science. Comte is considered to have founded positivism.*

Dedekind, (Julius Wilhelm) Richard Braunschweig 6. Oktober 1831 – Braunschweig 12. Februar 1916. *Deutscher Mathematiker. Er leistete wichtige Beiträge u. a. zur abstrakten Algebra, zur axiomatischen Begründung der natürlichen Zahlen, zur algebraischen Zahlentheorie und zur Definition der reelen Zahlen.*
October 6, 1831 in Brunswick – February 12, 1916 in Brunswick. *German mathematician. He made important contributions i. a. to abstract algebra, axiomatic foundation for the natural numbers, algebraic number theory and the definition of the real numbers.*

Descartes, René La Hayne (Touraine) 31. März 1596 – Stockholm 11. Februar 1650. *Französischer Philosoph, Mathematiker und Naturwissenschaftler.*
March 31, 1596 in La Hayne (Touraine) – February 11, 1650 in Stockholm. *French philosopher, mathematician, and scientist.*

Deussen, Paul Westerwalddorf (Oberdreis) 7. Januar 1845 – Kiel 6. Juli 1919. *Deutscher Philosophiehistoriker und Indologe.*
January 7, 1845 in Westerwalddorf (Rhine Province) – Juli 6, 1919 in Kiel. *German historian of philosophy and indologist.*

Dingler, Hugo München 7. Juli 1881 – München 29. Juni 1954. *Deutscher Philosoph und Wissenschaftstheoretiker.*
July 7, 1881 in Munich – June 29, 1954 in Munich. *German philosopher and philosopher of science.*

Ehrenfels, (Maria) Christian (Julius Leopold) Freiherr von Rodaun bei Wien 20. Juni 1859 – Lichtenau im Waldviertel 8. September 1932. *Österreichischer Philosoph, Schüler von Franz Brentano und Alexius Meinong, Vordenker der Gestalttheorie.*
June 20, 1859 in Rodaun near Vienna – September 8, 1932 in Lichtenau (Forest Quarter). *Austrian philosopher, one of the founders of Gestalt psychology, student of Franz Brentano and Alexius Meinong.*

Erdmann, Benno Guhrau (Niederschlesien) 30. Mai 1851 – Berlin 7. Januar 1921. *Deutscher Philosoph, Vertreter des Psychologismus in der Logik.*
May 30, 1851 in Guhrau (Lower Silesia) – January 7, 1921 in Berlin. *German philosopher, exponent of psychologism in logic.*

Falckenberg, (Friedrich Otto) Richard Magdeburg 23. Dezember 1851 – Jena 28. September 1920. *Deutscher Philosophiehistoriker.*
December 23, 1851 in Magdeburg – September 28, 1920 in Jena. *German historian of philosophy.*

Fechner, Gustav Theodor Groß Särchen (Lausitz) 19. April 1801 – Leipzig 18. November 1887. *Deutscher Physiker, Philosoph und Psychologe.*
April 19, 1801 in Groß Särchen (Lusatia, Saxony) – November 18, 1887 in Leipzig. *German physicist, philosopher, and psychologist.*

Feuerbach, Ludwig (Andreas) Landshut 28. Juli 1804 – Rechenburg bei Nürnberg 13. September 1872. *Deutscher Philosoph, Anthropologe und Religionskritiker, Studium bei G. W. F. Hegel.*
July 28, 1804 in Landshut (Bavaria) – September 13, 1872 in Rechenburg near Nuremberg. *German philosopher, anthropologist, and critic of religion, student of G. W. F. Hegel.*

Fichte, Johann Gottlieb Rammenau (Lausitz) 19. Mai 1762 – Berlin 29. Januar 1814. *Deutscher Philosoph, ein Hauptvertreter des Deutschen Idealismus.*
May 19, 1762 in Rammenau (Lusatia, Saxony) – January 29, 1814 in Berlin. *German philosopher, main exponent of German idealism.*

Frege, (Friedrich Ludwig) Gottlob Wismar, 8. November 1848 – Bad Kleinen, 26. Juli 1925. *Deutscher Mathematiker, Logiker und Philosoph.*
November 8, 1848 in Wismar – July 26, 1925 in Bad Kleinen. *German mathematician, logician, and philosopher.*

Frenkel-Brunswik, Else Lemberg 18. August 1908 – Berkeley, Kalifornien 31. März 1958. *Polnisch-österreichische Psychologin und Psychoanalytikerin. In ihrer Wiener Zeit Mitarbeiterin von Karl und Charlotte Bühler.*
August 18, 1908 in Lvov – March 31, 1958 in Berkeley, California. *Polish-Austrian psychologist and psychoanalyist who was a coworker of Karl and Charlotte Bühler in Vienna.*

Fries, Jakob Friedrich Barby (Elbe) 23. August 1773 – Jena 10. August 1843. *Deutscher Philosoph, Logiker, Mathematiker und Physiker.*
August 23, 1773 in Barby – August 10, 1843 in Jena. *German philosopher, logician, mathematician, and physicist.*

Gödel, Kurt Brünn 28. April 1906 – Princeton, New Jersey 14. Januar 1978. *Österreichisch-amerikanischer Mathematiker und Philosoph.*
April 28, 1906 in Brno – January 14, 1978 in Princeton, New Jersey. *Austrian-American mathematician and philosopher.*

Gödel, Rudolf Brünn 7. Februar 1902 – Wien 26. Januar 1992. *Radiologe, Bruder von Kurt Gödel.*
February 7, 1902 in Brno – January 26, 1992 in Vienna. *Radiologist, brother of Kurt Gödel.*

Gödel, geb. Porkert, Adele Wien 4. November 1899 – Princeton, New Jersey 4. Februar 1981. *Ehefrau von Kurt Gödel von 1938 bis 1978.*
November 4, 1899 in Vienna – February 4, 1981 in Princeton, New Jersey. *Wife of Kurt Gödel from 1938 to 1978.*

Goethe, Johann Wolfgang Frankfurt am Main 28. August 1749 – Weimar 22. März 1832. *Deutscher Dichter und Naturforscher.*
August 18, 1749 in Frankfurt – March 22, 1832 in Weimar. *German poet, writer, and naturalist.*

Gomperz, Heinrich Wien 18. Januar 1873 – Los Angeles, Kalifornien 27. Dezember 1942. *Österreichischer Philosoph, Begründer des Gomperz Kreises, an dem auch einige Mitglieder des Wiener Kreises teilgenommen haben. Heinrich Gomperz war Sohn des Altphilologen Theodor Gomperz. Gödel führt Gomperz im Grandjean-Fragebogen neben dem Mathematiker Philipp Furtwängler als einen der beiden Lehrer an, die ihn in seinem Denken beeinflusst haben.*
January 18, 1873 in Vienna – December 27, 1942 in Los Angeles, California. *Austrian philosopher, founder of the Gomperz Circle that was also attended by some of the members of the Vienna Circle. Heinrich Gomperz was a son of the classical philologist Theodor Gomperz. Gödel describes Gomperz in the Grandjean questionnaire, besides the mathematician Philipp Furtwängler, as one of the two teachers who has influenced his thinking.*

Hackl, Karl Wien 17. März 1889 – Wien 17. Dezember 1958. *Österreichischer Arbeitspsychologe, gründete 1920 in Wien ein Institut für Psychotechnik und war von 1926 bis 1938 Leiter des Psychotechnischen Instituts der Industriellen Bezirkskommission-Landesarbeitsamt Wien, das auch Berufseignungstests und Berufsberatungen durchführte.*
March 17, 1889 in Vienna – December 17, 1958 in Vienna. *Austrian industrial psychologist. He founded an institute for psychomechanics in 1920 in Vienna. From 1926 to 1938 he was also head of a different institute for psychomechanics in Vienna that carried out vocational aptitude tests and offered vocational guidance.*

Hahn, Hans Wien 27. September 1879 – Wien 24. Juli 1934. *Österreichischer Mathematiker und Philosoph, Doktorvater u. a. von Kurt Gödel und Karl Menger. Mitbegründer des Wiener Kreises.*
September 27, 1879 in Vienna – July 24, 1934 in Vienna. *Austrian mathematician and philosopher, PhD supervisor of Kurt Gödel and Karl Menger inter alia. Hahn was one of the founders of the Vienna Circle.*

Hartmann, (Karl Robert) Eduard von Berlin 23. Februar 1842 – Berlin 5. Juni 1906. *Deutscher Philosoph, Privatgelehrter. Hartmann ist für seine Philosophie des Unbewussten bekannt.*
February 23, 1842 in Berlin – June 5, 1906 in Berlin. *German philosopher, independent scholar. Hartmann is mostly known for his Philosophy of the Unconscious.*

Hegel, Georg Wilhelm Friedrich Stuttgart 27. August 1770 – Berlin 14. November 1831. *Deutscher Philosoph.*
August 27, 1770 in Stuttgart – November 14, 1831 in Berlin. *German philosopher.*

Helmholtz, Hermann Ludwig Ferdinand von Potsdam 31. August 1821 – Charlottenburg 8. September 1894. *Deutscher Physiologe und Physiker, Universalgelehrter.*
August 31, 1821 in Potsdam – September 8, 1894 in Charlottenburg. *German physiologist and physicist, polymath.*

Herbart, Johann Friedrich Oldenburg 4. Mai 1776 – Göttingen 14. August 1841. *Deutscher Philosoph, Psychologe und Pädagoge. Bekannt für seine Pädagogik (Herbartianismus) und für den sogenannten Vorstellungsmechanismus.*
May 4, 1776 in Oldenburg – August 14, 1841 in Göttingen. *German philosopher, psychologist, and pedagogue. Herbart is known for his pedagogy (Herbartianism) and the so-called mechanism of ideas.*

Hering, (Karl) Ewald (Konstantin) Altgersdorf 5. August 1834 – Leipzig 26. Januar 1918. *Deutscher Physiologe und Hirnforscher.*
August 5, 1834 in Altgersdorf – January 26, 1918 in Leipzig. *German physiologist and brain researcher.*

Heyting, Arend Amsterdam 9. Mai 1898 – Lugano 9. Juli 1980. *Niederländischer Logiker und Mathematiker, Schüler von Luitzen Egbertus Jan Brouwer.*
May 9, 1898 in Amsterdam – July 9, 1980 in Lugano. *Dutch logician and mathematician, a student of Luitzen Egbertus Jan Brouwer.*

Hildebrand, Dietrich von Florenz 12. Oktober 1889 – New Rochelle, New York 26. Januar 1977. *Deutscher (katholischer) Philosoph, Schüler von Edmund Husserl.*
October 12, 1889 in Florence – January 26, 1977 in New Rochelle, New York. *German (Catholic) philosopher, a student of Edmund Husserl.*

Hillebrand, Franz Wien 2. Dezember 1863 – Innsbruck 24. April 1926. *Österreichischer Philosoph und Psychologe, der bei Franz Brentano studiert hat und u. a. bei Ernst Mach gearbeitet hat. Er ist Begründer des Instituts für experimentelle Psychologie an der Universität Insbruck.*
December 2, 1863 in Vienna – April 24, 1926 in Innsbruck. *Austrian philosopher and psychologist. Student of Franz Brentano who later worked together with Ernst Mach. Hillebrand is the founder of the Institute of Experimental Psychology at the University of Innsbruck.*

Hobbes, Thomas Malmesbury 5. April 1588 – Hardwick 4. Dezember 1679. *Englischer Philosoph und Staatstheoretiker.*
April 5, 1588 in Malmesbury – December 4, 1679 in Hardwick. *English philosopher and political theorist.*

Höfler, Alois Kirchdorf (Oberösterreich) 6. April 1853 – Wien 26. Februar 1922. *Österreichischer Philosoph und Pädagoge. Höfler gehört zur Brentanoschule.*
April 6, 1853 in Kirchdorf (Upper Austria) – February 26, 1922 in Vienna. *Austrian philosopher and pedagogue. Höfler belonged to the School of Brentano.*

Humboldt, (Friedrich) Wilhelm (Christian Karl) Freiherr von Potsdam 2. Juni 1767 – Tegel (Berlin) 8. April 1835. *Deutscher Philosoph, Sprachforscher und Staatsmann.*
June 2, 1767 in Potsdam – April 8, 1835 in Tegel (Berlin). *German philosopher, linguist, and statesman.*

Hume, David Edinburgh 7. Mai 1711 – Edinburgh 25. August 1776. *Schottischer Philosoph, Historiker und Ökonom.*
May 7, 1711 in Edinburgh – August 25, 1776 in Edinburgh. *Scottish philosopher, historian, and economist.*

Husserl, Edmund (Gustav Albrecht) Proßnitz (Mähren) 8. April 1859 – Freiburg im Breisgau 27. April 1938. *Deutscher Philosoph und Mathematiker, Begründer der Phänomenologie. Schüler von Leopold Kronecker und Karl Weierstrass (Mathematiker) sowie Franz Brentano und Carl Stumpf (Philosophen).*
April 8, 1859 in Proßnitz (Moravia) – April 27, 1938 in Freiburg. *German philosopher and mathematician, founder of the school of phenomenology. Student of Leopold Kronecker and Karl Weierstrass (both mathematicians) as well as of Franz Brentano and Carl Stumpf (both philosophers).*

Høffding, Harald Kopenhagen 11. März 1843 – Kopenhagen 2. Juli 1931. *Dänischer Philosoph, der insbesondere für seine Arbeiten zur Philosophiegeschichte bekannt ist.*
March 11, 1843 in Copenhagen – July 2, 1931 in Copenhagen. *Danish philosopher best known for his work in the history of philosophy.*

Kant, Immanuel Königsberg 22. April 1724 – Königsberg 12. Februar 1804. *Deutscher Philosoph.*
April 22, 1724 in Königsberg – February 12, 1804 in Königsberg. *German philosopher.*

Kastil, Alfred Graz 12. Mai 1874 – Schönbühel (Niederösterreich) 20. Juli 1950. *Österreichischer Philosoph, Schüler von Anton Marty, in der Tradition Franz Brentanos stehend.*
May 12, 1874 in Graz – July 20, 1950 in Schönbühel (Lower Austria). *Austrian philosopher, student of Anton Marty, rooted in the tradition of Franz Brentano.*

Kirchhoff, Gustav Robert Königsberg 12. März 1824 – Berlin 17. Oktober 1887. *Deutscher Physiker.*
March 12, 1824 in Königsberg – October 17, 1887 in Berlin. *German physicist.*

Kirchner, Friedrich Spandau (Berlin) 1. Mai 1848 – Berlin 6. März 1900. *Deutscher Philosoph, Philosophiehistoriker, Kirchen- und Literaturhistoriker und Theologe.*
May 1, 1848 in Spandau (Berlin) – March 6, 1900 in Berlin. *German philosopher, historian of philosophy, church historian, literary historian, and theologist.*

Köhler, Wolfgang Reval (Estland) 21. Januar 1887 – Enfield, New Hampshire 11. Juni 1967. *Deutsch-baltischer Psychologe, einer der Begründer der Gestalttheorie.*
January 21, 1887 in Reval (Estonia) – June 11, 1967 in Enfield, New Hampshire. *German-Baltic psychologist, one of the founders of gestalt theory.*

Krause, Karl Christian Friedrich Eisenberg (Thüringen) 6. Mai 1781 – München 27. September 1832. *Deutscher Philosoph, steht in der Tradition der philosophia perennis und der Kantischen Philosophie.*
May 6, 1781 in Eisenberg (Thuringia) – September 27, 1832 in Munich. *German philosopher, rooted in the tradition of philosophia perennis and Kantian philosophy.*

Külpe, Oswald Kandau (Kurland) 3. August 1862 – München 30. Dezember 1915. *Deutscher Psychologe und Philosoph, Begründer der Würzburger Schule der Denkpsychologie, in der Gedankenprozesse experimentell untersucht wurden.*
August 3, 1862 in Kandau (Courland) – December 30, 1915 in Munich. *German psychologist and philosopher, founder of the Würzburg School, in which a new approach to psychological experimentation on higher thought processes was invented.*

Laas, Ernst Fürstenwalde 16. Juni 1837 – Straßburg 25. Juli 1885. *Deutscher Philosoph, Positivist in der Tradition des britischen Empirismus.*
June 16, 1837 in Fürstenwalde – July 25, 1885 in Strasbourg. *German philosopher, positivist in the tradition of British empiricism.*

Leibniz, Gottfried Wilhelm Leipzig 1. Juli 1646 – Hannover 14. November 1716. *Deutscher Philosoph und Universalgelehrter.*
July 1, 1646 in Leipzig – November 14, 1716 in Hanover. *German philosopher and polymath.*

Liebmann, Otto Löwenberg (Schlesien) 25. Februar 1840 – Jena 14. Januar 1912. *Deutscher Philosoph, Ideengeber für den Neukantianismus.*
February 25, 1840 in Löwenberg (Silesia) – January 14, 1912 in Jena. *German philosopher, source of inspiration for Neo-Kantianism.*

Lipps, Theodor Wallhalben (Pfalz) 28. Juli 1851 – München 17. Oktober 1914. *Deutscher Philosoph und Psychologe, einer der Hauptvertreter des Psychologismus.*
July 28, 1851 in Wallhalben (Palatinate) – October 1914 in Munich. *German philosopher and psychologist, one of the main representatives of psychologism.*

Locke, John Wrington (Somerset) 29. August 1632 – Oates (Essex) 28. Oktober 1704. *Englischer Philosoph.*
August 29, 1632 in Wrington (Somerset) – October 28, 1704 in Oates (Essex). *English philosopher.*

Lotze, (Rudolf) Hermann Bautzen 21. Mai 1817 – Berlin 1. Juli 1881. *Deutscher Philosoph (und Mediziner) in der Tradition von Leibniz und Kant.*
May 21, 1817 in Bautzen – July 1, 1881 in Berlin. *German philosopher (and physician) rooted in the tradition of Leibniz and Kant.*

Mach, Ernst (Waldfried Joseph Wenzel) Chirlitz bei Brünn (Mähren) 18. Februar 1838 – Haar bei München 19. Februar 1916. *Österreichischer Physiker, Physiologe und Philosoph.*
February 18, 1838 in Chrlice near Brno (Moravia) – February 19, 1916 in Haar near Munich. *Austrian physicist, physiologist, and philosopher.*

Marty, Anton Schwyz 18. Oktober 1847 – Prag 1. Oktober 1914. *Schweizer Philosoph, Schüler von Franz Brentano.*
October 18, 1847 in Schwyz – October 1, 1914 in Prague. *Swiss philosopher, student of Franz Brentano.*

Marx, Karl (Heinrich) Trier 5. Mai 1818 – London 14. März 1883. *Deutscher Philosoph, Ökonom und Gesellschaftstheoretiker.*
May 5, 1818 in Trier – March 14, 1883 in London. *German philosopher, economist, and social theorist.*

Masaryk, Tomáš Garrigue Hodonín (Mähren) 7. März 1850 – Lány (Böhmen) 14. September 1937. *Tschechischer Philosoph, Schriftsteller und Politiker. Schüler von Franz Brentano in Wien und Wilhelm Wundt in Leipzig. Erster Staatspräsident der Tschechoslowakei.*
March 7, 1850 in Hodonín (Moravia) – September 14, 1937 in Lány (Bohemia). *Czech philosopher, writer, and politician. Student of Franz Brentano in Vienna and Wilhelm Wundt in Leipzig. First president of Czechoslovakia.*

Meinong, Alexius, Ritter von Handschuchsheim Lemberg 17. Juli 1853 – Graz 27. November 1920. *Österreichischer Philosoph und Psychologe. Schüler von Franz Brentano.*
July 17, 1835 in Lvov – November 27, 1920 in Graz. *Austrian philosopher and psychologist. Student of Franz Brentano.*

Menger, Karl Wien 13. Januar 1902 – Chicago, Illinois 5. Oktober 1985. *Österreichisch-amerikanischer Mathematiker. Menger war Schüler von Hans Hahn. Ab 1927 besuchte er regelmäßig die Sitzungen des Wiener Kreises und gründete 1929 das Mathematische Kolloquium, in dem Gödel häufiger vorgetragen hat.*
January 13, 1902 in Vienna – October 5, 1985 in Chicago, Illinois. *Austrian-American mathematician. Menger was a student of Hans Hahn and attended the meetings of the Vienna Circle quite regularly from 1927 on. Menger founded the mathematical colloquium in 1929, where Gödel presented his work now and again.*

Mertner, Robert unbekannt – unbekannt. *Deutscher Sachbuchautor und Redakteur. Robert Mertner geriet während des ersten Weltkrieges als deutscher Soldat in französische Kriegsgefangenschaft, wo er eigenen Angaben zufolge anfing, über die beste Methode des Spracherwerbs nachzudenken.*

Er versuchte unter Berücksichtigung der zeitgenössischen Kenntnisse der experimentellen Psychologie eine mechanisch-suggestive Methode zum Sprachenlernen zu entwickeln.
Unknown – Unknown. *German non-fiction writer and editor. He was a prisoner of war in France during the First World War. According to himself he began to reflect on the best method to learn a language during this time. He tried to develop a mechanical suggestive method for learning a language in consideration of the contemporary knowledge of experimental psychology.*

Messer, (Wilhelm) August Mainz 11. Februar 1867 – Rostock 11. Juli 1937. *Deutscher Philosoph, der auch in der Erwachsenenbildung tätig war.*
February 11, 1867 in Mainz – July 11, 1937 in Rostock. *German philosopher who was also engaged in adult education.*

Mill, John Stuart London 20. Mai 1806 – Avignon 8. Mai 1873. *Englischer Philosoph, Nationalökonom und Sozialreformer.*
May 20, 1806 in London – May 8, 1873 in Avignon. *English philosopher, political economist, and social reformer.*

Moleschott, Jacob 's-Hertogenbosch 9. August 1822 – Rom 20. Mai 1893. *Niederländischer Physiologe und Philosoph, einer der führenden Vertreter des Materialismus im 19. Jahrhundert.*
August 9, 1822 in 's-Hertogenbosch – May 20, 1893 in Rome. *Dutch physiologist and philosopher. One of the leading figures with regard to scientific materialism in the 19th century.*

Morris, Charles William Denver, Colorado 23. Mai 1901 – Gainesville, Florida 15. Januar 1979. *Amerikanischer Philosoph und Semiotiker, der in der Semiotik eine Synthese des Logischen Empirismus des Wiener Kreises und des amerikanischen Pragmatismus anstrebte.*
May 23, 1901 in Denver, Colorado – January 15, 1979 in Gainesville, Florida. *American philosopher and semiotician, who tried to unify the logical positivism of the Vienna Circle with American pragmatism.*

Morse, (Harold Calvin) Marston Waterville, Maine 24. März 1892 – Princeton, New Jersey 22. Juni 1977. *Amerikanischer Mathematiker, der für seine Arbeiten auf dem Gebiet der Variationsrechnung und der Differentialgeometrie bekannt ist. Morse ging 1935 von Harvard nach Princeton an das neu gegründete Institute for Advanced Study.*
March 24, 1892 in Waterville, Maine – June 22, 1977 in Princeton, New Jersey. *American mathematician who is known for his work on the calculus of variations and differential geometry. He taught at Harvard before he accepted a position in 1935 at the newly founded Institute for Advanced Study in Princeton.*

Morse, Anthony Perry Ithaca, New York 21. August 1911 – 1984. *Amerikanischer Mathematiker und Mengentheoretiker, der als Post-Doktorand von 1937-1939 am Institute for Advanced Study in Princeton forschte.*
August 21, 1911 in Ithaca, New York – 1984. *American mathematician and set theorist. Morse worked from 1937-1938 as a postdoc at the Institute for Advanced Study in Princeton.*

Natorp, Paul Düsseldorf 24. Januar 1854 – Marburg 17. August 1924. *Deutscher Philosoph, Mitbegründer der Marburger Schule des Neukantianismus.*
January 24, 1854 in Dusseldorf – August 17, 1924 in Marburg. *German philosopher, one of the co-founders of the Marburg school of Neo-Kantianism.*

Neider, Heinrich St. Petersburg 27. Januar 1907 – Wien 23. März 1990. *Buchhändler und Verleger, ständiges Mitglied des Wiener Kreises.*
January 27, 1907 in Saint Petersburg – March 23, 1990 in Vienna. *Book retailer and publisher, permanent member of the Vienna Circle.*

Nelson, Leonard Berlin 11. Juli 1882 – Göttingen 29. Oktober 1927. *Deutscher Philosoph und Logiker, Begründer der Neufriesischen Schule, derzufolge Philosophie Wissenschaft werden soll.*
July 11, 1882 in Berlin – 29 October, 1927 in Göttingen. *German philosopher and logician, founder of the Neo-Friesian School according to which philosophy should become science.*

Neumann, John von (Baron Johann von, bzw. János Lajos Neumann von Margitta) Budapest 28. Dezember 1903 – Washington, D. C. 8. Februar 1957. *Ungarisch-amerikanischer Mathematiker. Bekannt für seine Beiträge zur Logik, Funktionalanalysis, Quantenmechanik und Spieltheorie.*
December 28, 1903 in Budapest – February 8, 1957 in Washington, D. C. *Hungarian-American mathematician. Known for his contributions in logic, functional analysis, quantum mechanics, and game theory.*

Neurath, Otto Wien 10. Dezember 1882 – Oxford 22. Dezember 1945. *Österreichischer Philosoph, Wissenschaftstheoretiker und Nationalökonom, bedeutendes Mitglied des Wiener Kreises.*
December 10, 1882 in Vienna – December 22, 1945 in Oxford. *Austrian philosopher, philosopher of science, and political economist, who was one of the leading figures of the Vienna Circle.*

Nietzsche, Friedrich Wilhelm Röcken bei Lützen 15. Oktober 1844 – Weimar 25. August 1900. *Deutscher Philosoph und Altphilologe.*
October 15, 1844 in Röcken near Lützen – August 25, 1900 in Weimar. *German philosopher and classical philologist.*

Platon, Athen (oder Ägina) 428/427 v. Chr. – Athen 348/347 v. Chr. *Griechischer antiker Philosoph.*
428/427 BC in Athens (or Aegina) – 348/347 BC in Athens. *Ancient Greek Philosopher.*

Prantl, Carl von Landsberg am Lech 28. Januar 1820 – Oberstdorf (Allgäu) 14. September 1888. *Deutscher Philosophiehistoriker, der für seine Geschichte der Logik im Abendland bekannt ist.*
January 28, 1820 in Landsberg on the river Lech – September 14, 1888 in Oberstdorf (Allgäu). *German historian of philosophy, best known for his history of logic in the Occident.*

Protagoras, Abdera (Thrakien) um 480 v. Chr. – um 421 v. Chr. *Griechischer antiker Philosoph, Vertreter der älteren Sophistik.*
Around 480 BC in Abdera (Thrace) – around 421 BC. *Ancient Greek philosopher, representative of the elder Sophists.*

Rehmke, Johannes Elmshorn 1. Februar 1848 – Marburg 23. Dezember 1930. *Deutscher Philosoph. Philosophie ist für ihn Grundwissenschaft für die Einzelwissenschaften.*
February 1, 1848 in Elmshorn – December 23, 1930 in Marburg. *German philosopher. Philosophy is, according to him, the fundamental science for all other disciplines.*

Riehl, Alois Bozen 27. April 1844 – Neubabelsberg bei Potsdam 21. November 1924. *Österreichischer Philosoph, Vertreter des Neukantianismus.*
April 27, 1844 in Bolzano – November 21, 1924 in Neubabelsberg near Potsdam. *Austrian philosopher, a representative of Neo-Kantianism.*

Russell, Bertrand Arthur William Trellech (Wales) 18. Mai 1872 – Penrhyndeudraeth (Wales) 2. Februar 1970. *Britischer Philosoph, Mathematiker und Logiker.*
May 18, 1872 in Trellech (Wales) – February 2, 1970 in Penrhyndeudraeth (Wales). *British philosopher, mathematician, and logician.*

Scheler, Max München 22. August 1874 – Frankfurt am Main 19. Mai 1928. *Deutscher Philosoph und Sozialwissenschaftler.*
August 22, 1874 in Munich – May 19, 1928 in Frankfurt. *German philosopher and sociologist.*

Schjelderup, Harald Krabbe Dypvåg (Tvedestrand) 21. Mai 1895 – Oslo 19. August 1974. *Norwegischer Psychologe und Philosoph.*
May 21, 1895 in Dypvåg (Tvedestrand) – August 19, 1974 in Oslo. *Norwegian psychologist and philosopher.*

Schleiermacher, Friedrich David Ernst Breslau 21. November 1768 – Berlin 12. Februar 1834. *Deutscher evangelischer Theologe, Philosoph und Philologe.*
November 21, 1768 in Wrocław – February 12, 1934 in Berlin. *German Protestant theologian, philosopher, and philologist.*

Schlick, Moritz Berlin 14. April 1882 – Wien 22. Juni 1936. *Deutscher Philosoph und Physiker, Begründer des Wiener Kreises.*
April 14, 1882 in Berlin – June 22, 1936 in Vienna. *German philosopher and physicist, founder of the Vienna Circle.*

Scholz, Heinrich Berlin 17. Dezember 1884 – Münster (Westfalen) 30. Dezember 1956. *Deutscher Logiker, Philosoph und Theologe, hatte in seinen späteren Jahren seinen Forschungsschwerpunkt auf mathematischer Logik.*
December 17, 1884 in Berlin – December 30, 1956 in Münster (Westphalia). *German logician, philosopher, and theologian, whose main research interest was, in his later years, mathematical logic.*

Schopenhauer, Arthur Danzig 22. Februar 1788 – Frankfurt am Main 21. September 1860. *Deutscher Philosoph.*
February 22, 1788 in Gdańsk – September 21, 1860 in Frankfurt. *German philosopher.*

Schuppe, Wilhelm Brieg (Schlesien) 5. Mai 1836 – Breslau 29. März 1913. *Deutscher Philosoph, der mit seiner Immanenzphilosophie an die Phänomenologie Edmund Husserls anknüpfte.*
May 5, 1836 in Brzeg (Silesia) – March 29, 1913 in Wrocław. *German philosopher, founder of immanence philosophy, which is rooted in the tradition of Edmund Husserl.*

Sigwart, Christoph Tübingen 28. März 1830 – Tübingen 5. August 1905. *Deutscher Philosoph und Theologe, Vertreter des Psychologismus in der Logik.*
March 28, 1830 in Tübingen – August 5, 1905 in Tübingen. *German philosopher and theologian, representative of psychologism in logic.*

Spencer, Herbert Derby 27. September 1820 – Brighton 8. Dezember 1903. *Englischer Philosoph und Soziologe.*
September 27, 1820 in Derby – December 8, 1903 in Brighton. *English philosopher and sociologist.*

Stirner, Max (Pseudonym für Johann Caspar Schmidt) Bayreuth 25. Oktober 1806 – Berlin 25. Juni 1856. *Deutscher Philosoph, Junghegelianer und Nihilist avant la lettre.*
October 25, 1806 in Bayreuth – June 25, 1856 in Berlin. *German philosopher, Young Hegelian and nihilist avant la lettre.*

Strauß, David Friedrich Ludwigsburg 27. Januar 1808 – Ludwigsburg 8. Februar 1874. *Deutscher protestantischer Theologe und Religionsphilosoph.*
January 27, 1808 in Ludwigsburg – February 8, 1874 in Ludwigsburg. *German Protestant theologian and philosoper of religion.*

Stumpf, Carl Wiesentheid (Bayern) 21. April 1848 – Berlin 25. Dezember 1936. *Deutscher Philosoph und Psychologe, Schüler von Franz Brentano und Rudolf Hermann Lotze.*

April 21, 1848 in Wiesentheid (Bavaria) – December 25, 1936 in Berlin. *German philosopher and psychologist, student of Franz Brentano and Rudolf Hermann Lotze.*

Swing (Gram Swing), Raymond Cortland, New York 25. März 1887 – Washington, D.C. 22. Dezember 1968. *Amerikanischer Zeitungs- und Rundfunkjournalist, einer der einflußreichsten Kommentatoren, insbesondere während des zweiten Weltkrieges.*
March 25, 1887 in Cortland, New York – December 22, 1968 in Washington, D.C. *American print and broadcast journalist, one of the most influential commentators, especially during World War II.*

Tarski, Alfred Warschau 14. Januar 1901 – Berkeley, Kalifornien 26. Oktober 1983. *Polnisch-amerikanischer Mathematiker und Logiker. Vor dem Zweiten Weltkrieg einer der Hauptvertreter der Lemberg-Warschau-Schule.*
January 14, 1901 in Warsaw – October 26 in Berkeley, California. *Polish-American mathematician and logician. He was one of the main representatives of the Lwów–Warsaw school.*

Thomas von Aquin, Roccasecca 1224 – Fassanova 7. März 1274. *Mittelalterlicher Philosoph und Theologe.*
1224 in Roccasecca – March 7, 1274 in Fassanova. *Medieval philosopher and theologian.*

Trendelenburg, Friedrich Adolf Eutin 30. November 1802 – Berlin 24. Januar 1872. *Deutscher Philosoph und Philologe in Aristotelischer und Kantischer Tradition, der Franz Brentano und Wilhelm Dilthey beeinflusst hat.*
November 30, 1802 in Eutin – January 24, 1872 in Berlin. *German philosopher and philologist in the tradition of Aristotelian and Kantian philosophy. He has influenced Franz Brentano and Wilhelm Dilthey.*

Troeltsch, Ernst Peter Wilhelm Haunstetten bei Augsburg 17. Februar 1865 – Berlin 1. Februar 1923. *Deutscher protestantischer Theologe und Kulturwissenschaftler.*
February 17, 1865 in Haunstetten near Augsburg – February 1, 1923 in Berlin. *German Protestant theologian and cultural scientist.*

Twardowski (Skrzypna-Twardowski), Kazimierz Jerzy Wien 20. Oktober 1866 – Lemberg 11. Februar 1938. *Polnischer Logiker und Philosoph. Studierte in Wien unter anderem Philosophie bei Franz Brentano und Robert Zimmermann und ist Begründer der in der Logik einflussreichen Lemberg-Warschau-Schule. Zu seinen Schülern gehören unter anderem Stanisław Leśniewski und Jan Łukasiewic.*
October 20, 1866 in Vienna – February 11, 1938 in Lvov. *Polish logician and philosopher. Twardowski studied inter alia philosophy with Franz Brentano and Robert Zimmermann in Vienna. He is the founder of the influential Lwów–Warsaw school in logic. Among his students are Stanisław Leśniewski and Jan Łukasiewic.*

Ueberweg, Friedrich Leichlingen (Rheinland) 22. Januar 1826 – Königsberg 9. Juni 1871. *Deutscher Philosoph und Philosophiehistoriker.*
January 22, 1826 in Leichlingen (Rhineland) – June 9, 1871 Königsberg. *German philosopher and historian of philosophy.*

Vogt, Carl Gießen 5. Juli 1817 – Genf 5. Mai 1895. *Deutsch-schweizer Zoologe und Philosoph, einer der führenden Vertreter des Materialismus im 19. Jahrhundert.*
July 5, 1817 in Gießen – May 5, 1895 in Geneva. *German-Swiss zoologist and philosopher. One of the leading representatives of materialism in the 19th century.*

Vorländer, Karl Marburg 2. Januar 1860 – Münster (Westfalen) 6. Dezember 1928. *Deutscher Philosophiehistoriker und Kant-Forscher in der Tradition der Marburger Schule, Gymnasiallehrer und Honorarprofessor.*
January 2, 1860 in Marburg – December 6, 1928 in Münster (Westphalia). *German historian of philosophy, specialised in Kant, in the tradition of the Neo-Kantian Marburg School, secondary-school teacher, and honorary professor.*

Vries, Hugo (Marie) de Haarlem 16. Februar 1848 – Lunteren 21. Mai 1935. *Niederländischer Pflanzenphysiologe und Evolutionsbiologe.*
February 16, 1848 in Haarlem – May 21, 1935 in Lunteren. *Dutch plant physiologist and evolutionary biologist.*

Waismann, Friedrich Wien 21. März 1896 – Oxford 4. November 1959. *Österreichischer Philosoph, Mitglied des Wiener Kreises, der in engem Gesprächsaustausch mit Ludwig Wittgenstein stand.*
March 21, 1896 in Vienna – November 4, 1959 in Oxford. *Austrian philosopher, member of the Vienna Circle, who had extensive conversations with Ludwig Wittgenstein.*

Weiße, Christian Hermann Leipzig 10. August 1801 – Leipzig 19. September 1866. *Deutscher protestantischer Philosoph, Vertreter eines religiös geprägten Idealismus.*
August 10, 1801 in Leipzig – September 19, 1866 in Leipzig. *German Protestant philosopher, representative of German idealism in line with theism.*

Whitehead, Alfred North Ramsgate (Kent) 15. Februar 1861 – Cambridge, Massachusetts 30. Dezember 1947. *Englischer Mathematiker und Philosoph.*
February 15, 1861 in Ramsgate (Kent) – December 30, 1947 in Cambridge, Massachusetts. *English mathematician and philosopher.*

Wittgenstein, Ludwig (Johann Josef) Wien 26. April 1889 – Cambridge 29. April 1951. *Österreichisch-britischer Philosoph, der sowohl den Wiener Kreis als auch die englische analytische Philosophie nachhaltig beeinflusst hat.*
April 26, 1889 in Vienna – April 29, 1951 in Cambridge. *Austrian-British philosopher, who has influenced the philosophy of the Vienna Circle as well as British analytic philosophy.*

Wolf (auch Wolff), Christian Freiherr von Breslau 24. Januar 1679 – Halle (Saale) 9. April 1754. *Deutscher Philosoph der Aufklärung.*
January 24, 1679 in Wrocław – April 9, 1754 in Halle (Saale). *German philosopher of the Enlightenment.*

Wundt, Wilhelm Neckarau bei Mannheim 16. August 1832 – Großbothen bei Leipzig 31. August 1920. *Deutscher Psychologe und Philosoph, Vertreter des Psychologismus in der Logik.*
August 16, 1832 in Neckarau near Mannheim – August 31, 1920 in Großbothen near Leipzig. *German psychologist and philosopher, representative of psychologism in logic.*

Literaturverzeichnis und Werkregister – References and Index of References

›Aus Natur und Geisteswelt‹ *war eine Sammlung allgemeinverständlicher wissenschaftlicher Darstellungen, die seit 1899 beim B. G. Teubner Verlag in Leipzig erschienen ist und 240 Bände umfasste.*
›Sammlung Göschen‹ *wird seit 1889 bei G. J. Göschen'schen Verlagsbuchhandlung (ab 1912 Walter de Gruyter) herausgegeben. Der Klappentext nach der Jahrhundertwende umreißt den Anspruch der Sammlung:* »Sammlung Göschen. Unser heutiges Wissen in kurzen, klaren, allgemein verständlichen Einzeldarstellungen« *bzw.* »Zweck und Ziel der ›Sammlung Göschen‹ ist, in Einzeldarstellungen eine klare, leicht verständliche und übersichtliche Einführung in sämtliche Gebiete der Wissenschaft und Technik zu geben; in engem Rahmen, auf streng wissenschaftlicher Grundlage und unter Berücksichtigung des neuesten Standes der Forschung bearbeitet, soll jedes Bändchen zuverlässig Belehrung bieten. Jedes einzelne Gebiet ist in sich geschlossen dargestellt, aber dennoch stehen alle Bändchen in innerem Zusammenhänge miteinander, so dass das Ganze, wenn es vollendet vorliegt, eine einheitliche, systematische Darstellung unseres gesamten Wissens bilden dürfte.«

Aristoteles: ›De anima‹. 44, 72, 101, 117, 155, 179, 205, 220

Aristoteles: ›Opera omnia‹, Bd. 3, hrsg. v. Immanuel Bekker, Heidelberg (Georg Weiss) 1883. *Der Band enthält lateinische Renaissance-Übersetzungen u. a. von: Organon, De anima, De animalium, De interpretatione, De memoria et reminiscentia, Metaphysica, De sensu et sensili und De spiritu. Gödel hat hierfür am 2. April 1937 sowie am 5. Juli 1938 einen Bestellschein ausgefüllt.* 44, 155

Aristoteles: ›Das Organon‹ (Logische Schriften), hrsg. und übers. v. Julius Hermann von Kirchmann, Heidelberg (Georg Weiss) 1883. *Gödel hat hierfür am 5. Juli sowie am 12. Juli 1938 einen Bestellschein ausgefüllt.* 44, 155

Aristoteles: ›Physik‹. 101, 205

Aster, Ernst von: ›Geschichte der neueren Erkenntnistheorie‹, Berlin (de Gruyter) 1921. 72, 179

Augustinus, Aurelius: ›Confessiones‹; dtsch.: ›Die Bekenntnisse des heiligen Augustinus‹, übers. v. Otto F. Lachmann, Leipzig (Reclam) 1888. *In Gödels Privatbibliothek befindet sich die mit Anmerkungen versehene deutsche Übersetzung.* 112, 216

Avenarius, Richard: ›Kritik der reinen Erfahrung‹, Bde. 1 und 2, Leipzig (Fues) 1888/1890. 73, 180

Bauch, Bruno; Capelle, Wilhelm; Grabmann, Martin: ›Geschichte der Philosophie. Neuere Philosophie bis Kant‹ (Sammlung Göschen, Bd. 394), Leipzig (Göschen) 1919. 71, 178

Berliner, Arnold: ›Lehrbuch der Physik. In Elementarer Darstellung‹, Berlin (Springer) 1923. 103, 206

Bolzano, Bernard: ›Wissenschaftslehre. Versuch einer ausführlichen und grösstentheils neuen Darstellung der Logik mit steter Rücksicht auf deren bisherige Bearbeiter‹, Sulzbach (J. E. v. Seidel) 1837. 44, 155

Brentano, Franz: ›Deskriptive Psychologie‹ (Philosophische Bibliothek 349), aus dem Nachlass hrsg. v. Wilhelm Baumgartner, Roderick M. Chisholm, Hamburg (Meiner) 2013; engl.: ›Descriptive Psychology‹, übers. und bearbeitet v. Benito Müller, London/New York (Routledge) 2006. 68, 175

Brentano, Franz: ›Psychologie vom empirischen Standpunkte‹, Leipzig (Duncker & Humblot) 1874; engl.: ›Psychology from an Empirical Standpoint‹, übers. v. Linda L. McAlister, Antos C. Rancurello, D. B. Terrell, mit einer Einführung von by Tim Crane, London/New York (Routledge) 2015. *Ausleihe des deutschen Originals durch Gödel nachweisbar für den 15. April 1932 und 18. Juli 1938.* 80, 83f., 105, 186, 188ff., 208

Brentano, Franz: ›Untersuchungen zur Sinnespsychologie‹, Leipzig (Duncker & Humblot) 1907. 107, 211

Brentano, Franz: ›Vom Dasein Gottes‹ (Philosophische Bibliothek, Bd. 210), aus dem Nachlass mit Einleitung und Anmerkungen hrsg. v. Alfred Kastil, Leipzig (Meiner) 1929. 70, 177

Brentano, Franz: ›Wahrheit und Evidenz. Erkenntnistheoretische Abhandlungen und Briefe‹ (Philosophische Bibliothek 201), hrsg. v. Oskar Kraus, Leipzig (Meiner) 1930. *Eine Ausleihe durch Gödel ist für den 16. November 1937 nachweisbar.* 39, 81, 84, 96, 187, 189, 200

Bühler, Karl: »Forschungen zur Sprachtheorie. Einleitung«, in: ›Archiv für die gesamte Psychologie‹ 94 (1935), S. 401–412. 44, 154

Bühler, Karl: »Tatsachen und Probleme zu einer Psychologie der Denkvorgänge I (Über Gedanken)«, in: ›Archiv für die gesamte Psychologie‹ 9 (1907), S. 297–312. 44, 154

Bühler, Karl: ›Die Krise der Psychologie‹, Jena (G. Fischer) 1927. 45, 156

Bühler, Karl: ›Sprachtheorie. Die Darstellungsfunktion der Sprache‹, Jena (Fischer) 1934. *Ein Bestellschein wurde von Gödel ausgefüllt, er enthält aber kein Datum.* 44, 154

Carnap, Rudolf: »Intellectual Autobiography«, in: ›The Philosophy of Rudolf Carnap‹, hrsg. v. Paul Arthur Schilpp, La Salle, Ill. (Open Court) 1963, S. 3–84. 94, 198

Carnap, Rudolf: ›Der logische Aufbau der Welt‹, Berlin-Schlachtensee (Weltkreis Verlag) 1928;

engl.: ›The Logical Structure of the World and Pseudoproblems in Philosophy‹, übers. v. Rolf A. George, Chicago (Open Court Classics) 2003. *Ausleihe des deutschen Originals durch Gödel nachweisbar für den 7. und 21. Oktober 1932.* 78f., 184ff.

Cohen, Hermann: ›Logik der reinen Erkenntnis‹, Berlin (Cassirer) 1902. 73, 180

Couturat, Louis: ›Histoire de la logistique‹. *Es handelt sich um ein verloren gegangenes Manuskript von Couturat, das Gödel am 3. November 1932 versucht hat, auszuleihen. Couturat erwähnt es im Briefwechsel mit Russell und Peano.*

Couturat, Louis: ›Opuscules et fragments inédits de Leibniz. Extraits des manuscrits de la Bibliotèque royale de Hanovre‹, Paris (Alcan) 1903. 78, 184

Dawson jr., John W.: ›Logical Dilemmas. The Life and Work of Kurt Gödel‹, Wellesley, Mass. (Peters) 1997; dtsch.: ›Kurt Gödel. Leben und Werk‹, Wien/New York (Springer) 1999.

Dedekind, Richard: ›Was sind und was sollen die Zahlen?‹, Braunschweig (Friedrich Vieweg) 1923, 5. Aufl.; engl.: »The Nature and Meaning of Numbers«, in: Richard Dedekind, ›Essays on the Theory of Numbers‹, übers. v. Wooster Woodruff Beman, New York (Dover) 1963. *Die 5. Auflage von ›Was sind und was sollen die Zahlen?‹ befindet sich in Gödels Privatbibliothek.* 89, 193

Descartes, René: ›Regulae ad directionem ingenii‹. 98, 202

Deussen, Paul: ›Die Philosophie der Griechen‹, Leipzig (Brockhaus) 1911. 72, 179

Drews, Arthur: ›Die Philosophie im ersten Drittel des 19. Jahrhunderts‹ (Sammlung Göschen, Bd. 571), Leipzig (Göschen) 1912. 71, 178

Drews, Arthur: ›Die Philosophie im zweiten Drittel des 19. Jahrhunderts‹ (Sammlung Göschen, Bd. 709), Leipzig (Göschen) 1913. 71, 178

Ehrenfels, Christian von: »Über Gestaltqualitäten«, in: ›Vierteljahrsschrift für wissenschaftliche Philosophie‹ 14 (1890), S. 249–292. 105, 209

Elsenhans, Theodor: ›Psychologie und Logik zur Einführung in die Philosophie‹ (Sammlung Göschen, Bd. 14), Leipzig (Göschen) 1898. *Gödel hat hierfür am 16. November 1937 einen Bestellschein ausgefüllt.* 71, 178

Falckenberg, Richard: ›Geschichte der neueren Philosophie von Nikolaus von Kues bis zur Gegenwart. Im Grundriss dargestellt‹, Leipzig (Veit) 1886. *Ein Bestellschein wurde von Gödel ausgefüllt, er enthält aber kein Datum.* 72, 178

Frege, Gottlob: »Über Begriff und Gegenstand«, in: ›Vierteljahrsschrift für wissenschaftliche Philosophie‹ 16 (1892), S. 192–205; engl.: »On Concept and Object«, übers. v. Peter Thomas Geach, bearbeitet von Max Black, in: ›Mind‹ 60 (1951), S. 168–180. 104, 207

Gödel, Kurt: Kurt Gödel, ›Collected Works, Bd. III. Unpublished Essays and Lectures‹, hrsg. v. Solomon Feferman, John W. Dawson, Jr., Warren Goldfarb, Charles Parsons, Robert N. Solovay, Oxford (Oxford University Press) 1995. 10, 125

Gödel, Kurt: ›Lektüre Mathematisches I.‹, Kurt Gödel Papers (C0282), Behältnis 6a, Reihe III, Mappe 55, ursprüngliche Dokumentennummer 030078. 76, 94, 182, 198

Gödel, Kurt: ›Max III‹, Kurt Gödel Papers (C0282), Behältnis 6b, Reihe III, Mappe 66, ursprüngliche Dokumentennummer 030089. 21f., 29, 30, 32–34, 110, 112, 134ff., 142, 144–146, 213, 216

Gödel, Kurt: ›Max IV‹, Kurt Gödel Papers (C0282), Behältnis 6b, Reihe III, Mappe 67, ursprüngliche Dokumentennummer 030090. 18f., 30, 32, 34, 83, 110, 132, 142, 144, 146, 188, 213

Gödel, Kurt: ›Max V‹, Kurt Gödel Papers (C0282), Behältnis 6b, Reihe III, Mappe 67, ursprüngliche Dokumentennummer 030091. 18f., 32, 34, 83, 132ff., 144, 146, 188ff.

Gödel, Kurt: ›Max VI‹, Kurt Gödel Papers (C0282), Behältnis 6b, Reihe III, Mappe 68, ursprüngliche Dokumentennummer 030092. 18f., 32, 34, 132, 144, 146

Gödel, Kurt: ›Max VII‹, Kurt Gödel Papers (C0282), Behältnis 6b, Reihe III, Mappe 68, ursprüngliche Dokumentennummer 030093. 32, 34, 144

Gödel, Kurt: ›Max VIII‹, Kurt Gödel Papers (C0282), Behältnis 6b, Reihe III, Mappe 69, ursprüngliche Dokumentennummer 030094. 29, 32, 34, 110, 142, 144, 146, 213

Gödel, Kurt: ›Max IX‹, Kurt Gödel Papers (C0282), Behältnis 6b, Reihe III, Mappe 69, ursprüngliche Dokumentennummer 030095. 19, 32, 34f., 35, 110, 132, 144, 146ff., 213

Gödel, Kurt: ›Max X‹, Kurt Gödel Papers (C0282), Behältnis 6b, Reihe III, Mappe 70, ursprüngliche Dokumentennummer 030096. 19, 35, 110, 132, 147, 213

Gödel, Kurt: ›Max XI‹, Kurt Gödel Papers (C0282), Behältnis 6b, Reihe III, Mappe 70, ursprüngliche Dokumentennummer 030097. 19, 35, 110, 132, 147, 213

Gödel, Kurt: ›Max XII‹, Kurt Gödel Papers (C0282), Behältnis 6b, Reihe III, Mappe 71, ursprüngliche Dokumentennummer 030098. 19, 34, 35, 132, 146ff.

Gödel, Kurt: ›Max XIV‹, Kurt Gödel Papers (C0282), Behältnis 6b, Reihe III, Mappe 72, ursprüngliche Dokumentennummer 030099. 19, 33, 36, 132, 145, 148

Gödel, Kurt: ›Max XV‹, Kurt Gödel Papers (C0282), Behältnis 6b, Reihe III, Mappe 72,5, ursprüngliche Dokumentennummer 0300100. 29, 36, 141, 148

Gödel, Kurt: ›Protokolle‹, Kurt Gödel Papers (C0282), Behältnis 6c, Reihe III, Mappe 81, ursprüngliche Dokumentennummer 030114. 32f., 38, 60, 66, 145, 149ff., 169, 173

Gödel, Kurt: ›Zeiteinteilung (Max) I‹, Kurt Gödel Papers (C0282), Behältnis 6b, Reihe III, Mappe 64, ursprüngliche Dokumentennummer 030087. 21f., 25f., 29–31, 78, *Time Management* 134ff., 138ff., 141–143

Gödel, Kurt: ›Zeiteinteilung (Max) II‹, Kurt Gödel Papers (C0282), Behältnis 6b, Reihe III, Mappe 65, ursprüngliche Dokumentennummer 030088. 21f., 25f., 29–31, 39, 78, 80, 83, *Time Management* 134ff., 138ff., 141–143, 151, 185ff.

Goethe, Johann Wolfgang: ›Zur Farbenlehre‹, 1. Bd., Tübingen (Cotta) 1810. 109, 213

Gomperz, Heinrich: ›Die Wissenschaft und die Tat‹, Wien (Gerold) 1934. 44, 155

Gomperz, Heinrich: ›Interpretation. Logical Analysis of a Method of Historical Research‹ (Library of Unified Science, davor Einheitswissenschaft, Nr. 8–9, hrsg. v. Otto Neurath, Rudolf Carnap, Philipp Frank, Jørgen Jørgensen, Charles W. Morris), The Hague (van Stockum & Zoon) 1939. 94, 198

Gomperz, Heinrich: ›Weltanschauungslehre. Ein Versuch die Hauptprobleme der allgemeinen Theoretischen Philosophie geschichtlich zu entwickeln und sachlich zu bearbeiten, Bd. 1. Methodologie‹, Jena (Eugen Diederichs) 1905. 43f., 154

Gomperz, Heinrich: ›Weltanschauungslehre. Ein Versuch die Hauptprobleme der allgemeinen Theoretischen Philosophie geschichtlich zu entwickeln und sachlich zu bearbeiten, Bd. 2, 1. Hälfte. Noologie‹, Jena (Eugen Diederichs) 1908. 44, 154

Hartmann, Eduard von: ›Das Grundproblem der Erkenntnistheorie. Eine phänomenologische Durchwanderung der möglichen erkenntnistheoretischen Standpunkte‹, Leipzig (Friedrich) 1889. 73, 179

Hegel, Georg Wilhelm Friedrich: ›Wissenschaft der Logik, Bd. 1. Die objective Logik‹ (Philosophische Bibliothek, Bd. 56), hrsg. v. Georg Lasson, Leipzig (Meiner) 1923. *Gödel hat hierfür am 20. Juli 1939 einen Bestellschein ausgefüllt.* 72f., 179

Hegel, Georg Wilhelm Friedrich: ›Wissenschaft der Logik, Bd. 2. Die Lehre vom Wesen‹ (Philosophische Bibliothek, Bd. 57), hrsg. v. Georg Lasson, Leipzig (Meiner) 1923. *Gödel hat hierfür am 20. Juli 1939 einen Bestellschein ausgefüllt.* 72f., 179

Herbart, Johann Friedrich: »Psychologie als Wissenschaft neu gegründet auf Erfahrung, Metaphysik und Mathematik«, in: ders., ›Sämtliche Werke, Bd. 5. Schriften zur Psychologie‹, hrsg. v. Gustav Hartenstein, Leipzig (Voss) 1850, S. 396–514. 108, 211

Heyting, Arend: »Die inuitionistische Grundlegung der Mathematik«, in: ›Erkenntnis‹ 2 (1931), S. 106–115. 74, 181

Hildebrand, Dietrich von: »Dietrich von Hildebrand«, in: ›Philosophie in Selbstdarstellungen‹, Bd. 2, hrsg. v. Ludwig J. Pongratz, Hamburg (Meiner) 1979, S. 77–127. 61, 169

Hildebrand, Dietrich von: ›Metaphysik der Gemeinschaft. Untersuchungen über Wesen und Wert der Gemeinschaft‹ (Gesammelte Werke, Bd. IV), Regensburg (Josef Habbel) 1975. 61, 169

Hildebrand, Dietrich von: ›Was ist Philosophie?‹ (Gesammelte Werke, Bd. I), Stuttgart/Berlin/Köln (Kohlhammer) 1973. 61–65, 169–173

Höffding, Harald: ›Geschichte der neueren Philosophie. Eine Darstellung der Geschichte der Philosophie von dem Ende der Renaissance bis zu unseren Tagen‹, 2 Bde., übers. v. F. Bendixen, Leipzig (Reisland) 1895–1896. *Ein Bestellschein wurde von Gödel ausgefüllt, er enthält aber kein Datum.* 72, 178

Höffding, Harald: ›Lehrbuch der Geschichte der neueren Philosophie‹, Leipzig (Reisland) 1907. *Ein Bestellschein wurde von Gödel ausgefüllt, er enthält aber kein Datum.* 72, 178

Höfler, Alois: ›Grundlehren der Logik. Lehrtext und Übungen‹, Prag/Wien/Leipzig (Tempsky, Freytag) 1890. 73, 180

Husserl, Edmund: ›Logische Untersuchungen, Bd. 1. Prolegomena zur reinen Logik‹, Halle (Niemeyer) 1900. *In Gödels Privatbibliothek befindet sich die fünfte Auflage von 1968 erschienen beim Max Niemeyer Verlag in Tübingen.* 73, 179

Husserl, Edmund: ›Logische Untersuchungen, Bd. 2. Untersuchungen zur Phänomenologie und Theorie der Erkenntnis‹, Halle (Niemeyer) 1901. *In Gödels Privatbibliothek befindet sich die fünfte Auflage von 1968, erschienen beim Max Niemeyer Verlag in Tübingen.* 73, 179

Husserl, Edmund: ›Philosophie der Arithmetik. Psychologische und logische Untersuchungen‹, Halle (Pfeffer) 1891. 73, 179

Kant, Immanuel: ›Anthropologie in pragmatischer Hinsicht‹, Königsberg (Nicolovius) 1798; engl.: ›Anthropolgy from a Pragmatic Point of View‹, übers. v. Robert B. Louden, mit einer Einleitung von Manfred Kuehn, Cambridge (Cambridge University Press) 2006. 88f., 192ff.

Kant, Immanuel: ›Kritik der reinen Vernunft‹, Leipzig (Reclam) 1878; engl.: ›Critique of Pure Reason‹, übers. v. Paul Guyer and Allen W. Wood, Cambridge (Cambridge University Press) 1998. *Gödel hatte zwei Ausgaben in seiner Privatbibliothek, diejenige von 1878 sowie eine von 1956 aus dem Meiner Verlag.* 91, 195

Kastil, Alfred: »Brentanos Auffassung vom Verhältnis der Psychologie zur Philosophie«, Nachlass Alfred Kastil, Franz Brentano Archiv der Karl-Franzen-Universität Graz, Signatur A.1.3.3. 66–70, 173–177

Kirchhoff, Gustav: ›Vorlesungen über Mathematische Physik. Mechanik.‹, Bd. 1, Leipzig (Teubner) 1876. 56, 165

Kirchner, Friedrich: ›Kirchner's Wörterbuch der philosophischen Grundbegriffe‹ (Philosophische Bibliothek 67), hrsg. v. Carl Michaelis, Leipzig (Dürr), 1907, 5. Aufl. 74, 89, 180, 193

Köhler, Wolfgang: »Gestaltprobleme und die Anfänge einer Gestalttheorie. Übersichtsreferat«, in: ›Jahresbericht über die gesamte Physiologie und experimentelle Pharmakologie‹, Bd. 3, hrsg. v. Peter Rona und Karl Spiro, Braunschweig (Vieweg) 1925, S. 512–539. 105, 209

Külpe, Oswald: ›Die Philosophie der Gegenwart in Deutschland. Eine Charakteristik ihrer Hauptrichtungen nach Vorträgen‹ (Aus Natur und Geisteswelt, Bd. 41), Leipzig (Teubner) 1902. 71, 178

Külpe, Oswald: ›Einleitung in die Philosophie‹, Leipzig (Hirzel) 1895. 72, 178

Leibniz, Gottfried Wilhelm: »Generales inquisitiones de analysi notionum et veritatum [1686]«, in: ›Opuscules et fragments inédits de Leibniz‹, hrsg, v. Louis Couturat, Paris (Alcan) 1903, S. 356–399. 78, 184

Leibniz, Gottfried Wilhelm: »Meditationes de cognitione, veritate et ideis [1684]«, in: ›Die philosophischen Schriften‹, Bd. IV, hrsg. v. Carl Immanuel Gerhardt, Berlin (Weidmannsche Buchhandlung) 1880, S. 422–426. *Unter anderem zu diesem Band aus der Gerhardt-Ausgabe hat Gödel Exzerpte angefertigt. Er hat ihn am 18. Dezember 1929 ausgeliehen.* 78–80, 82, 184ff., 187

Leibniz, Gottfried Wilhelm : ›Die philosophischen Schriften‹, Bd. VII, hrsg. v. Carl Immanuel Gerhardt, Berlin (Weidmannsche Buchhandlung) 1890. *Gödel hat den Band nachweislich intensiv gelesen und dazu Exzerpte angefertigt.* 27, 140

Leibniz, Gottfried Wilhelm: ›Nouveaux Essais sur l'entendement humain‹, hrsg. v. Rudolf Erich Raspe, Amsterdam/Leipzig (Schreuder) 1765. 80, 92, 186, 196

Leibniz, Gottfried Wilhelm: ›Opuscules et fragments inédits de Leibniz‹, hrsg, v. Louis Couturat, Paris (Alcan) 1903. 78, 184

Lipps, Theodor: ›Grundzüge der Logik‹, Hamburg/Leipzig (Voss) 1893. 73, 179

Locke, John: ›An Essay Concerning Human Understanding‹, London (Basset/Morry) 1690; dtsch.: ›Über den menschlichen Verstand‹, Bde. I und II, übers. v. Theodor Schultze, Leipzig (Reclam) 1897. *In Gödels Privatbibliothek befindet sich die deutsche Übersetzung.* 78, 184

Lotze, Hermann: ›Grundzüge der Logik und Encyklopädie der Philosophie. Diktate aus den Vorlesungen‹, Leipzig (Hirzel) 1891. 104, 208

Lotze, Hermann: ›Logik‹, Leipzig (Weidmann'sche Buchhandlung) 1843. 73f., 180

Lotze, Hermann: ›Logik. Drei Bücher vom Denken, vom Untersuchen und vom Erkennen‹, Leipzig (Hirzel) 1874. 74, 180

Lüdtke, Gerhard (Hrsg.): ›Minerva. Jahrbuch der gelehrten Welt‹, Berlin (de Gruyter) 1926, 28. Aufl. 45, 155

Luther, Martin (Übers.): ›Die Bibel oder die ganze Heilige Schrift des Alten und Neuen Testaments‹, Berlin (Britische und Ausländische Bibelgesellschaft) 1936. *Der Band befindet sich in Gödels Privatbibliothek.* 88, 98, 192, 201

Meinong, Alexius: ›Abhandlungen zur Erkenntnistheorie und Gegenstandstheorie‹ (A. Meinongs Gesammelte Abhandlungen, hrsg. und mit Zusätzen versehen von seinen Schülern, 2. Bd.), Leipzig (Barth) 1913. 73, 180

Meinong, Alexius: ›Psychologisch-ethische Untersuchungen zur Werttheorie‹, Graz (Leuschner & Lubensky) 1894. 80, 186

Meinong, Alexius: ›Ueber Annahmen‹, Leipzig (Barth) 1902. 110, 213

Meinong, Alexius: ›Zur Grundlegung der allgemeinen Werttheorie‹. Statt einer 2. Aufl. der ›Psychologisch-ethischen Untersuchungen zur Werttheorie‹, hrsg. v. Ernst Mally, Graz (Leuschner & Lubensky) 1923. 80, 186

Mertner, Robert: ›Fremde Sprachen durch mechanische Suggestion‹, Davos (Davos Buchdruck) 1919. 103, 206

Mertner, Robert: ›Italienisch für Deutsche. Methode Mertner. Psychotechnischer Spracherwerb auf mechanisch-suggestiver Grundlage‹, München (Verlag für zeitgemäße Sprachmethodik) 1924, 24. Aufl. *Der Band befindet sich in Gödels Privatbibliothek.* 103, 206

Messer, August: »Über Grundfragen der Philosophie der Gegenwart«, in: ›Kant-Studien‹ 20 (1915), S. 65–96. 104, 208

Mill, John Stuart: ›System der deductiven und inductiven Logik‹, übers. v. Theodor Gomperz, Bde. 1 - 3, Leipzig (Fues) 1872–1873; dtsch. Erstausgabe Braunschweig (Vieweg) 1862–1863. 73, 180

Mormann, Thomas: »Wiener wissenschaftliche Weltanschauungen - Zwischen Wissenschaft, Philosophie, Politik und Leben«, in: ›Die europäische Wissenschaftsphilosophie und das Wiener Erbe‹, hrsg. v. Elisabeth Nemeth und Friedrich Stadler, Wien (Springer) 2013, S. 105–125. 43, 154

Müller, Karl; Ziegler, Rudolf: ›Englisch für Deutsche. Methode Mertner: Psychotechnischer Spracherwerb auf mechanisch-suggestiver Grundlage‹, Bde. I-VI, München (Verlag für zeitgemäße Sprachmethodik), ohne Datumsangabe, um 1930. *Die Bände befinden sich in Gödels Privatbibliothek.* 103, 206

Natorp, Paul Gerhard: ›Die logischen Grundlagen der exakten Wissenschaften‹ (Wissenschaft und Hypothese, Bd. 12), Leipzig (Teubner) 1910. 73, 180

Platon: ›Timaios‹. 44, 72, 155, 179

Poser, Hans: ›Leibniz' Philosophie. Über die Einheit von Metaphysik und Wissenschaft‹, hrsg. v. Wenchao Li, Hamburg (Meiner) 2016. 28, 88, 140, 193

Poser, Hans: »Leibniz und die Einheit der Wissenschaften«, in: ›Vision als Aufgabe. Das Leibniz-Universum im 21. Jahrhundert‹, hrsg. v. Martin Grötschel u. a., Berlin (Berlin-Brandenburgische Akademie der Wissenschaften) 2016, S. 17–31. 27, 139

Prantl, Carl von: ›Geschichte der Logik im Abendlande‹, 4 Bde., Leipzig (Hirzel) 1855–1870. *Karl Menger hat für die Bände 2–4 am 3. Dezember 1932 einen Bestellschein ausgefüllt, der sich unter Gödels Bestellscheinen befindet.* 72, 179

Richert, Hans: ›Philosophie. Ihr Wesen, ihre Grundprobleme, ihre Literatur‹ (Aus Natur und Geisteswelt, Bd. 186), Leipzig/Berlin (Teubner) 1907. *Gödel hat hierfür am 16. November 1937 einen Bestellschein ausgefüllt.* 71, 178

Richter, Raoul: ›Einführung in die Philosophie. Sechs Vorträge‹ (Aus Natur und Geisteswelt, Bd. 155), Leipzig (Teubner) 1907. 71, 178

Schjelderup, Harald Krabbe: ›Geschichte der philosophischen Ideen von der Renaissance bis zur Gegenwart‹, Berlin (de Gruyter) 1929. (›Filosofiens historie fra renaissancen til nutiden‹, Kristiania (Gyldendal) 1924. 45, 72, 156, 178

Schlick, Moritz: »Vorlesung ›Logik und Erkenntnistheorie‹«, in: ›Moritz Schlick Gesamtausgabe‹, Abt. II, Bd. 1.3, hrsg. v. Martin Lemke, Dordrecht/Heidelberg/London/New York (Springer) 2019, S. 343–668. 46–60, 156–168

Schlick, Moritz: ›Allgemeine Erkenntnislehre‹, Berlin (Springer) 1918. 72, 179

Schmidt, Raymund (Hrsg.): ›Die deutsche Philosophie in Selbstdarstellungen‹, 8 Bde., Leipzig (Meiner) 1921. 72, 178

Scholz, Heinrich: ›Geschichte der Logik (Geschichte der Philosophie in Längsschnitten‹, Bd. 4), Berlin (Juncker und Dünnhaupt) 1931. *Gödel hat hierfür am 5. Juli 1938 einen Bestellschein ausgefüllt.* 72, 179

Schopenhauer, Arthur: ›Über die vierfache Wurzel des Satzes vom zureichenden Grunde‹, Rudolfstadt (Hof-Buch- und Kunsthandlung) 1813. 74, 180

Schuppe, Wilhelm: ›Erkenntnistheoretische Logik‹, Bonn (Weber) 1878. 73, 180

Schuppe, Wilhelm: ›Grundriss der Erkenntnistheorie und Logik‹, Berlin (R. Gaertners) 1894. 73, 180

Sigwart, Christoph: ›Logik, Bd. 1. Die Lehre vom Urtheil, vom Begriff und vom Schluss‹, Tübingen (Laupp) 1873. *Gödel hat hierfür am 12. Juli 1938 einen Bestellschein ausgefüllt.* 72f., 179

Sigwart, Christoph: ›Logik, Bd. 2. Die Methodenlehre‹, Tübingen (Laupp) 1878. *Gödel hat hierfür am 12. Juli 1938 einen Bestellschein ausgefüllt.* 72f., 179

Simmel, Georg: ›Die Hauptprobleme der Philosophie‹ (Sammlung Göschen, Bd. 500), Leipzig (Göschen) 1910. *Ausleihe nachweisbar für den 16. November 1937. In Gödels Privatbibliothek befindet sich die 2. Auflage dieses Bandes von 1911, erschienen in Leipzig bei G. J. Göschen Verlagshandlung.* 71, 178

Thomas von Aquin: »Abhandlung »De animae facultatibus« «, hrsg. v. Adolph Jellinek, in: ›Philosophie und Kabbala‹, Heft 1, Leipzig (Hunger) 1854, S. 26–31. *Der Text ist auf Hebräisch abgedruckt. Eine Ausleihe durch Gödel ist nachweisbar für den 12. März 1937.*

Thomas von Aquin: ›Commentaria philosophica in Aristotelem‹. *Das Werk enthält Thomas' Kommentare zu folgenden Schriften: Expositio Periheneias, Expositio Posteriorum, In libros Metaphysicorum, In libros Physicorum, In libros de caelo et mundo, In librum de generatione, In libros Meteorologicorum, De anima, De sensu, Sentientia libri Ethicorum, Tabula libri Ethicorum, Sentientia libri Politicorum.* 72, 179

Thomas von Aquin: ›Compendium theologiae‹ (Opera omnia, Bd. 27) Paris (Vivès) 1875. *Gödel hat hierfür am 12. März 1937 einen Bestellschein ausgefüllt.* 72, 179

Thomas von Aquin: ›Opuscula philosophica‹. *Das Werk enthält die folgenden Schriften von Thomas von Aquin: De ente et essentia, De principiis naturae, De unitate intellectus, De aeternitate mundi, De substantiis separatis.* 72, 179

Thomas von Aquin: ›Quaestiones disputatae‹. *Das Werk enthält die folgenden Schriften von Thomas von Aquin: De veritate, De potentia, De unione Verbi, De spiritualibus creaturis, Quaestiones de anima, De malo, De virtutibus Quaestio 1–5.* 72, 179

Thomas von Aquin: ›Summa philosophica seu de veritate catholicae fidei contra gentiles‹, Paris (Lethielleux) 1877. *Der Band befindet sich in Gödels Privatbibliothek.* 72, 179

Thomas von Aquin: ›Summa theologiae I. Quaestio 1–49‹ (Opera omnia, Bd. 4), Rom (Typographia Polyglotta) 1888. *Gödel hat hierfür am 20. Mai 1937 einen Bestellschein ausgefüllt.* 72, 179

Thomas von Aquin: ›Summa totius theologiae‹, Kommentar v. Thomas de Vio Caietanus, Venedig (apud Iuntas) 1588. *Eine Ausleihe durch Gödel ist nachweisbar für den 5. März 1937.*

Thomas von Aquin: ›Untersuchungen über die Wahrheit‹ (Quaestiones disputatae de veritate), Bd. 1 Quaestio 1–13, übers. v. Edith Stein mit Geleitwort v. Martin Grabmann, Breslau (Borgmeyer) 1931. *Gödel hat hierfür am 5. März 1937 einen Bestellschein ausgefüllt.* 72, 88, 179, 193

Thormeyer, Paul: ›Philosophisches Wörterbuch‹ (Aus Natur und Geisteswelt, Bd. 520), Leipzig (Teubner) 1916. 74, 180

Ueberweg, Friedrich (Hrsg.); Oesterreich, Traugott Konstantin (Hrsg.): ›Die deutsche Philosophie des neunzehnten Jahrhunderts und der Gegenwart‹ (Friedrich Ueberwegs Grundriss der Geschichte der Philosophie, 4. Teil), völlig neubearbeitet, Berlin (Mittler) 1923. *In Gödels Privatbibliothek befindet sich die 13. Auflage dieses Bandes von 1951, erschienen in Graz in der Akademischen Druck- und Verlagsanstalt.* 44, 72, 154, 178

Vorländer, Karl: ›Geschichte der Philosophie‹, Bde. I und II, Leipzig (Dürr) 1903. *Ein Bestellschein wurde von Gödel ausgefüllt, er enthält aber kein Datum.* 72, 108, 174, 211

Wang, Hao: ›A Logical Journey. From Gödel to Philosophy‹, Cambridge, Mass. (MIT Press) 1996. 9, 16, 78, 125, 130, 184

Wentscher, Max: ›Einführung in die Philosophie‹ (Sammlung Göschen, Bd. 281), Leipzig (Göschen) 1906. *Gödel hat am 16. November 1937 einen Bestellschein dafür ausgefüllt.* 71, 178

Wentscher, Max: ›Erkenntnistheorie, Bd. 1. Wahrnehmung und Erfahrung‹ (Sammlung Göschen, Bd. 807), Berlin/Leipzig (de Gruyter) 1920. *Gödel hat hierfür am 16. November 1937 einen Bestellschein ausgefüllt.* 71, 178

Wentscher, Max: ›Erkenntnistheorie, Bd. 2. Theorie und Kritik des Erkennens‹ (Sammlung Göschen, Bd. 808), Berlin/Leipzig (de Gruyter) 1920. *Gödel hat hierfür am 16. November 1937 einen Bestellschein ausgefüllt.* 71, 178

Winkler, Franz: ›"Ich hab's". Stichwortkatalog und Autorenverzeichnis zu den Sammlungen: Aus Natur und Geisteswelt, Denkmäler, Ensselins Bunte Bücher u. a. Ein Handbuch für Buchhändler und Bibliothekare, Linz a. D. (Franz Winkler) 1929. 74, 180

Wittgenstein, Ludwig: ›Philosophische Untersuchungen/Philosophical Investigations‹, übers. v. G. E. M. Anscombe, hrsg. v. G. E. M. Anscombe, Georg Henik Wright, Rush Rhees, Oxford (Basil Blackwell) 1953. 114, 116, 217, 219

Wolfradt, Uwe; Billmann-Mahecha, Elfriede; Stock, Armin (Hrsgg.): ›Deutschsprachige Psychologinnen und Psychologen 1933–1945. Ein Personenlexikon‹, Wiesbaden (Springer) 2015. 46, 156

Wundt, Wilhelm: ›Logik. Eine Untersuchung der Prinzipien der Erkenntnis und der Methoden wissenschaftlicher Forschung, Bd. 1. Erkenntnislehre‹, Stuttgart (Enke) 1880. 73, 180

Wundt, Wilhelm: ›Logik. Eine Untersuchung der Prinzipien der Erkenntnis und der Methoden wissenschaftlicher Forschung, Bd. 2. Methodenlehre‹, Stuttgart (Enke) 1883. 73, 180

Personenregister – Index of Names

Aristoteles / Aristotle 44f., 47, 48, 51, 56f., 67, 72, 78, 98, 101, 105, 117, 155, 157ff., 161, 165ff., 174, 179, 183, 201, 205, 208, 220, 225
Aster, Ernst von 72, 179, 225
Augustinus, Aurelius 112, 216, 225
Avenarius (Habermann), Richard 73, 180, 225
Bacon, Francis 48, 158, 225
Baer, Karl Ernst von 66, 174, 225
Bauch, Bruno Artur Kanut 71, 75, 177, 181, 225
Beneke, Friedrich Eduard 75, 181, 225
Bergson, Henri-Louis 58, 167, 225
Boethius, Anicius Manlius Torquatus Severinus 98, 202, 225
Bolzano, Bernard 37f., 44, 53f., 62, 75, 149ff., 155, 162ff., 170, 181, 225
Brentano, Franz 37–39, 44f., 62, 66, 70, 72, 74, 80f., 83, 105, 107, 128, 149–151, 154, 156, 170, 174–177, 179ff., 184, 186–189, 200, 208, 211, 225
Büchner, Ludwig Friedrich 71, 177, 225
Bühler, Karl 44f., 66, 154, 156, 173, 225
Carnap, Rudolf 29, 33, 35, 45f., 78f., 94, 114, 141, 145, 147, 155ff., 184ff., 198, 217, 226
Cassirer, Ernst 71, 75, 177, 181, 226
Cohen, Hermann 73, 180, 226
Comte, (Isidore) Auguste (Marie François Xavier) 67, 174, 226
Dedekind, (Julius Wilhelm) Richard 89, 193, 226
Descartes, René 34, 67, 98, 146, 174, 202, 226
Deussen, Paul 72, 179, 226
Dingler, Hugo 71, 75, 177, 181, 226
Ehrenfels, (Maria) Christian (Julius Leopold) Freiherr von 80f., 105, 115, 186, 209, 218, 226
Erdmann, Benno 48, 53, 72, 158, 163, 179, 226

Falckenberg, (Friedrich Otto) Richard 72, 178, 226
Fechner, Gustav Theodor 75, 181, 226
Feuerbach, Ludwig (Andreas) 75, 181, 226
Fichte, Johann Gottlieb 66, 174, 226
Frege, (Friedrich Ludwig) Gottlob 35, 81, 104, 118, 147, 186, 207, 220, 226
Frenkel-Brunswik, Else 38, 60, 66, 149, 169, 173, 227
Fries, Jakob Friedrich 75, 113, 181, 216, 227
Gödel, Kurt 9–30, 32f., 36–39, 43f., 60, 64, 66, 71–74, 76–78, 80, 83, 88f., 91, 94, 103, 110, 112, 114, 120f., 125–142, 144ff., 148–151, 154ff., 168ff., 171, 173, 178–180, 182–186, 188, 193–195, 198, 206, 213, 215–217, 222, 227
Gödel, Rudolf 121, 222, 227
Gödel, geb. Porkert, Adele 112f., 120f., 216, 222ff., 227
Goethe, Johann Wolfgang 48, 109, 158, 213, 227
Gomperz, Heinrich 22, 37, 43f., 94, 135, 149, 154ff., 198, 227
Gomperz, Theodor 37, 73, 149, 180, 227
Hackl, Karl 46, 156, 227
Hahn, Hans 111, 214, 227
Hartmann, (Karl Robert) Eduard von 73, 179, 227
Hegel, Georg Wilhelm Friedrich 37, 44f., 49, 51, 63, 66, 72f., 149, 155, 159, 161, 171, 174, 179, 227
Helmholtz, Hermann Ludwig Ferdinand von 66, 174, 227
Herbart, Johann Friedrich 37, 108, 149, 211, 227
Hering, (Karl) Ewald (Konstantin) 66, 174, 228
Heyting, Arend 74, 181, 228
Hildebrand, Dietrich von 37f., 60–67, 149ff., 168–173, 228
Hillebrand, Franz 67, 174, 228
Hobbes, Thomas 75, 181, 228
Höfler, Alois 73, 180, 228
Humboldt, (Friedrich) Wilhelm (Christian Karl) Freiherr von 75, 181, 228
Hume, David 45, 67, 155, 174, 228

Husserl, Edmund (Gustav Albrecht) 37f., 45, 67, 69, 73, 81, 149, 156, 174, 176, 179, 186, 228
Høffding, Harald 72, 178, 228
Kant, Immanuel 45, 47, 56, 62, 70, 72, 78, 88f., 91, 94, 97, 109, 155, 157, 165, 170, 177, 179, 184, 192ff., 195, 198, 201, 212, 228
Kastil, Alfred 37f., 60, 66–70, 149f., 169, 173–177, 228
Kirchhoff, Gustav Robert 56, 165, 228
Kirchner, Friedrich 74, 89, 180, 193, 228
Köhler, Wolfgang 105, 209, 228
Krause, Karl Christian Friedrich 75, 181, 229
Külpe, Oswald 71f., 178f., 229
Laas, Ernst 75, 181, 229
Leibniz, Gottfried Wilhelm 27–29, 35, 37–39, 47f., 51, 78–80, 82, 87f., 92, 94f., 98, 109, 139–141, 147, 149–151, 157ff., 161, 184–187, 191, 193, 196, 198, 201, 213, 229
Liebmann, Otto 75, 181, 229
Lipps, Theodor 73, 179, 229
Locke, John 45, 51, 67, 78, 155, 161, 174, 184, 229
Lotze, (Rudolf) Hermann 70, 73–75, 104, 180ff., 208, 229
Mach, Ernst (Waldfried Joseph Wenzel) 45, 155, 229
Marty, Anton 67, 174, 229
Marx, Karl (Heinrich) 75, 181, 229
Masaryk, Tomáš Garrigue 67, 174, 229
Meinong, Alexius, Ritter von Handschuchsheim 67, 73, 80f., 110, 174, 180, 186, 213, 229
Menger, Karl 72, 179, 229
Mertner, Robert 103, 206, 229
Messer, (Wilhelm) August 104, 208, 230
Mill, John Stuart 45, 48, 70, 73, 155, 158ff., 177, 180, 230
Moleschott, Jacob 71, 177, 230
Morris, Charles William 29, 46, 141, 156, 230
Morse, (Harold Calvin) Marston 77, 183, 230

Morse, Anthony Perry 77, 183, 230
Natorp, Paul 73, 180, 230
Neider, Heinrich 114, 217, 230
Nelson, Leonard 75, 181, 230
Neumann, John von (Baron Johann von, bzw. János Lajos Neumann von Margitta) 76, 182, 230
Neurath, Otto 29, 114, 141, 217, 230
Nietzsche, Friedrich Wilhelm 66, 174, 230
Platon / Plato 22, 34, 44f., 52f., 61, 63, 72, 135, 146, 155, 162ff., 169, 171, 179, 231
Prantl, Carl von 72, 179, 231
Protagoras 69f., 176, 231
Rehmke, Johannes 75, 181, 231
Riehl, Alois 75, 181, 231
Russell, Bertrand Arthur William 46, 81, 156, 186, 231
Scheler, Max 45, 75, 156, 181, 231
Schjelderup, Harald Krabbe 45, 72, 156, 178, 231

Schleiermacher, Friedrich David Ernst 75, 181, 231
Schlick, Moritz 37f., 46–60, 72, 149ff., 156–168, 179, 231
Scholz, Heinrich 72, 75, 179, 181, 231
Schopenhauer, Arthur 59, 74, 111, 167, 180, 214, 231
Schuppe, Wilhelm 73, 180, 231
Sigwart, Christoph 48, 72f., 158, 179, 231
Spencer, Herbert 70, 177, 231
Stirner, Max (Pseudonym für Johann Caspar Schmidt) 75, 181, 231
Strauß, David Friedrich 75, 181, 231
Stumpf, Carl 45, 67, 156, 174, 231
Swing (Gram Swing), Raymond 120, 222, 232
Tarski, Alfred 76, 182, 232
Thomas von Aquin 45, 67, 72, 81, 88, 105, 109, 155, 174, 179, 187, 193, 208, 213, 232
Trendelenburg, Friedrich Adolf 71, 177, 232

Troeltsch, Ernst Peter Wilhelm 75, 181, 232
Twardowski (Skrzypna-Twardowski), Kazimierz Jerzy 67, 174, 232
Ueberweg, Friedrich 44, 72, 75, 154, 178, 181, 232
Vogt, Carl 71, 177, 232
Vorländer, Karl 72, 108, 178, 211, 232
Vries, Hugo (Marie) de 70, 177, 232
Waismann, Friedrich 32, 46, 145, 156, 232
Weiße, Christian Hermann 75, 181, 232
Whitehead, Alfred North 46, 156, 232
Wittgenstein, Ludwig (Johann Josef) 46, 114, 116, 156, 217, 219, 233
Wolf (auch Wolff), Christian Freiherr von 63, 171, 233
Wundt, Wilhelm 48f., 73, 158ff., 180, 233

www.ingramcontent.com/pod-product-compliance
Lightning Source LLC
Chambersburg PA
CBHW080637170426
43200CB00015B/2869